高等职业技术教育"十三五"规划教材——铁道机车类

交流传动机车网络监控与诊断系统
（第 2 版）

主　编　毕红雪　李建龙
副主编　张红涛
主　审　张中央

西南交通大学出版社
·成　都·

图书在版编目（CIP）数据

交流传动机车网络监控与诊断系统 / 毕红雪，李建龙主编. —2 版. —成都：西南交通大学出版社，2017.8（2021.1 重印）
ISBN 978-7-5643-5598-2

Ⅰ. ①交… Ⅱ. ①毕… ②李… Ⅲ. ①交流电力机车 – 信息网络 – 监控系统 – 高等职业教育 – 教材②交流电力机车 – 信息网络 – 故障诊断系统 – 高等职业教育 – 教材
Ⅳ. ①U264.2

中国版本图书馆 CIP 数据核字（2017）第 159846 号

交流传动机车网络监控与诊断系统
（第 2 版）

主　编 / 毕红雪　李建龙

责任编辑 / 李芳芳
特邀编辑 / 李　娟
封面设计 / 墨创文化

西南交通大学出版社出版发行
（四川省成都市金牛区二环路北一段 111 号西南交通大学创新大厦 21 楼　610031）
发行部电话：028-87600564
网址：http://www.xnjdcbs.com
印刷：四川煤田地质制图印刷厂

成品尺寸　185 mm×260 mm
印张　15.75　　字数　342 千
版次　2017 年 8 月第 2 版　　印次　2021 年 1 月第 6 次

书号　ISBN 978-7-5643-5598-2
定价　40.00 元

课件咨询电话：028-81435775
图书如有印装质量问题　本社负责退换
版权所有　盗版必究　举报电话：028-87600562

第 2 版前言

近年来，随着国内交流传动机车、高速列车、城市轨道交通车辆的高速发展，列车通信网络控制系统已成为机车、高速列车等的必备技术。

本书主要介绍计算机通信网络标准、列车通信网络标准中的技术基础、基本概念、基本原理、功能特点、拓扑结构等知识，以交流传动机车中 HX_D1、HX_D3 型电力机车为代表来介绍电力机车网络基础、网络协议、网络拓扑结构、工作原理，并对网络应用与故障判断也进行了讲解。

本书可作为铁路高职院校交流传动机车驾驶和检修类专业教材，也可作为其他高等院校、中等职业院校和职工岗位的培训教材，以及相关工程技术人员的参考用书。

本书由郑州铁路职业技术学院毕红雪、李建龙任主编，张红涛任副主编，张中央任主审。具体编写分工如下：郑州铁路职业技术学院毕红雪编写第四章、第五章，李建龙编写第一章、第三章，张红涛编写第二章，张琼洁编写第六章。本书在编写过程中，得到了西安铁路分局新丰机务段和郑州铁路局郑州机务段专家的支持和帮助，再次表示衷心的感谢。

由于编者水平有限，书中难免存在疏漏之处，恳请各位专家和读者提出宝贵意见。

编 者
2017 年 7 月

第 1 版前言

交流传动机车标志着我国铁路机车行业成功实现直流传动向交流传动的转化，也标志着机车装备和机车装备制造业向现代化发展迈入新的历史阶段。与交直流传动机车相比，交流传动机车采用比较先进的车载计算机网络控制系统，数据传输量大，牵引及制动控制性能优良，设备状态监测与系统自诊断功能完善，轮轨关系、车网关系、车载通信信号等系统技术与我国铁路基础设施具有良好的匹配性。那么，如何使这些信息安全、快速、可靠、准确地在整个列车上传输，是一个关键性的课题。列车通信网络（TCN）和机车运行监控系统（TCMS）是解决这一课题的必要途径。

近年来，随着国内交流传动机车、高速列车、电动车组、城市轨道交通车辆的高速发展，列车控制技术已从单台机车控制逐步向列车信息网络控制方向发展，列车信息网络监视控制技术已成为机车、高速列车、动车组的必备技术之一。国外已开行高速列车，如德国的 ICE、法国的 TGV、日本的新干线等高速列车都装有完备的列车通信网络系统。

本书主要介绍交流传动机车中 HX_D1、HX_D3 型电力机车网络监控与诊断系统，内容包括信息网络系统的技术基础、基本概念、基本原理、功能特点、拓扑结构、设备组成、布线，交流传动机车及其他轨道列车信息网络系统的构成、功能、操作及故障应急处理等相关内容。

本书可作为铁路高职院校交流传动机车驾驶和检修类专业教材，也可作为其他高等院校、中等职业院校和职工岗位培训教材，以及相关工程技术人员的参考用书。

本书由郑州铁路职业技术学院毕红雪、李福胜任主编，郑州铁路职业技术学院高伟、徐传波和郑州铁路局郑州职工培训基地张远任副主编，郑州铁路局郑州机务段袁伟任主审。具体编写分工如下：毕红雪、徐传波编写了第三章和第四章第一节到第三节，李福胜编写了第一章、第二章和第五章，高伟编写了第六章，张远编写了第四章第四节。

在本书的编写过程中，编者得到了西南交通大学、郑州铁路职业技术学院等单位领导和专家的大力支持和帮助，在此表示衷心的感谢。

由于编者水平有限，本书难免存在不足和疏漏之处，恳请各位读者和专家提出宝贵意见。

编 者
2014 年 5 月

目 录

第一章 现代列车网络发展状况 ……………………………………………………… 1
 第一节 国内外列车网络系统的发展 ……………………………………………… 1
 第二节 列车网络特点与发展趋势 ………………………………………………… 6
 思考题 ……………………………………………………………………………… 8

第二章 计算机网络基础知识 …………………………………………………………… 9
 第一节 计算机网络概述 …………………………………………………………… 9
 第二节 网络拓扑 …………………………………………………………………… 19
 第三节 网络的传输介质 …………………………………………………………… 24
 第四节 网络传输介质的访问控制方式 …………………………………………… 31
 第五节 网络互连设备 ……………………………………………………………… 39
 第六节 网络体系结构 ……………………………………………………………… 45
 第七节 局域网 ……………………………………………………………………… 60
 思考题 ……………………………………………………………………………… 60

第三章 计算机通信网络标准 …………………………………………………………… 64
 第一节 通信系统简介 ……………………………………………………………… 64
 第二节 数据编码技术 ……………………………………………………………… 71
 第三节 数据的传输方式 …………………………………………………………… 77
 第四节 多路复用 …………………………………………………………………… 83
 第五节 差错控制技术 ……………………………………………………………… 91
 第六节 HDLC 数据链路层控制规程 …………………………………………… 101
 第七节 串行通信接口技术 ……………………………………………………… 112
 思考题 …………………………………………………………………………… 123

第四章 列车通信网络标准 …………………………………………………………… 124
 第一节 概　述 …………………………………………………………………… 124
 第二节 多功能车辆总线（MVB） ……………………………………………… 130
 第三节 绞线式列车总线（WTB） ……………………………………………… 139
 第四节 WTB 初运行 ……………………………………………………………… 146

第五节　GSM-R ·· 153
　　思考题 ··· 166

第五章　HX_D3 型电力机车微机网络监控与故障诊断系统 ··················· 167
　　第一节　概　述 ·· 167
　　第二节　HX_D3 型电力机车微机网络控制系统及信息流向 ············· 175
　　第三节　HX_D3 型电力机车安全信息监控系统 ···························· 179
　　第四节　HX_D3 型电力机车 TCMS 1/2 系统和 LCDM 显示屏故障 ··· 192
　　思考题 ··· 198

第六章　HX_D1 型电力机车微机网络监控与故障诊断系统 ·················· 199
　　第一节　概　资料述 ··· 199
　　第二节　HX_D1 型电力机车列车通信网络 TCN ··························· 202
　　第三节　SIBAS 32 控制系统 ··· 210
　　第四节　HX_D1 型电力机车远程控制系统 ································ 225
　　第五节　HX_D1 型电力机车显示屏的基本操作及网络应急故障处理 ··· 235
　　思考题 ··· 242

参考文献 ··· 244

第一章　现代列车网络发展状况

第一节　国内外列车网络系统的发展

一、我国列车网络技术的现状与发展

我国对列车网络的应用始于对机车微机控制系统的应用。我国铁路列车的微机控制系统是从机车的牵引控制开始的。

1987 年，我国开始对国产电力机车车载微机控制系统进行研究。在引进的 6K、8K 微机控制电力机车和与美国 GE 公司合作研制的内燃机车微机控制系统的基础上，开发研制了两种用于牵引控制的微机系统：一种是国产化的 MICAS-S 微机系统，用于 SS_{4B} 和 SS_8 等电力机车；另一种是基于美国 GE 公司 20 世纪 80 年代的 C39-8 机车上所用的微机控制系统，用于 DF_{11} 和 DF_{8B} 等内燃机车。这两种系统都采用 80186 作为 CPU，单机结构，但 MICAS-S 系统允许有多个处理器。与此同时，机车上的其他一些小系统也采用了微机，主要是单片机（51 系列或 96 系列）。例如，目前在各型机车上都已经安装使用的 LKJ-93、LKJ-2000 型列车运行监控记录装置，其 CPU 采用的就是 8097 单片机。

1989 年，我国引进了瑞士 ABB 公司 MICAS-S 系统机车模拟控制装置。1991 年，株洲电力机车研究所在购买 ABB 公司的牵引控制系统开发工具，特别是软件开发工具的基础上，联合路内高校开发出了我国第一套电力机车微机控制装置，安装于 $SS_4$0038 电力机车上。在该装置中，系统被明确划分为人机界面显示级、机车控制级和传动控制级三级。级与级之间通过串行总线连接，形成了二级总线的雏形。其中连接司机台显示器与机车控制级之间的显示总线在"春城"号动力分散电动车组上扩展为贯穿全列车连接各动力车的机车控制级与司机台显示器的列车显示总线。连接机车控制级与传动控制级的近程控制器总线在"先锋"号动力分散交流传动动车组上扩展为连接动力车节点与传动控制单元和 ATP 的中程控制器总线。

20 世纪 90 年代中期，随着动车组在我国升温，人们对列车通信网络特别是机车的重联控制通信的需求十分迫切。1995 年，铁道部开始立项研制拥有自主知识产权的 ARCNET 列车通信网络，由株洲电力机车研究所联合铁路相关单位进行研究。它是一种令牌总线网络，通信速率为 2.5 Mb/s，可降到 1 Mb/s 使用。该项目已制造出了网关等设备，但最后未完成系统。在这一时期，路内外许多单位也先后自发地开展了自我开发、联合开发或技术引进工作。这些工作主要在局域网、现场总线、TCN、通信介质、

基于 RS-485 的通信协议等领域展开。例如：原上海铁道学院与株洲电力机车研究所合作开发的基于 ARCNET 的列车总线和基于 HDLC 的车辆总线的列车通信网络的研究；原上海铁道学院用 CAN 作为连接司机台与列车控制单元的局部总线的研究；国防科技大学用 CAN 作为磁悬浮列车的列车总线的研究；西南交通大学用 RS-485 协议作为摆式列车倾摆控制总线的研究；北京交通大学对通信介质及其转换的研究；大同机车厂对列车通信网结构及其协议的研究和对 BITBUS 的研究；株洲电力机车研究所基于 FSK 的列车通信的研究，基于 RS-485 协议的局部总线的研究，基于 LonWorks 的列车总线和局部总线的研究，将 CAN 总线用于列车监控装置和摆式列车局部控制总线的研究，基于 ModBus 的 ISO 局部总线的研究，MVB、WTB 的研究以及国产化的 MVB 产品与其他公司的 MVB 产品的兼容性试验；四方机车车辆研究所、铁道科学研究院、西南交通大学、武进市剑湖铁路客车配件厂、武汉正远公司等对 LonWorks、MVB、WTB 进行了研究，购买了或准备购买 LonWorks、MVB、WTB 的开发工具。

近年来，国内机车车辆工业发展迅速，动车组、200 km/h 的高速机车等产品相继被成功开发，摆式列车、轻轨列车等产品也已进入开发阶段。这些产品需要对列车的运行状况和故障做出快速、准确的判断和处理，而传统的机车车辆控制技术已不能满足这方面的要求。同时，随着电子技术的飞速发展，应用于机车车辆上的智能设备也越来越多，如集中轴报、电动塞拉门、电子防滑器、电控制动、信息显示等系统都已装在 K 型车上。这些系统配备大量的控制线路，且有的系统自成一个小型网络，使一个车辆有多种网络存在，各系统之间数据不能共享，信号重复检测。为解决上述问题，引入列车信息网络技术，将全列车的智能用电设备连接起来，从而实现数据共享。国内各铁路工厂为满足新型机车车辆、动车组以及城市轨道交通车辆的需要，纷纷采用了各种类型的计算机通信网络，从简单的 RS-485 高速总线到符合 TCN 标准的 WTB 系统和 MVB 系统都有成功应用。

"新曙光"号是首列采用 LonWorks 列车总线技术的内燃动车组。在该项目中，LonWorks 列车总线网卡插在成熟的内燃机车微机控制装置 EXP 机箱中。首尾动力车的重联通信通过 LonWorks 列车总线以显式报文的方式实现，而 EXP 机箱内的主 CPU 通过机箱背部的并行 FE 总线访问网卡上的双口 RAM 实现信息交换。"神州"号的 LonWorks 列车重联通信与此类似，但采用了两路通道，即设置了一路 LonWorks 冗余通道。

"先锋"号是首列采用了株洲电力机车研究所的 TEC 列车通信与控制系统的动力分散交流传动动车组。在该项目中，每节动车或拖车上都有一个列车总线节点，列车总线贯穿全列车连接各个节点。在每节动车或拖车内，各智能控制设备通过 MVB 或控制器总线与节点交换信息。在司机台显示器上可以选择查看全列车各个设备的状态。

"中原之星"号是第二列采用了 TEC 技术的动力分散交流传动电动车组。该项目与"先锋"号项目的主要区别是采用了 MVB 光缆连接一个车组单元内三节车的所有智能控制设备（大部分布置在车辆的地板底下），而整列车仅设置了 2 个列车总线节点，即每个车组单元只设置 1 个列车总线节点。进而从列车总线往下看,好像整个列车是由 2 个基本运转单元构成的,简化了控制信号在列车总线上的传递。另外,"中原之星"号的车辆总线、列车总线、列车控制单元、某些重要设备控制用的数字输入/输出通道(如继电器)等都采取了冗余措施。

"新曙光"号、"神州"号列车重联通信的成功,特别是"先锋"号、"中原之星"号的较为完备的列车通信与控制系统的成功,标志着我国列车通信与控制系统的发展已经进入实用化的新阶段。

表 1.1 和表 1.2 分别列出了我国列车通信网络在动车组和机车上的应用情况。

表 1.1　我国列车通信网络在动车组上的应用情况

车型	编组	列车总线	车辆总线	子系统总线	总线供应商	出厂日期
TM1 出口伊朗 EMU	2M10T	FSK 动车重联	MVB 连接显示器和牵引控制系统	RS-485 连接机车级和传动级	ADtranz、株洲所	1997
"庐山"号双层 DMU	2M2T	RS-485	—	—	西门子	1998
"春城"号 EMU	3M3T	远程 RS-485 连接 MMI 和 3 个动车	—	RS-485 连接机车级和传动级	株洲所	1998
四方厂液力传动 DMU	2M4T	高速 RS-485	—	—	日本新泻铁工所	1999
"新曙光"号 DMU	2M9T	LonWorks 动车重联	—	—	株洲所	1999
"大白鲨"号 EMU	1M6T	FSK 连接动车和控制车	MVB 连接显示器和牵引控制系统	RS-485 连接机车级和传动级	ADtranz、株洲所	1999
"蓝箭"号交流传动 EMU	1M6T	WTB 连接全列车所有车辆	MVB 连接动车和拖车内所有智能设备	—	ADtranz	2000
"神州"号 DMU	2M10T	LonWorks 动车重联	—	—	株洲所	2000
"神州"号 DMU	2M10T	CAN 动车重联	—	—	武汉正远	2000
"先锋"号动力分散 EMU	4M2T	FSK 连接全列车所有车辆	MVB 连接制动系统、辅助系统、车辆设备、显示器	远程 RS-485 连接牵引控制系统、ATP	株洲所	2001

续表

车型	编组	列车总线	车辆总线	子系统总线	总线供应商	出厂日期
哈尔滨局 DMU	2M5T	RS-485 动车重联	—	—	长春客车厂	2001
"中原之星"号动力分散交流传动 EMU	4M2T	FSK 连接2个各由2M1T三节车组成的车组单元	MVB 连接一个车组单元内所有智能设备	—	株洲所	2001
集通 DMU	2M6T	LonWorks 动车重联	—	—	株洲所	2001
"中华之星" EMU	2M8T	WTB 连接全列车所有车辆	MVB 连接制动系统、辅助系统、车辆设备、显示器	—	ADtranz、株洲所	2003
CRH1 动车组	5M3T	WTB /MITRAC 系统	MVB		Bombardier	2007
CRH2 动车组	4M4T	ARCNET	点对点串行传输，20 mA 电流环		日本日立	2007
CRH3 动车组	4M4T	WTB/ SIBAS32 系统	MVB	CAN、RS-485	Siemens	2008
CRH5 动车组	5M3T	WTB	MVB	CAN	ALSTOM	2007

表 1.2 我国列车通信网络在机车上的应用情况

车型	编组	列车总线	车辆总线	子系统总线	总线供应商	出厂日期
"奥星"号交流传动	电力机车	—	MVB 连接机车内所有智能设备	—	株洲所	2001
HX_D1 机车 HX_D1B 机车 HX_D1C 机车	电力机车	WTB/SIBAS 32 系统	MVB	—	Siemens	2007
HX_D2 机车 HX_D2B 机车	电力机车	WorldFIP/AGATE			ALSTOM	2007
HX_D3 机车	电力机车	Ethernet/以太网	RS-485	—	日本东芝	2006
HX_D3B 机车	电力机车	WTB/MITRAC 系统	MVB	—	Bombardier	2008
HX_N3 机车	内燃机车		EM2000 系统	Ethernet/CAN	EMD	2008
HX_N5 机车	内燃机车	Ethernet/以太网	ARCNET	—	GE	2008

二、国外列车网络技术的发展

随着微机技术和通信技术的发展，列车通信网络在初期的串行通信总线的基础上应运而生，并从原来不同公司的企业标准发展为国际标准，逐步形成了列车通信与控制系统的标准化、模块化的硬件系列和全方位的开发、调试、维护、管理软件工具。

1. 德国西门子（Siemens）公司列车网络技术的发展

1979年，德国西门子公司首次开发车载微机控制装置；1981年，采用8086CPU开发了SIBAS系统，80年代末改用80186作为CPU；1992年，在SIBAS 16基础上推出的以80386为CPU的SIBAS 32系统已具备网络控制功能（符合TCN标准）。

2. 德国ADtranz公司列车网络技术的发展

德国ADtranz公司即ABB戴姆勒-奔驰运输系统股份公司（ABB Daimler-Benz Transportation GmbH），简称ADtranz，中文译作"安达"，是一家生产铁路车辆的公司，已在2001年被庞巴迪收购。该公司的MICAS-S牵引控制系统创建于20世纪80年代初，其CPU采用80186。1992年，MICAS-S2系统开始大批量应用于列车通信网络。之后，在其基础上推出了以Motolola MC68EN360为CPU的MITRAC分布式列车控制与通信系统，符合TCN标准。

3. 法国阿尔斯通（ALSTOM）公司列车网络技术的发展

ALSTOM公司于20世纪80年代在机车车辆上开始进行车载微机的控制研究。该公司将WorldFIP作为标准通信协议应用于其开发的AGATE列车控制系统，并成功应用于TGV高速列车。

4. 北美列车网络技术的发展

在北美，由一家美国公司Echelon于20世纪90年代初开发的主要用于建筑自动化和工业控制的现场总线LonWorks被部件供应商和铁路公司所接受，紧跟在IEC 61375之后正式成为国际标准。IEEE于1999年制定了IEEE 1473列车通信协议，该协议包含IEC 61375规定的TCN（14732T）和78 Kb/s数据速率的LonWorks（14732L）。

5. 日本列车网络技术的发展

日本的铁路运输业也十分发达，但由于其地形十分封闭，其列车控制网络技术模式不同于欧洲，而采用了一种适用主义的技术路线：列车总线采用实时的ARCNET令牌环型或梯型网络，而车辆总线则采用基于HDLC的RS-485总线，同样满足了包括新干线高速列车在内的各种列车的控制需求，且具有较高的性价比。

6. TCN的发展

1988年，受国际电工委员会（IEC）第9技术委员会（TC9）的委托，来自20多个国家（中国、欧洲部分国家、日本和美国）以及UIC（国际铁路联盟）的代表组成了第 22 工作组（WG22），共同为铁路设备的数据通信制定一项标准。1999 年 6 月，经过长达 11 年的工作，工作组在 ABB 公司的 MICAS、西门子公司的 DIN43322 和意大利的 CD450 等运行经验的基础上制定了列车通信网络（TCN）标准——IEC 61375，正式成为国际标准。我国于 2002 年颁布的铁道部标准 TB/T 3025—2002 也将其正式确认为列车通信网络标准。

目前被我们广泛使用的列车通信网络有：符合 IEC 标准的 TCN 网络（IEC 61375）；符合 IEEE 标准的列车通信网络（IEEE 1473，包括 TCN 网络和 LonWorks 网络）；其他工业控制网络，如应用于法国 TGV 高速列车 AGATE 控制系统的 WorldFIP 网络，应用于日本新干线高速列车的 ARCNET 网络等。

第二节　列车网络特点与发展趋势

一、铁路微机监控系统的发展

近年来，随着计算机技术、通信技术、控制技术以及系统集成技术的迅速发展，微机监控技术也得到迅速发展。目前的微机监控系统，除了能完成常规 SCADA 系统的"四遥"功能外，还可以完成许多其他的数据处理和管理功能，如可以提供各种数据报表、图形曲线，可提供复式终端，可与其他系统联网等，还拥有操作人员在线培训、防误操作以及辅助决策等功能。

铁路微机监控系统在技术上的两大发展趋势是：调度端（控制中心）实现综合监控；变电所实现综合自动化。调度端的综合监控，也称为调度综合自动化，就是本节下面将要介绍的内容。

随着技术的发展，一些新的技术将在铁路微机监控系统中得到越来越多的应用。例如，采用多媒体技术，可以实现语言报警、语音操作提示、视频监控等功能。

近年来，随着现场总线（fieldbus）技术的发展，许多先进的现场总线涌现出来。所谓现场总线，是用于过程自动化和制造自动化最底层的现场设备或现场仪表互连的通信网络，是现场通信网络与控制系统的集成。现场总线构成的控制系统，称为现场总线控制系统（Fieldbus Control System，FCS）。它带来的变革是：① FCS 的信号传输实现了全数字化；② FCS 的系统结构是全分散式的；③ FCS 的现场设备具有互操作性；④ FCS 的通信网络为开放式互联网络；⑤ FCS 的技术和标准实现了全开放。目前较流行的现场总线主要有 CAN、LonWorks、PROFIBUS、HART、FF 等。现场总线在变电所综合自动化系统中已得到成功应用。

随着计算机软件技术的发展，微机监控系统的软件也逐渐走向组态化、方便化。因此，微机监控系统将越来越多地采用软件组态技术和系统集成技术。

随着卫星通信技术的发展，全球卫星定位系统（GPS）也正成功地用作微机监控系统的系统时钟，并将得到越来越多的应用。

总之，随着计算机、通信、控制等技术的发展，铁路微机监控系统也将不断地得到提高和发展。

二、列车控制网络的发展趋势

目前，网络技术方兴未艾，同时，随着控制网络应用范围的不断扩大，用户对网络的开放性、性价比、开发和应用的多样性和灵活性等方面都提出了更高的要求。由于各种控制网络都有其优缺点，目前还没有一种控制网络能很好地满足铁路用户所有的应用需求。因此，在将来，列车网络技术标准和 IEC 61158 工业现场总线标准一样，将不再是仅包含一种技术的标准，而是多种网络技术的融合。列车控制网络技术今后的发展将呈以下趋势：

（1）相互竞争，多种网络技术并存。

基于 WTB 和 MVB 的 IEC TCN 网络技术是专为铁路应用而开发的，它具有很强的实时性和很高的可靠性，能满足铁路行业的特殊需求，因而在今后相当长的时间内，仍将作为列车控制网络技术的主流，在互操作性要求高的高速机车/动车组、地铁车辆等高端市场被广泛应用。而其他通用网络技术，如 LonWorks、CANopen 等，由于其具有良好的开放性、较高的性价比以及开发的灵活性和便利性，将用在通信数据量不太大或实时性要求不太高的应用场合，如客车、货车、轻轨、内燃机车以及控制子系统等领域得到广泛使用。

（2）相容并蓄，多种网络共存于一个系统中。

由于用户需求的多样性，WorldFIP、CANopen、TIMN、LonWorks 等通用网络技术在今后一段时间内将和原有 TCN 网络共同发展、取长补短并相互融合。例如，列车总线可能仍然采用 WTB，而车辆总线除 MVB 外则可采用 WorldFIP、CANopen、LonWorks、TIMN 中的一种，或者车辆总线仍然采用 MVB，而 I/O 和控制子系统则采用上述通用网络中的一种。

（3）异军突起，工业以太网的引入将成为新的热点。

近年来，工业以太网技术正在工业自动化和过程控制市场上迅速发展。以太网技术已渗透到工业控制中，出现了现场总线型网络技术与以太网/因特网开放型网络技术的自然结合。随着基于网络的远程诊断与维护、旅客信息与舒适性支持等新的用户需求的提出，以太网不仅可以成为列车网络中的高层信息网络，也极有可能上下贯通，直接与下层车载控制设备相连，从而形成车辆控制与信息服务的新型宽带网络系统，实现控制网络与信息网络的有机融合。

（4）由于电子技术的迅速发展，高速列车的控制、检测和诊断系统正在向智能化方向发展。

在控制系统方面，为改善控制性和确保可靠性，在中央装置和各终端装置上已分别采用 32 位 CPU 代替早期的 8 位 CPU；提高无线传送质量和位置检测精度的研究尚需继续进行；以安全控制为中心的列车运行检测还要不断提高其可靠性和响应速度；采用光纤通信可以提高系统的抗干扰性。此外，还有提高彩色显示技术、实现标准化和无维修化等课题有待研究。

目前，我国的列车网络技术和国外相比，开发和应用水平还较低，如何抓住铁路跨越式发展所带来的大好机遇，通过引进、消化、吸收、再创新，开发出能真正满足用户需求的"先进、成熟、经济、实用、可靠"的列车控制网络标准技术和系列产品，是广大的控制网络部件开发商、系统集成商、铁路用户以及行业主管部门共同的责任和使命。

思考题

（1）简述我国列车网络技术的发展情况。
（2）简述国外列车网络发展状况。
（3）简述列车控制网络的发展趋势。

第二章　计算机网络基础知识

第一节　计算机网络概述

计算机网络是指将地理位置不同的具有独立功能的多台计算机及其外部设备，通过通信线路连接起来，在网络操作系统、网络管理软件及网络通信协议的管理和协调下，实现资源共享和信息传递的计算机系统。

计算机网络是计算机技术和通信技术紧密结合的产物，它涉及通信与计算机两个领域。

计算机网络的诞生使计算机体系结构发生了巨大变化，它在当今社会经济中起着非常重要的作用，对人类社会的进步做出了巨大贡献。从某种意义上讲，计算机网络的发展水平不仅反映了一个国家的计算机科学和通信技术水平，还成为了衡量其国力及现代化程度的重要标志之一。

一、计算机网络的产生

1946年，世界上第一台数字电子计算机 ENIAC 问世，当时计算机和通信并没有联系。1954年，人们用终端将穿孔卡片上的数据从电话线路上发送到远地的计算机上。此后，又有了电传打字机。计算机与通信的结合就这样开始了。

最早的 Internet，是在 1969 年由美国国防部高级研究计划局（Advanced Research Projects Agency，ARPA）建立的。当时的目的是对付来自苏联的核攻击威胁，因为当时传统的电路交换的电信网虽已经四通八达，但战争期间，一旦正在通信的电路有一个交换机或链路被炸毁，则整个通信电路就要中断，如要立即改用其他迂回电路，还必须重新拨号建立连接，这将要延误一些时间。现代计算机网络的许多概念和方法，如分组交换技术，都来自 ARPANET。ARPANET 不仅进行了租用线互连的分组交换技术研究，而且做了无线、卫星网的分组交换技术研究，其结果促成了 TCP/IP 的问世。

1977—1979 年，ARPANET 推出了目前这种形式的 TCP/IP 体系结构和协议。1980 年前后，ARPANET 上的所有计算机开始以 TCP/IP 为协议的转换工作，并以 ARPANET 为主干网建立了初期的 Internet。1983 年，ARPANET 的全部计算机完成了向 TCP/IP 的转换，并在 UNIX（BSD4.1）上实现了 TCP/IP。ARPANET 在技术上最大的贡献就是 TCP/IP 协议的开发和应用，例如，2 个著名的科学教育网 CSNET 和 BITNET 先后建立。1984 年，美国国家科学基金会（NSF）规划并建立了 13 个国家超级计算中心及国家教育科技网，随后替代了 ARPANET 的骨干地位。1988 年 Internet 开始对外开放。1991

年 6 月，在连通 Internet 的计算机中，商业用户首次超过了学术界用户，这是 Internet 发展史上的一个里程碑，从此 Internet 的成长一日千里。

二、计算机网络的发展

在近 50 年的时间里，计算机网络的演变过程大致可概括为四个阶段：面向终端的远程联机系统、共享资源的计算机网络、标准化网络、互联网与高速网络。

1. 面向终端的远程联机系统

面向终端的计算机网络是以单个计算机为中心的远程联机系统，可以实现不同地理位置的大量终端与主机之间的连接和通信。早期的计算机价格昂贵，只有计算中心才可能拥有，由于它具有的分时处理能力可以为多个用户提供服务，因此为了方便用户的使用和提高主机的利用率，地理位置分散的多个终端通过通信线路与主机连接起来形成网络。在这里，终端本身没有处理能力，人们在终端上输入指令和数据，指令和数据通过通信线路传递给主机，然后主机执行指令，进行数据处理，将处理结果传递给终端，在终端上显示结果或将结果打印出来。这种远程联机系统就是"面向终端的计算机网络"，又称终端-计算机网络，是早期计算机网络的主要形式。它是用一台中央主计算机连接大量的地理上处于分散位置的终端，如图 2.1 所示。其典型代表就是美国军方在 1954 年推出的半自动地面防空系统（SAGE），它是获得信息的远程雷达和其他测量设施通过通信线路与基地的一台 IBM 计算机连接，进行集中的防空信息处理与控制，从而首次实现了计算机技术与通信技术的结合。在该计算机网络中，终端无独立处理数据的功能，只能共享主机的资源。从严格意义上说，该阶段的计算机网络还不是真正的计算机网络。

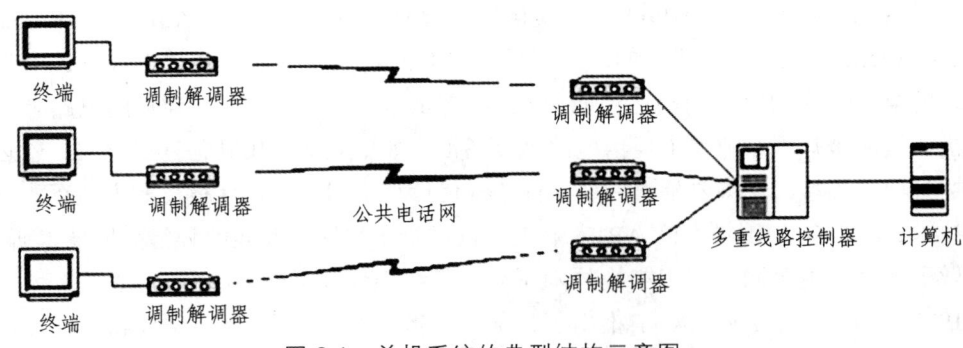

图 2.1 单机系统的典型结构示意图

为减轻主机的负担，可在通信线路和计算机之间设置一个前端处理机（FEP），如图 2.2 所示。FEP 专门负责与终端之间的通信控制，从而让主机进行数据处理。为提高通信效率，减少通信费用，可在远程终端比较密集的地方增加一个集中器，其作用是把若干个终端经低速通信线路集中起来，连接到高速线路上，然后经高速线路与前端处理机连接。当时一般由小型计算机担当前端处理机和集中器，因此，这种结构也称为具有通信功能的多机系统。20 世纪 60 年代初的美国航空订票系统 SABRE-1 就是这种计算机通信网络的典型应用。

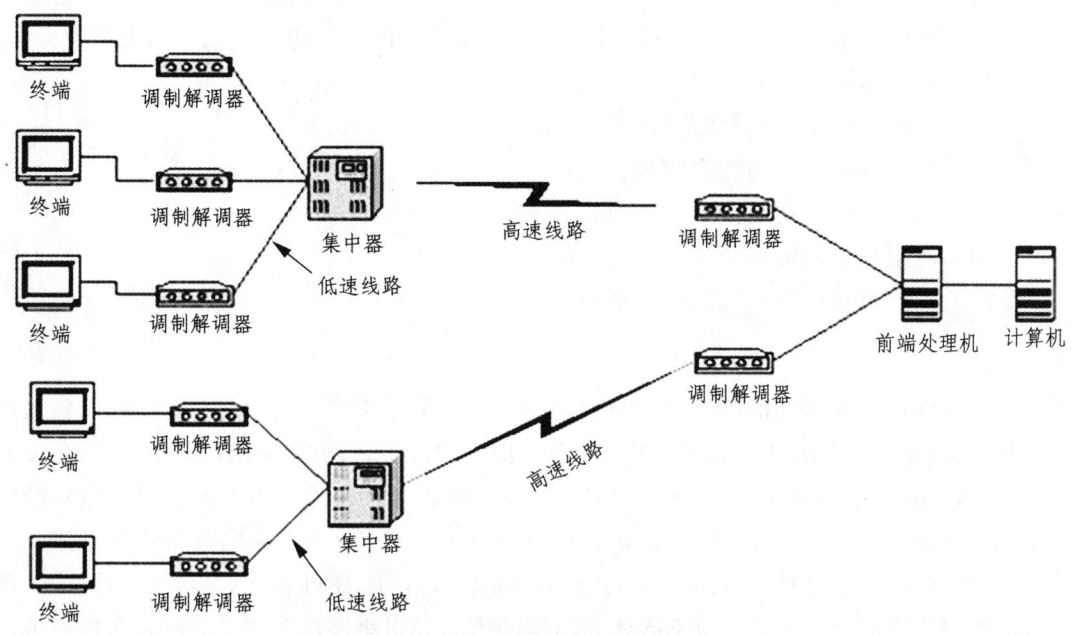

图 2.2　具有通信功能的多机系统示意图

第一代计算机网络主要有以下缺点：
（1）以主机为中心，联机系统上的终端没有独立的数据处理能力；
（2）主机既要负责数据处理，又要管理与终端的通信，因此负担很重；
（3）一个终端单独使用一根通信线路，造成通信线路利用率低；
（4）每增加一个终端，线路控制器的软硬件都需要做很大的改动；
（5）采用集中控制方式，可靠性比较低。

2．共享资源的计算机网络

20 世纪 60 年代中期至 70 年代的第二代计算机网络是将多个主机通过通信线路互连起来为用户提供服务的。其典型代表是美国国防部高级研究计划局协助开发的 ARPANET。该网络的主机之间不是直接用线路相连，而是由接口报文处理机（IMP）转接后互连。IMP 和它们之间互连的通信线路一起负责主机间的通信任务，构成了通信子网。与通信子网互连的主机负责运行程序，提供资源共享，组成了资源子网。这个时期，网络的概念为"以能够相互共享资源为目的互连起来的具有独立功能的计算机之集合体"。

第二代计算机网络在逻辑上可以分为两大部分：通信子网和资源子网。资源子网由网络中的所有主机、终端、终端控制器、外设（如网络打印机、磁盘阵列等）和各种软件资源组成，负责全网的数据处理和向网络用户（工作站或终端）提供网络资源和服务。

通信子网由各种通信设备和线路组成，承担资源子网的数据传输、转接和变换等通信处理工作。

网络用户对网络的访问可分为两类：① 本地访问：对本地主机访问，不经过通信子网，只在资源子网内部进行；② 网络访问：通过通信子网访问远地主机上的资源。

第二代计算机网络的特点：

（1）实现了分布式的资源共享；

（2）具有分组交换的数据交换方式；

（3）采用专门的通信控制处理机；

（4）使用分层的网络协议。

以上几点也是计算机网络的一般特征。

3. 标准化网络

以共享资源为目的的第二代计算机网络，大多是由研究部门、大学或计算机公司自行开发研制的，如 IBM 公司于 1974 年率先提出的计算机网络体系结构 SNA（Systems Network Architecture），DEC 公司于 1975 年提出的面向分布式网络的数字网络体系结构 DNA（Digital Network Architecture），Univac 公司于 1976 年公布的分布式控制体系结构 DCA（Distributed Communication Architecture）等。这些网络技术标准使得同一体系结构的网络产品容易互连，而不同体系结构的产品则很难实现互连。这种局面妨碍了计算机网络的发展，令用户在投资方面无所适从，并且可能造成重大的投资损失，同时也不利于厂商之间的公平竞争，于是制定统一的计算机网络技术标准成为必然。

计算机网络发展的第三阶段的主要工作是加速体系结构与协议国际标准化的研究与应用。20 世纪 70 年代末，国际标准化组织 ISO（International Organization for Standardization）的计算机与信息处理标准化技术委员会成立了一个专门机构，研究和制定网络通信标准，以实现网络体系结构的国际标准化。1984 年，ISO 正式颁布了一个称为"开放系统互连基本参考模型"的国际标准 ISO 7498，简称 OSI/RM（Open System Interconnection Basic Reference Model），即著名的 OSI 七层模型。

OSI/RM 推动了网络的标准化进程，使人类进入了第三代计算机网络时代。遵循国际标准化协议的计算机网络具有统一的网络体系结构，厂商需按照共同认可的国际标准开发自己的网络产品，从而保证不同厂商的产品可以在同一个网络中进行通信。这就是"开放"的含义。

目前存在着两种占主导地位的网络体系结构：一种是国际标准化组织 ISO 提出的 OSI/RM（开放系统互连基本参考模型）；另一种是 Internet 所使用的事实上的工业标准 TCP/IP RM（TCP/IP 参考模型）。

4. 互联网与高速网络

从 20 世纪 80 年代末开始，计算机网络技术进入了新的发展阶段，其特点是：互连、高速和智能化。具体表现在：

（1）发展了以 Internet 为代表的互联网。

（2）高速网络得以发展。

1993 年，美国政府公布了"国家信息基础设施"行动计划，即"信息高速公路计划"。这里的"信息高速公路"是指数字化大容量的光纤通信网络，用以把政府机构、企业、大学、科研机构和家庭的计算机进行联网。美国政府又分别于 1996 年和 1997 年开始研究和发展更加快速、可靠的互联网 2（Internet 2）和下一代互联网（Next Generation Internet）。可以说，网络互连和高速计算机网络正成为新一代计算机网络的发展方向。

（3）研究智能网络。

随着网络规模的增大与网络服务功能的增多，各国正在开展对智能网络 IN（Intelligent Network）的研究，以提高通信网络开发业务的能力，并更加合理地对各种网络业务进行管理，真正以分布和开放的形式向用户提供服务。

智能网络的概念是美国于 1984 年提出的。智能网络的定义中并没有人们通常理解的"智能"含义，它仅仅是一种"业务网"，目的是提高通信网络开发业务的能力。

第四代计算机网络的特点：

① 广泛的资源共享；

② 高速的数据传输；

③ 综合的业务服务。

5．计算机网络的发展趋势

计算机网络技术的进步，促进了网络应用的普及，而人们对于网络需求的不断扩大，又推动了计算机网络的进一步发展。

下一代网络（Next Generation Network），又被称为次世代网络，是计算机网络的发展趋势。其主要思想是在一个统一的网络平台上以统一管理的方式提供多媒体业务，是在整合现有的市内固定电话、移动电话（统称 FMC）的基础上，增加多媒体数据服务及其他增值型服务。其中，话音的交换将采用软交换技术，而平台的主要实现方式为 IP 技术，用这些技术使网络逐步实现统一通信。其中，voip 将是下一代网络中的一个重点。

NGN 是一个分组网络，它提供包括电信业务在内的多种业务，能够利用多种带宽和具有 QoS 能力的传送技术，实现业务功能与底层传送技术的分离。它允许用户对不同业务提供商网络的自由接入，并支持通用移动性，实现用户对业务使用的一致性和统一性。它是以软交换为核心的、能够提供包括语音、数据、视频和多媒体业务的基于分组技术的综合开放的网络架构，代表了通信网络发展的方向。

NGN 具有以下特征：

① 分组传送；

② 控制功能从承载、呼叫/会话、应用/业务中分离；

③ 业务提供与网络分离，提供开放接口；
④ 利用各基本的业务组成模块，提供广泛的业务和应用；
⑤ 具有端到端 QoS 和透明的传输能力；
⑥ 通过开放的接口规范与传统网络实现互通；
⑦ 具有通用移动性，允许用户自由地接入不同业务提供商；
⑧ 支持多样标志体系；
⑨ 融合固定与移动业务。

NGN 的九大支撑技术：① IPv6；② 光纤高速传输；③ 光交换与智能光网；④ 宽带接入；⑤ 城域网；⑥ 软交换；⑦ 3G 和后 3G 移动通信系统；⑧ IP 终端；⑨ 网络安全。

国际电信联盟远程通信标准化组织（ITU-T）下一代网络标准化小组提出：下一代网络应该是公共交换电话网（PSTN）和移动通信网和分组网（ATM/IP）的融合，未来的网络应该在统一分组网上支持各种业务，是一个真正实现宽带窄带一体化、有源无源一体化、传输接入一体化的综合业务网络。分组化的、开放的、分层的网络架构体系是下一代网络的显著特征。下一代网络基本上按业务层、控制层、传输层和接入层划分，这四层之间通过标准的开放接口互连。

业务层是由一些业务应用服务器组成的，提供各种各样的业务控制逻辑，完成增值业务处理，同时提供开放的第三方接口，易于引入新型业务。

控制层主要指网络为完成端到端的数据传输进行的路由判决和数据转发功能，它是网络的交换核心，目的是在传输层的基础上构建端到端的通信过程。

传送层面向用户端，支持透明的 TDM 线路的接入，在网络核心提供大带宽的数据传输能力，并替代传统的配线架，构建灵活的长途传输网络，一般为基于密集波分复用（DWDM）技术的全光网。

下一代网络除了能向用户提供语音、高速数据传输、视频业务之外，还能向用户方便地提供视频会议、电话会议等功能，而且能像广播网络一样，向有此项要求的用户提供统一的消息、时事新闻等。

三、计算机网络的功能

计算机网络是根据应用的需要发展而来的，因此从本质上说，它应以资源共享为其主要目的，来发挥分散的、各不相连的计算机之间的协同功能。

关于计算机网络，业界没有统一的定义，这里给出一种被广泛认可的定义：将分布在不同地理位置的具有独立工作能力的计算机、终端及其附属设备用通信设备和通信线路连接起来，再配以网络软件，从而实现计算机资源共享的系统被称为计算机网络。

计算机网络的功能主要表现在硬件资源共享、软件资源共享和用户间信息交换三个方面。

1. 硬件资源共享

计算机网络可以在全网范围内提供对处理资源、存储资源、输入输出资源等昂贵设备的共享，如具有特殊功能的处理部件、高分辨率的激光打印机、大型绘图仪、巨型计算机以及大容量的外部存储器等，从而使用户节省投资，也便于集中管理和均衡分担负荷。

2. 软件资源共享

互联网上的用户可以远程访问各类大型数据库，可以通过网络下载某些软件到本地机上使用，可以在网络环境下访问一些安装在服务器上的公用网络软件，还可以通过网络登录到远程计算机上使用该计算机上的软件。这样可以避免软件研制上的重复劳动以及数据资源的重复存储，也便于集中管理。

3. 用户间信息交换

计算机网络为分布在各地的用户提供了强有力的通信手段。用户可以通过计算机网络传送电子邮件、发布新闻消息和进行电子商务活动。

四、计算机网络的特点

1. 可靠性

在一个网络系统中，当一台计算机出现故障时，可立即由系统中的另一台计算机来代替其完成它所承担的任务。同样，当网络中的一条链路出现故障时，可选择其他的通信链路替代故障链路对网络进行连接。

2. 高效性

计算机网络系统摆脱了中心计算机控制结构数据传输的局限性，并且具有信息传递迅速、系统实时性强的特点。网络系统中各相连的计算机能够相互传送数据信息，使相距很远的用户之间能够即时、快速、高效地交换数据。

3. 独立性

网络系统中各相连的计算机是相对独立的，它们之间的关系是既互相联系，又相对独立。

4. 扩充性

在计算机网络系统中，人们能够很方便、灵活地接入新的计算机，从而达到扩充网络系统功能的目的。

5. 廉价性

计算机网络使微机用户也能够分享到大型机的功能特性，充分体现了网络系统的"群体"优势，能节省投资和降低成本。

6. 分布性

计算机网络能将分布在不同地理位置的计算机进行互连，可对大型、复杂的综合性问题实行分布式处理。

7. 易操作性

对于计算机网络用户而言，掌握网络使用技术比掌握大型机使用技术简单，实用性也很强。

五、计算机网络的组成与分类

计算机网络由计算机系统、通信链路与通信设备、网络协议、网络软件组成。计算机网络根据不同的特点可以有很多分类方法。

1. 按覆盖范围分类

1）广域网（Wide Area Network，WAN）

广域网也称远程网，它的联网设备分布范围广，一般从数百数千米到数千千米。因此，网络所涉及的可以是市、省、国家，乃至世界范围。它的这一特点使得单独建造一个广域网是极其昂贵和不现实的，所以常常借用传统的公共传输（电报、电话）网来实现。此外，由于广域网传输距离远，又依靠传统的公共传输网，导致其错误率较高。

2）局域网（Local Area Network，LAN）

局域网是将小区域内的各种通信设备互连在一起的网络，其分布范围局限在一个办公室、一幢大楼或一个校园内，用于连接个人计算机、工作站和各类外围设备以实现资源共享和信息交换的目的。它的特点是分布距离近（通常在 1 000~2 000 m）、传输速率高（一般为 10~100 Mb/s）、连接费用低、数据传输可靠、误码率低等。

在应用上，局域网强调的是资源共享，而广域网则着重数据传输。对于局域网，人们更关注的是如何根据应用需求来规划、建立和应用。而对于广域网，人们侧重的是网络能够提供什么样的数据传输业务，以及用户如何接入网络等问题。

3）城域网（Metropolitan Area Network，MAN）

城域网的分布范围介于局域网和广域网之间，其目的是在一个较大的地理区域内进行数据、声音和图像的传输。

2. 按通信介质分类

计算机网络根据传输媒介可以分为有线网络和无线网络。其中，有线网络常用的介质有双绞线、光纤和同轴电缆。无线网络主要使用不同频率的电磁波作为传输媒介。

3. 按通信方式分类

按照通信方式，可以将计算机网络分为两类：广播式网络和点对点网络。点对点网络又可以分为单播和多播（不同于单点对所有点的广播）两种类型。

1）单　播

网络节点之间的通信就好像人与人之间的对话，如果一个人对另外一个人说话，那么用网络技术的术语来描述就是"单播"，也称为"点对点通信"。单播在网络中得到了广泛的应用，网络上的绝大部分数据都是以单播的形式传输的，只是一般网络用户不知道而已。例如，在收发电子邮件、浏览网页时，必须与邮件服务器、Web 服务器建立连接，此时使用的就是单播数据传输方式。但是通常使用"点对点通信"代替"单播"，因为"单播"一般与"多播"和"广播"相对应使用。单播示意图如图 2.3 所示。

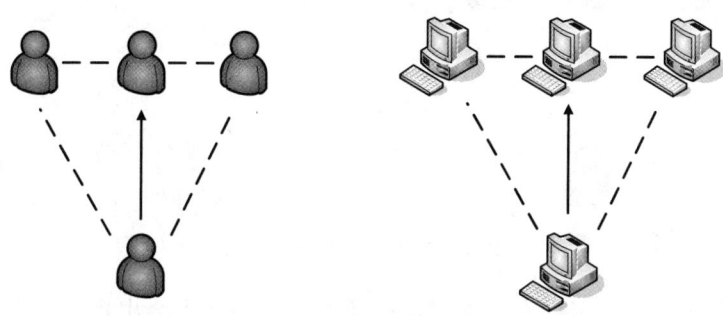

图 2.3　单播（一对一）

2）多　播

"多播"可以理解为一个人向多个人（但不是在场的所有人）说话，这样能够提高通话的效率。如果要通知特定的某些人同一件事情，但是又不想让其他人知道，使用电话一个一个地通知就非常麻烦，而使用日常生活中的大喇叭进行广播通知，就达不到只通知个别人的目的，此时使用"多播"来实现就会非常方便，但是现实生活中多播设备非常少。

"多播"也可以称为"组播"，在网络技术的应用中并不是很多。网上视频会议、网上视频点播特别适合采用多播方式。因为如果采用单播方式，每个节点传输，有多少个目标节点，就会有多少次传送过程，这种方式显然效率很低，是不可取的；如果采用不区分目标、全部发送的广播方式，虽然一次可以传送完数据，但是达不到区分特定数据接收对象的目的。采用多播方式，既可以实现一次传送所有目标节点的数据，又可以达到只对特定对象传送数据的目的。多播示意图如图 2.4 所示。

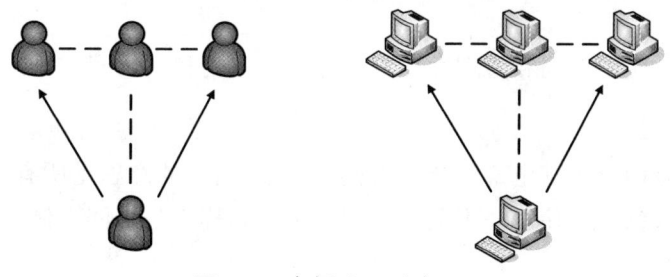

图 2.4　多播（一对多）

3）广　播

"广播"可以理解为一个人通过广播喇叭对在场的全体说话，这样做的好处是通话效率高，信息一下子就可以传送给全体，如图2.5所示。在广播帧中，帧头中的目标MAC地址是"FF.FF.FF.FF.FF.FF"，代表网络上所有的主机。每台主机上的网卡收到广播帧后会认为是发送给自己的帧，就进行处理。但是同单播和多播相比，广播几乎占用了子网内网络的所有带宽。就像我们开大会，在会场上同一时刻只能有一个人发言，如果所有人都用麦克风发言，那会场就会乱成一片。

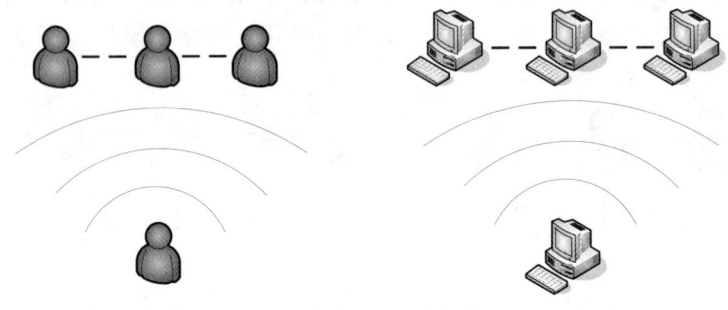

图2.5　广播（一对全体）

在网络中，即使没有用户人为地发送广播帧，网络上也会出现一定数量的广播帧。因为即使没有人工干预，连在网络上的网络设备也会发送广播帧，因为设备之间也需要相互通信。在不了解对方地址的情况下，只有发送广播帧才能与其他设备进行通信。

在网络中不能很长时间出现广播帧，否则就会出现所谓的"广播风暴"。广播数据风暴就是网络长时间被大量的广播数据包所占用，使点对点通信无法正常进行，外在表现为网络速度奇慢无比。出现广播风暴的原因有很多，一块有故障的网卡就可能长时间向网络发送广播包而导致广播风暴。

广播风暴不能完全杜绝，但是只能在同一子网内传播，就好像喇叭的声音只能在同一会场里传播一样。因此，在有几百台甚至上千台计算机构成的大中型局域网中，一般会进行子网划分，就像将一个大厅用墙壁隔离成许多小厅一样，以达到隔离广播风暴的目的。另外，使用路由器或三层交换机也能达到隔离广播的目的。当路由器或三层交换机收到广播帧时，它并不转发这个帧，而是抛弃这个帧，使其无法再传递至路由器及其他端口连接的网络，从而起到隔离广播风暴的作用。

4. 按使用范围分类

计算机网络按应用范围和管理性质可以分为公用网和专用网。

1）公用网

公用网一般是国家的邮电部门建造的网络。"公用"的意思是所有愿意按邮电部门规定缴纳费用的人都可以使用。因此，公用网也可以称为公众网，例如CHINANET、CERNET等。

2）专用网

"专用网"是某个部门为满足本单位的特殊工作需要而建立的网络。这种网络不向本单位以外的人提供服务。例如，军队、铁路、电力等系统均有本系统的专用网。目前，专用网络的发展很迅速，它们也提供对外租用服务，形成与公用网竞争的局面。

5. 按拓扑结构分类

按照拓扑结构的不同，计算机网络可以分为：星状网络、树状网络、总线型网络、环状网络、网状网络等。

6. 按其他方式分类

计算机网络还可以按以下方式分类：根据数据交换方式，可以分为电路交换网、报文交换网、分组交换网、帧中继交换网、ATM 交换网和混合交换网；按照网络内信息传输速度的快慢，可以分为低速网、中速网、高速网；按照数据的组织方式，可分为分布式数据网和集中式数据网；按照网络内信息的共享方式，可以分为对等网和非对等网。

第二节　网络拓扑

一、网络拓扑的概念

拓扑学最初是几何学的一个分支，它是由图论演变过来的。拓扑学首先把实体抽象成与其大小、形状无关的点，将连接实体的线路抽象成线，进而研究点、线、面之间的关系。

在网络中，将不同设备根据不同的工作方式进行连接称为拓扑（topology）。不同计算机网络系统的拓扑结构是不同的，而不同拓扑结构的网络在功能、可靠性、组网成本等方面也不同。

局域网的拓扑结构是指连接网络设备的传输媒体的铺设形式。

二、局域网的拓扑结构

局域网的拓扑结构主要有：星状结构、环状结构、总线结构、分布式结构、树状结构、网状结构、蜂窝结构等。

1. 星状结构

星状拓扑结构是用一个节点作为中心节点，其他节点直接与中心节点相连所形成的拓扑结构。中心节点可以是文件服务器，也可以是连接设备。常见的中心节点为集线器。星状拓扑结构的网络属于集中控制型网络，整个网络由中心节点执行集中式通信控制管理，各节点间的通信都要通过中心节点。每一个要发送数据的节点都将要发送的数据发送到中心节点，再由中心节点负责将数据送到目标节点。因此，中心节点相当复杂，而各个节点的通信处理负担都很小，只需要满足链路的简单通信要求。

优点：①控制简单。任何一站点只和中央节点相连接，因而介质访问控制方法简单，致使访问协议也十分简单，易于网络监控和管理。②故障诊断和隔离容易。中央节点对连接线路可以逐一隔离进行故障检测和定位，单个连接点的故障只影响一个设备，不会影响全网。③方便服务。中央节点可以方便地对各个站点提供服务和对网络进行重新配置。

缺点：①需要耗费大量的电缆，安装、维护的工作量也骤增。②中央节点负担重，形成"瓶颈"，一旦发生故障，则全网受影响。③各站点的分布处理能力较低。

总的来说，星状拓扑结构相对简单、便于管理、建网容易，是目前局域网普遍采用的一种拓扑结构。采用星状拓扑结构的局域网，一般使用双绞线或光纤作为传输介质，符合综合布线标准，能够满足多种宽带需求。尽管物理星状拓扑的实施费用高于物理总线拓扑，然而星状拓扑的优势却使其物超所值。每台设备通过各自的线缆连接到中心设备，因此某根电缆出现问题时只会影响到那一台设备，而网络的其他组件依然可以正常运行。这个优点极其重要，这也正是所有新设计的以太网都采用物理星状拓扑的原因所在。

如果星状网络扩展到包含与主网络设备相连的其他网络设备，这种拓扑就称为扩展星状拓扑，如图 2.6 所示。扩展星状拓扑的问题是：如果中心节点出现故障，网络的大部分组件就会被断开。

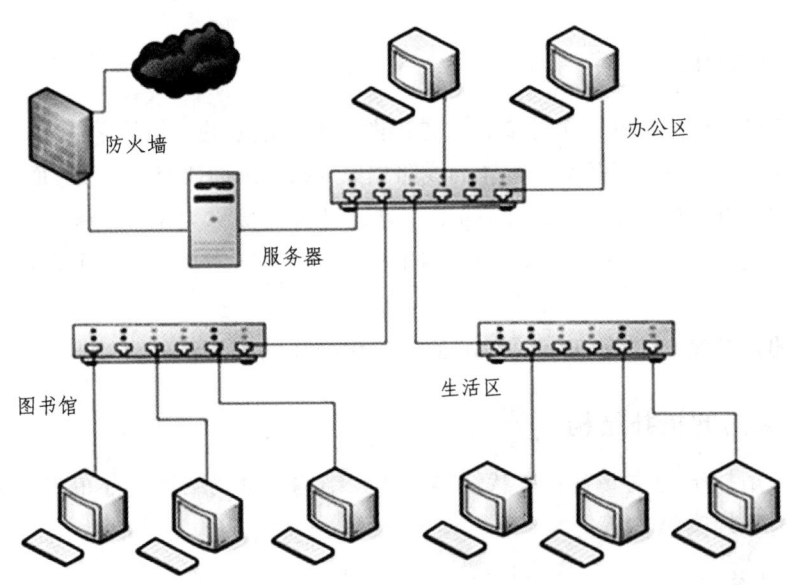

图 2.6　扩展星状拓扑结构

2. 环状结构

环状结构是网络中若干节点通过点到点的链路首尾相连，形成一个闭合的环。这种结构使公共传输电缆组成环形连接，数据在环路中沿着一个方向在各个节点间传输，信息从一个节点传到另一个节点，如图 2.7 所示。这种结构主要应用于令牌网中。在这种网络结构中，各设备是直接通过电缆来串接的，最后形成一个闭环，整个网络发送的信息就是在这个环中传递的,通常把这类网络称为"令牌环网"。

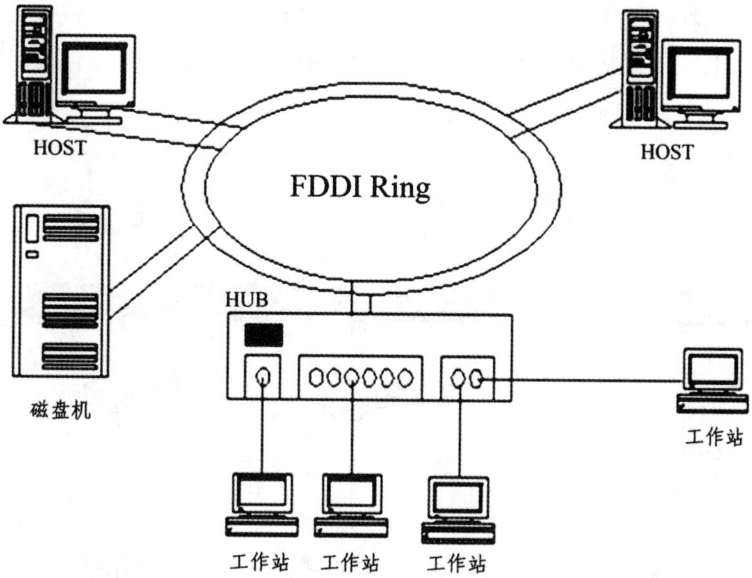

图 2.7 环状拓扑结构

实际上,大多数情况下这种拓扑结构的网络不是所有计算机直接连接成物理上的环形,一般情况下,环的两端是通过一个阻抗匹配器来实现环的封闭的。因为在实际组网过程中,因地理位置的限制,不方便直接做到对环的两端进行物理连接。

这种拓扑结构的网络主要有如下几个特点:

(1)这种网络结构一般仅适用于 IEEE 802.5 的令牌网(Token Ring Network)。在这种网络中,"令牌"在环形连接中依次传递。其所用的传输介质一般是同轴电缆。

(2)这种网络的实现也非常简单,投资最小。从其网络结构示意图(见图 2.9)中可以看出,组成这个网络的除了各工作站就是传输介质——同轴电缆,以及一些连接器材。没有价格昂贵的节点集中设备,如集线器和交换机。但也正因为这样,所以这种网络所能实现的功能最为简单,仅能当作一般的文件服务模式。

(3)传输速度较快。在令牌网中允许有 16 Mb/s 的传输速度,这比普通的 10 Mb/s 以太网要快许多。当然,随着以太网的广泛应用和以太网技术的发展,以太网的速度也得到了极大提高,目前普遍都能提供 100 Mb/s 的网速,远比 16 Mb/s 高。

(4)维护困难。从其网络结构可以看到,整个网络各节点间是直接串联,这样任何一个节点出了故障都会造成整个网络的中断、瘫痪,维护起来非常不便。另一方面,因为同轴电缆所采用的是插针式的接触方式,所以非常容易因接触不良而造成网络中断,而且这种问题查找起来非常困难。

(5)扩展性能差。这种结构的扩展性能远不如星状结构的好,如果要新添加或移动节点,就必须中断整个网络,在环的两端连好连接器后才能进行。

3. 总线结构

在这种网络拓扑结构中，所有设备都直接与总线相连，如图 2.8 所示。它所采用的介质一般也是同轴电缆（包括粗缆和细缆），不过现在也有采用光缆作为总线型传输介质的。

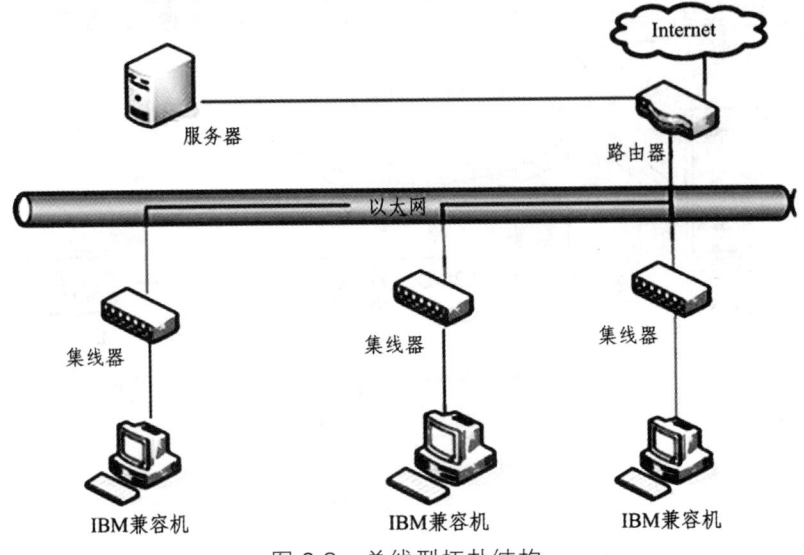

图 2.8　总线型拓扑结构

总线结构是指各工作站和服务器均挂在一条总线上，各工作站地位平等，无中心节点控制，公用总线上的信息多以基带形式串行传递，其传递方向总是从发送信息的节点开始向两端扩散，如同广播电台发射的信息一样，因此又称广播式计算机网络。各节点在接受信息时都进行地址检查，看是否与自己的工作站地址相符，相符则接收网上的信息。

这种结构具有以下几个方面的特点：

（1）组网费用低。从图 2.8 可以看出，这样的结构根本不需要另外的互连设备，而是直接通过一条总线进行连接，所以组网费用较低。

（2）因为这种网络的各节点是共用总线带宽的，所以传输速度会随着接入网络的用户的增多而下降。

（3）网络用户扩展较灵活。需要扩展用户时只需要添加一个接线器即可，但所能连接的用户数量有限。

（4）维护较容易。单个节点失效，不影响整个网络的正常通信。但如果是总线断开，则整个网络或者相应主干网段就断开了。

（5）这种网络拓扑结构的缺点是一次仅允许一个端用户发送数据，其他端用户必须等待获得发送权。

4. 分布式结构

分布式结构的网络是指可以将分布在不同地点的计算机通过线路互连起来的一种网络形式。

分布式结构的网络具有如下特点：由于采用分散控制，即使整个网络中的某个局部出现故障，也不会影响全网的操作，因而具有很高的可靠性；网络中的路径选择采用最短路径算法，故网上延迟时间少，传输速率高，但控制复杂；各个节点间均可以直接建立数据链路，信息流程最短；便于全网范围内的资源共享。其缺点为连接线路用的电缆长，造价高；网络管理软件复杂；报文分组交换、路径选择、流向控制复杂。在一般局域网中不采用这种结构。

5. 树状结构

树状结构是分级的集中控制式网络，与星状结构相比，它的通信线路总长度短，成本较低，节点易于扩充，寻找路径比较方便，但除了叶节点及与其相连的线路外，任一节点或与其相连的线路故障都会使系统受到影响。

树状结构的优点：

（1）易于扩充。树状结构可以延伸出很多分支和子分支，这些新节点和新分支都能很容易地加入网内。

（2）故障隔离较容易。如果某一分支的节点或线路发生故障，则很容易将故障分支与整个系统隔离开来。

树状结构的缺点：各个节点对根节点的依赖性太大，如果根节点发生故障，则全网不能正常工作。

6. 网状结构

在网状拓扑结构中，网络的每台设备之间均有点到点的链路连接。这种连接不经济，只有每个站点都要频繁发送信息时才使用这种方法。它的安装过程也很复杂，但系统可靠性高，容错能力强。这种结构有时也被称为分布式结构。

网状拓扑的优点：

（1）网络可靠性高。一般通信子网中任意两个节点交换机之间，存在着两条或两条以上的通信路径，这样当一条路径发生故障时，还可以通过另一条路径把信息送至节点交换机。

（2）网络可组建成各种形状，采用多种信道进行通信，拥有多种传输速率。

（3）网内节点易于实现资源共享。

（4）可改善线路的信息流量分配。

（5）可选择最佳路径，使传输延迟减小。

网状拓扑的缺点：

（1）控制复杂，软件复杂。

（2）线路费用高，不易扩充。

网状拓扑结构一般用于 Internet 骨干网上，使用路由算法来计算发送数据的最佳路径。

7. 蜂窝结构

蜂窝结构是无线局域网中常用的结构。它是一种无线网,以无线传输介质(微波、卫星、红外线、无线发射台等)点到点和点到多点传输为特征,适用于城市网、校园网、企业网,更适合于移动通信。

第三节 网络的传输介质

一、概 述

数据传输介质是指传送信息的载体,是通信网络中发送方和接收方之间的物理通路。因此,传输介质也称传输媒体、传输媒介或传输线路。用于局域网的传输技术主要分为有线传输和无线传输两类。有线传输使用的媒体包括双绞线、同轴电缆和光纤。无线传输的媒体为大气层,使用的技术主要包括微波、红外线和激光。

传输介质的分类如图 2.9 所示。

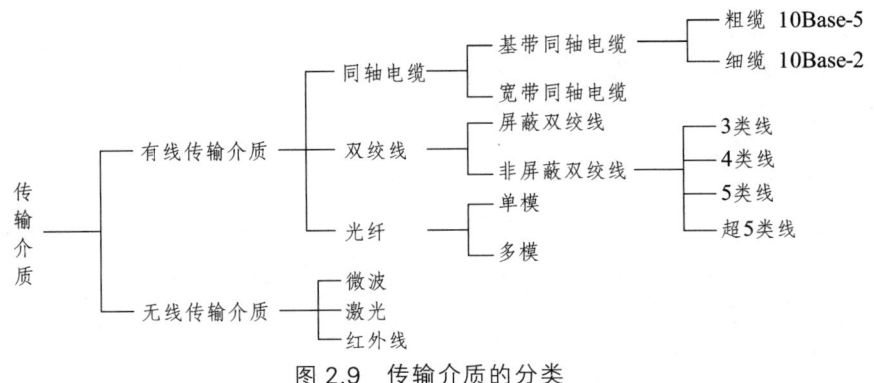

图 2.9 传输介质的分类

不同的传输介质,其特性各不相同,对网络中数据通信质量和通信速度有较大影响。这些特性是:

(1)物理特性:说明传播介质的特征;
(2)传输特性:包括信号形式、调制技术、传输速度及频带宽度等;
(3)连通性:采用点到点连接还是多点连接;
(4)地域范围:网络中各节点间的最大距离;
(5)抗干扰性:防止噪声、电磁干扰对数据传输影响的能力;
(6)相对价格:以元件、安装和维护的价格为基础。

二、有线传输介质

有线传输介质是指在两个通信设备之间实现的物理连接部分,它能将信号从一方传输到另一方。目前常用的有线传输介质主要有双绞线、同轴电缆和光纤。

1. 双绞线

双绞线（twisted pair）是由两条相互绝缘的导线按照一定的规格互相缠绕（一般以逆时针缠绕）在一起而制成的一种通用配线。双绞线过去主要是用来传输模拟信号的，但现在同样适用于数字信号的传输。双绞线是综合布线工程中最常用的一种传输介质。

双绞线是由一对相互绝缘的金属导线绞合而成的。采用这种方式，不仅可以抵御一部分来自外界的电磁波干扰，而且可以降低自身信号对外界的干扰。把两根相互绝缘的导线按一定密度绞在一起，一根导线在传输中辐射的电磁波会被另一根线上发出的电磁波抵消。"双绞线"的名称也由此而来。

双绞线一般由两根 22～26 号绝缘铜导线相互缠绕而成。实际使用时，是将多对双绞线一起包在一个绝缘电缆套管里，我们称之为双绞线电缆。典型的双绞线有四对的，也有更多对双绞线包在一个电缆套管里的。在这些双绞线电缆内，不同线对具有不同的扭绞长度，一般来说，扭绞长度在 3.81～14 cm，按逆时针方向扭绞。相邻线对的扭绞长度在 1.27 cm 以上。一般扭线越密其抗干扰能力就越强。与其他传输介质相比，双绞线在传输距离、信道宽度和数据传输速率等方面均受到一定限制，但价格较为低廉。

双绞线分为屏蔽双绞线（Shielded Twisted Pair，STP）与非屏蔽双绞线（Unshielded Twisted Pair，UTP），如图 2.10 和 2.11 所示。屏蔽双绞线在双绞线与外层绝缘封套之间有一个金属屏蔽层。屏蔽层可减少辐射，防止信息被窃听，也可阻止外部电磁干扰进入，使其比同类的非屏蔽双绞线具有更高的传输速率。非屏蔽双绞线由四对不同颜色的传输线组成，广泛用于以太网络和电话线中。非屏蔽双绞线电缆最早在 1881 年被用于贝尔发明的电话系统中。如表 2.1 所示，双绞线按电气性能可分为多种类别，最常用的是 3、5、6 类线。

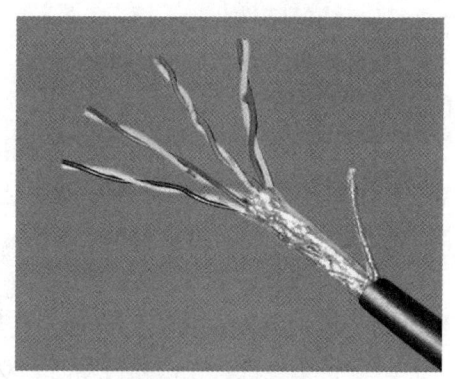

图 2.10 屏蔽双绞线

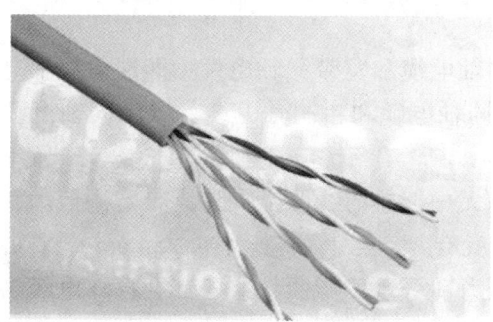

图 2.11 非屏蔽双绞线

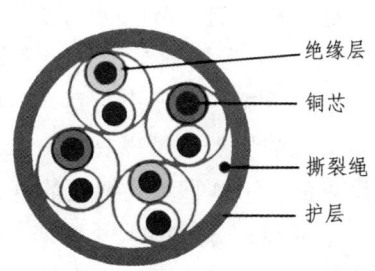

表 2.1　双绞线按电气性能所分类别

类别	带宽	速率	应用
1 类	750 kHz		20 世纪 80 年代之前的电话线缆，用于报警系统，或只适用于语音传输
2 类	1 MHz	4 Mb/s	使用 4 Mb/s 规范令牌传递协议的旧的令牌网，语音传输和最高传输速率为 4 Mb/s 的数据传输
3 类	16 MHz	10 Mb/s	主要应用于语音、10 Mb/s 以太网和 4 Mb/s 令牌环，采用 RJ 形式的连接器，目前已淡出市场
4 类	20 MHz		语音传输和最高传输速率 16 Mb/s（令牌环）的数据传输，用于基于令牌的局域网中
5 类	100 MHz	100 Mb/s	用于语音传输和最高传输速率为 100 Mb/s 的数据传输，采用 RJ 形式的连接器。这是最常用的以太网介质
超 5 类			衰减小，串扰少，更小的时延误差，主要用于千兆位以太网（1 000 Mb/s）
6 类	1～250 MHz		最适用于传输速率高于 1 Gb/s 的应用
超 6 类	500 MHz		
7 类	600 MHz		可能用于今后的 10 Gb/s 以太网中

双绞线的特性：

（1）物理特性：由螺旋排列的 2 对或者 4 对绝缘线组成。双绞线芯一般是铜质的，能提供良好的传导率。

（2）传输特性：可以用于传输模拟信号，也可用于传输数字信号。如在电话线上传输的 ADSL 数据信号传输速率就可达到 8 Mb/s，而在专门的局域网双绞线中，目前最高的传输速率可达 1 000 Mb/s。

（3）连通性：双绞线普遍用于点到点的连接，也可以用于多点的连接。

（4）地域范围：传输距离远、传输质量高，最大传输距离可达 15 km。

（5）抗干扰性：在低频传输时，双绞线的抗干扰性与同轴电缆相当，但在数据传输速率超过 10～100 kHz 时，同轴电缆就明显比双绞线优越。

（6）相对价格：价格低廉。

2. 同轴电缆

同轴电缆从用途上分可分为基带同轴电缆和宽带同轴电缆（即网络同轴电缆和视频同轴电缆）。基带同轴电缆又分为细同轴电缆和粗同轴电缆。基带同轴电缆仅仅用于数字传输，数据传输速率可达 10 Mb/s。

同轴电缆的优点是可以在相对长的无中继器的线路上支持高带宽通信。其缺点也是显而易见的：①体积大，细缆的直径就有 3/8 英寸（1 英寸≈2.54 cm），要占用电缆管道的大量空间；②不能承受缠结、压力和严重的弯曲，这些都会损坏电缆结构，阻止信号的传输；③成本高。以上这些缺点正是双绞线能克服的，因此在现在的局域网中,同轴电缆基本已被双绞线所取代。

同轴电缆由里到外分为四层:中心铜线(单股的实心线或多股绞合线)、塑料绝缘层、网状导电层和塑料保护层,如图 2.12 所示。中心铜线和网状导电层形成电流回路,同轴电缆也正因为中心铜线和网状导电层为同轴关系而得名。

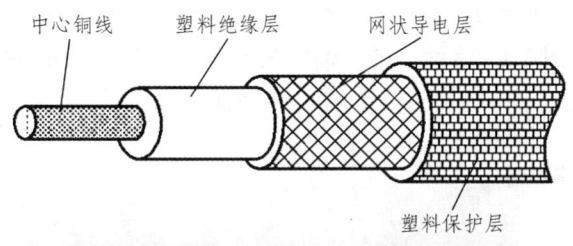

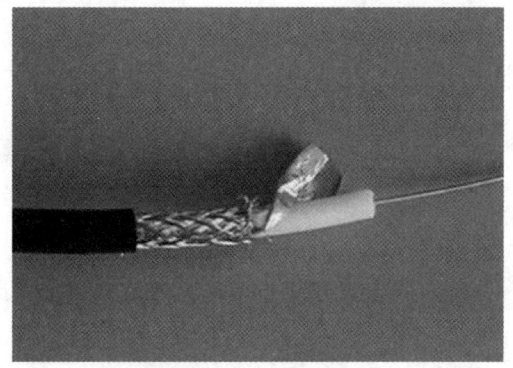

图 2.12 同轴电缆

同轴电缆的特性:

(1)物理特性:由同心导体和绝缘层、保护层组成;
(2)传输特性:可以达到较高的速度,信号衰减小于双绞线;
(3)连通性:支持点到点连接,也可多点连接;
(4)地域范围:基带同轴电缆在几千米范围内,宽带同轴电缆可达几十千米;
(5)抗干扰性:抗干扰能力较强;
(6)相对价格:高于双绞线。

3. 光 纤

光纤是光导纤维的简称,是一种利用光在玻璃或塑料制成的纤维中的全反射原理而达成的光传导工具。前香港中文大学校长高锟和 George A. Hockham 首先提出光纤可以用于通信传输的设想,高锟因此获得 2009 年诺贝尔物理学奖。

微细的光纤封装在塑料护套中,使得它能够弯曲而不至于断裂。通常,光纤一端的发射装置使用发光二极管(Light Emitting Diode,LED)或一束激光将光脉冲传送至光纤,光纤另一端的接收装置使用光敏元件检测脉冲。由于光在光纤中的传导损耗比电在电线中的传导损耗低得多,因此光纤被用于长距离的信息传递。

光纤与光缆两个名词易被混淆。多数光纤在使用前必须由几层保护结构包覆,包覆后的缆线被称为光缆。光纤外层的保护结构可防止周遭环境对光纤的伤害,如水、火、电击等。光缆包括:光纤、缓冲层及披覆。光纤和同轴电缆相似,只是没有网状屏蔽层。其中芯是光传播的玻璃芯。在多模光纤中,芯的直径是 15~50 μm,大致与头发的粗细相当,而单模光纤芯的直径为 8~10 μm。芯外面包围着一层折射率比芯低的玻璃封套,以使光线保持在芯内。再外面是一层薄的塑料外套,用来保护封套。光纤通常被扎成束,外面有外壳保护,如图 2.13 所示。纤芯通常是由石英玻璃制成的横截面面积很小的双层同心圆柱体,它质地脆、易断裂,因此需要外加保护层。

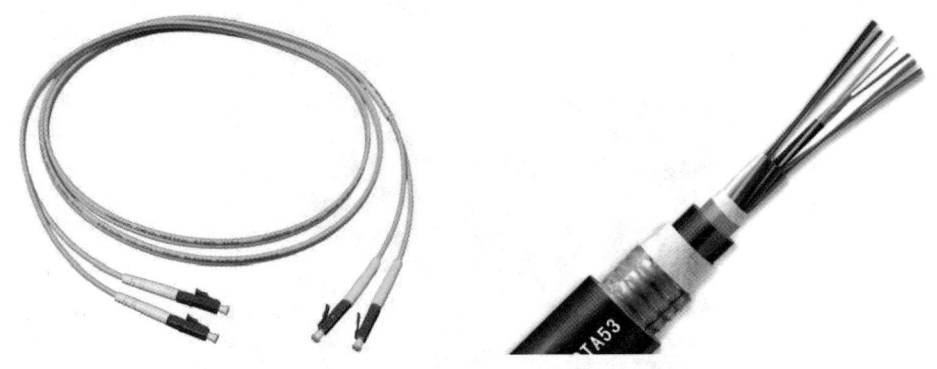

图 2.13　光纤与光缆

按光在光纤中的传输模式划分,光纤可分为多模光纤(multimode fiber)和单模光纤(single mode fiber)两种。理论上讲,当光的传输媒体,即纤芯直径远大于光波波长时,光将从不同的位置,以各种不同的角度进入媒体,光在光纤中会以几十种乃至几百种传播模式进行传播。有些光线基本上沿着媒体的中线传播,有些光线则以不同的角度撞击边界面,结果是光将以有限的角度在边界面之间来回反弹,沿着传输媒体向前传播。每一个角度都定义了一条路径或一种模式,以这种方式传输光波的光纤被称为多模光纤,如图 2.14 所示。

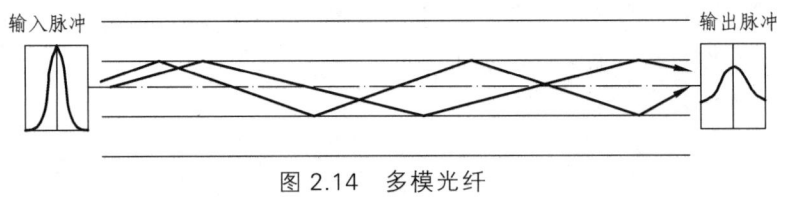

图 2.14　多模光纤

多模光纤的中心玻璃芯较粗,可传递多种模式的光。但其模间色散较大,限制了传输数字信号的频率,而且随着距离的增加会更加严重,因此多模光纤传输的距离就比较近,一般只有几千米。在多模光纤中,光波以有限的模式向前传播,模式的具体数目是由纤芯所用媒体的直径和光的波长决定的。减少纤芯的直径可以降低光线撞击边界面的角度数目,即模式数目减少。

当光纤的直径小到与光的波长在同一数量级时,这时光以平行于光纤中的轴线的形式直线传播,这样的光纤被称为单模光纤,如图 2.15 所示。

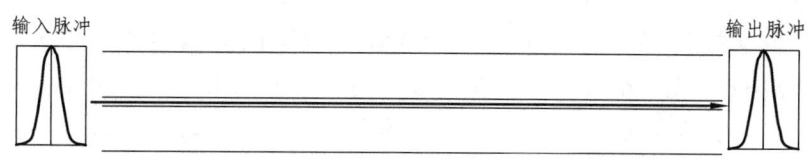

图 2.15　单模光纤

光纤的特性：

（1）物理特性：由能传导光波的介质组成。

（2）传输特性：可见光的频率达 100 000 GHz，尽管光纤对不同频率的光会造成不同的损耗，使频带宽度受到影响，但在最低损耗区的频带宽度也可达 30 000 GHz。目前单个光源的带宽只占了其中很小的一部分（多模光纤的频带为几百兆赫兹，目前单模光纤可达 20 GHz 以上），采用先进的相干光通信可以在 30 000 GHz 范围内安排 2 000 个光载波，进行波分复用，可以容纳上百万个频道。

（3）连通性：支持点到点连接，试验中有多点连接。

（4）地域范围：6～8 km 不需要中继器。

（5）抗干扰性：抗干扰能力强，误码率极低。

（6）相对价格：价格较高。

三、无线传输介质

无线传输是指利用电磁波在自由空间内的传播进行通信，常用于电（光）缆铺设不便的特殊地理环境，或者作为地面通信系统的备份和补充。

1. 无线电波

无线电波是指在自由空间（包括空气和真空）传播的射频频段的电磁波。无线电技术是通过无线电波传播声音或其他信号的技术。无线电技术的原理在于，导体中电流强弱的改变会产生无线电波。利用这一现象，通过调制可将信息加载于无线电波之上。当电波通过空间传播到达收信端，电波引起的电磁场变化又会在导体中产生电流。通过解调将信息从电流变化中提取出来，就达到了信息传递的目的。

无线电波的传播途径如图 2.16 所示。

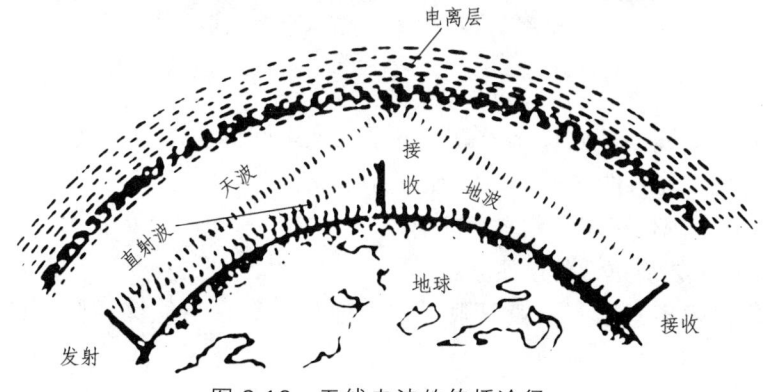

图 2.16　无线电波的传播途径

长波（包括超长波）是指频率在 300 kHz 以下的无线电波。中波是指频率为 300 kHz～3 MHz 的无线电波。短波是指频率为 3～30 MHz 的无线电波。超短波是指波长为 1～10 m（频率为 30～300 MHz）的无线电波。微波是指频率为 300 MHz～300 GHz 的电磁波，是无线电波中一个有限频带的简称，即波长为 1 mm～1 m（不含 1 m）的电磁波，是分米波、厘米波、毫米波和亚毫米波的统称。微波频率比一般的无线电波频率高，通常也称为"超高频电磁波"。微波作为一种电磁波也具有波粒二象性。微波的基本性质通常呈现为穿透、反射、吸收三个特性。对于玻璃、塑料和瓷器，微波几乎可以穿透而不被吸收。水和食物等会吸收微波而使自身发热。而金属类物品，则会反射微波。

卫星通信（satellite communication）是典型的微波技术的应用。利用同步卫星，可以进行更远距离的传输。收发双方都必须安装卫星接收及发射设备，且收发双方的天线都必须对准卫星，否则不能收发信息。如图 2.17 所示为卫星通信示意图。

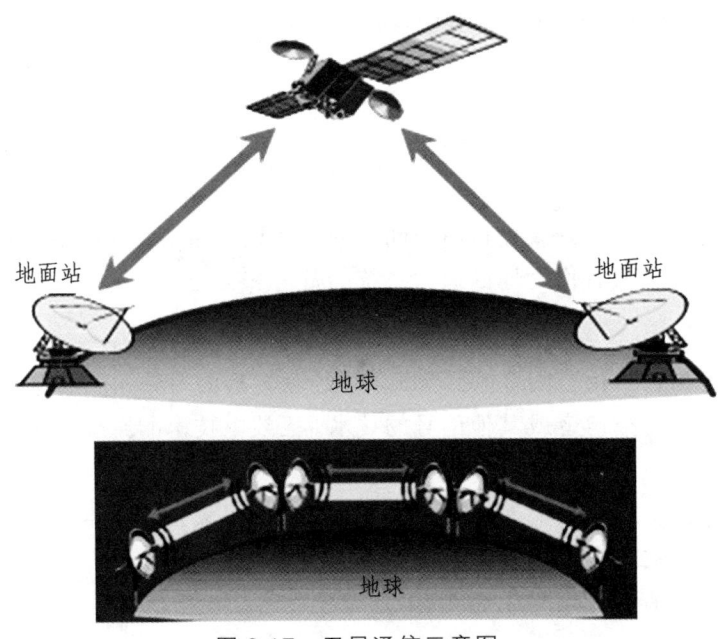

图 2.17　卫星通信示意图

2. 红外线

红外线（infrared）是波长介于微波与可见光之间的电磁波，其波长为 760 nm～1 mm，是波长比红光长的非可见光。所有温度高于绝对零度（-273.15 ℃）的物质都可以产生红外线，现代物理学称之为热射线。

优点：制造工艺简单，价格便宜。

缺点：传输距离有限，一般只限于室内通信，而且不能穿透坚实的物体（如砖墙等）。

如果在室内发射红外电波,室外就收不到,这可避免各个房间的红外电波相互干扰,并可有效地进行数据的安全性保密控制。

红外线被广泛用于室内短距离通信传输。家家户户使用的电视机及音响设备的遥控器就是利用红外线技术实现遥控的。此外，红外线也是具有方向性的。

3. 激　光

除了光纤可以用光进行信息的传输外，激光（laser）束也可以用于在空中传输数据。和微波通信类似，利用激光通信至少要有两个激光站，每个站点都拥有发送信息和接受信息的能力。激光设备通常是安装在固定位置上，如高山上的铁塔上，并且天线相互对应。由于激光束能在很长的距离上聚焦，因此激光的传输距离很远，能达到几十千米。和微波一样，激光束也是沿直线传播的。激光束不能穿过建筑物和山脉，但可以穿透云层。

第四节　网络传输介质的访问控制方式

一、介质访问控制方法概述

介质访问控制方法就是传输介质的访问方法，是指网络中各节点之间的信息传输的控制方法，也可称为网络的控制方法。局域网的拓扑结构对网络的控制方法有较大的影响。局域网的访问控制方法很多，从控制方式来看，可分为集中式控制和分布式控制两类。

集中式控制是指网络中有一个单独的集中控制器或有一个控制整个网络的节点，由它控制各节点的通信。

分布式控制是指网络中没有专门的集中控制器，也没有控制整个网络的点，网络中的所有节点都处于平等地位。因此，在分布式控制中，各节点之间的通信是由各节点自身控制的。

常用的分布式控制方法有：带有冲突检测的载波监听多路访问（CSMA/CD）、令牌总线（Token Bus）、令牌环（Token Ring）。

与集中式控制相比，分布式控制的应用更为广泛。例如：目前在总线型和环状局域网中，基本上都采用分布式控制的方法。

从占用传输介质的机会来看，访问控制方法可以分为确定性访问控制方法和随机访问控制方法。随机访问控制大多用于总线型局域网中，如 CSMA/CD 技术就属于随机访问控制方法。

二、CSMA/CD

1. CSMA/CD 简介

CSMA/CD 即载波监听多路访问/冲突检测。它是网络中各节点在竞争基础上访问传输介质的随机方法,是一种分布式控制方法。其控制原则是各节点抢占传输介质,即彼此之间采用竞争方法取得发送信息的权利。

载波监听意味着站点能够监测到链路是忙还是空闲。多路访问即多个站点通过一个共享媒体来发送和接收帧。冲突检测是指站点在传输帧的同时监听链路,从而能够监测到站点所传输的帧与别的站点传输的帧之间发生冲突的情形。

CSMA/CD 可以和一个现实生活中的例子进行类比:假设很多人在一个大的房间内讨论,任何人都可以发言,载波监听表示如果别人在讲话,则先听别人讲;多路访问表示我听到的,别人也可以听到;冲突检测表示自己发言的同时发现另外一个人也在发言,则停止讲话。

CSMA/CD 起源于美国 Hawaii 大学的 ALOHA 广播分组网,最初采用的"纯 ALOHA"或"无时隙 ALOHA"的方法,发送数据信息完全是随机的,即不管信道是否被占用,发送端发完一个信包以后,等待接收端发回确认,在规定的时间内得不到确认就重发。接收端则根据信包地址来校验和判断是否应该接收以及信包是否正确,检测无误则发出确认,如果有错误则不接收。当信道被占用,并有另一个站也发送数据时,就会发生碰撞,两个信号都被废弃,这就是纯 ALOHA 方法。纯 ALOHA 方法碰撞的概率最高,因两个节点碰撞浪费的最长时间可达信包传输时间的 2 倍,最大效率或吞吐率等于 1/(2e) = 18%。后来,把每次传输数据的间隔加以规定,使之等于一个信息包的传输时间,并规定每个站只能在时隙(时隙是一个应用程序得知消息的正确传输所需的时间)的起始时间发送,这样就只有在两个站同时开始的情况下,才会产生碰撞。这种"有时隙 ALOHA"方法使传输效率提高了 1 倍,即吞吐量等于 1/e = 36%。1980 年,由美国 DEC、Internet 及 Xerox 公司联合宣布的 Ethernet(以太网)网络采用了 CSMA/CD 技术,并且增加了检测碰撞的功能,这就是 CSMA/CD。各站在发送信息以前,先监听信道是否被占用,只有在信道空闲时才发送。这种发送前监听(LBT)的方法使碰撞减少,传输效率提高到 80%。随后采用发送中监听(LWT)的方法,即每个站随时都在监听着信道,检测到碰撞或信息受到干扰时,立即中止发送,这样可以缩短碰撞时间,使传输效率进一步提高到 90%。

2. CSMA/CD 的工作原理

CSMA/CD 访问方式大多用于总线型局域网,其工作过程可分为两部分,即监听总线和碰撞检测。

1)监听总线

在总线型局域网中,连接到总线上的各个节点的地位是平等的,整个网络系统中没有集中控制器,各个节点必须自行控制。因此,每个节点都必须设立一个"监听器"来监听总线,也就是测试总线上是否正在传输信息(也称为载波识别)。如果总线上正在传送信息,则各节点不能强占总线,以免破坏信息传输;如果测得总线是空闲的,则说明没有信息在传输,稍等一个时间片后,该节点就可以抢占总线,发送信息。测得总线空闲后,之所以要稍等一个时间片,是因为信息包传输有时延,如在 A 节点监听到总线空闲之前有可能 F 节点已经发送了信息,由于传输时延,在 A 节点测试总线时就无法识别了。所以,为了保证空闲之前发送的信息能可靠地传输到终点,必须稍等一个时间片。尽管"稍等一个时间片"可以保证空闲前发送的信息能够可靠地传输到终点,但是,如果两个以上的节点同时监听总线空闲都要占用总线发送信息时,就会产生冲突(又称为碰撞)。此时单靠监听总线是无法解决的,这正是 CSMA/CD 工作原理中碰撞检测部分所要处理的问题。

2）碰撞检测

为了解决网络上出现的碰撞现象,各节点都要设立一个碰撞检测器,以便边发边听。发送信息的节点,一边发送,一边通过检测器监听总线上的传输信息,由碰撞检测器判别从总线上听到的信息是否与本节点发出的信息一致。如果一致,则表明本次抢占总线成功,节点可以继续把要发送的信息发送完;如果不一致,则说明有碰撞,本次抢占总线不成功,要停止发送。

各结点检测到碰撞后,要停止发送,并且各结点均要延迟一个间隔时间,再去抢占总线。为了尽可能地减少碰撞,各站延迟的间隔时间都用随机数控制,只要随机数不同,各节点延迟的时间就不相同,延迟时间最小的那个节点先抢占总线,并再次发送信息。其他节点按监听原则监听总线,若发现总线已被占用,则只好等总线再次空闲之后再去抢占。如果又发生碰撞,则照此办法重复处理,总有一次会发送成功。这种延迟竞争法被称为延迟算法(或碰撞控制算法)。

3. CSMA/CD 的工作过程

CSMA/CD 的工作过程如图 2.18 所示。

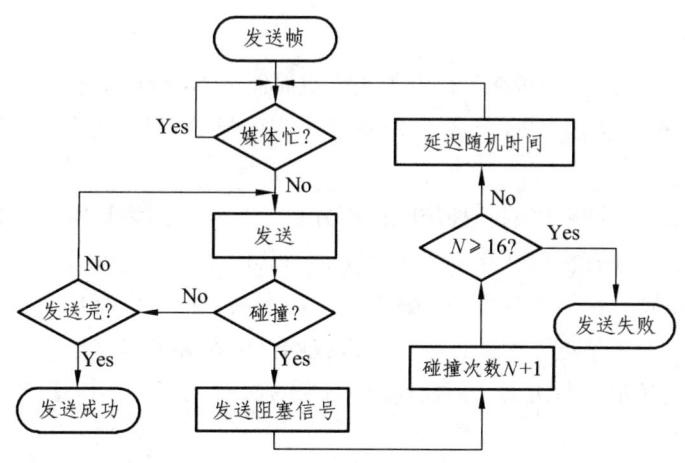

图 2.18　CSMA/CD 的工作过程

第一步：先侦听信道,如果信道空闲则发送信息,否则转到第二步。

第二步：如果信道忙（有载波），则继续对信道进行监听。一旦发现信道空闲，就进行发送。

第三步：发送信息后进行冲突检测，如发生冲突，则立即停止发送，并向总线上发出一串干扰信号（连续几个字节全 1），通知总线上各站点冲突已发生，使各站点重新开始监听与竞争。

第四步：已发出信息的各站点收到阻塞信号后，等待一段随机时间，重新进入监听发送阶段，转到第一步。

CSMA/CD 的工作过程可归结为四句话：先听后发，边发边听，冲突时退避，随机延时后重发。

由于传输线上不可避免地存在传输延迟，有可能多个站同时监听到线上空闲，并开始发送，从而导致冲突，故每个节点开始发送信息之后，还要继续监听线路，判定是否有其他节点正与本节点同时向传输介质发送，一旦发现，便中止当前发送，这就是"冲突检测"。

CSMA/CD 已被广泛应用于计算机局域网中。每个站点在发送通信帧的同时还有检测冲突的能力，即所谓边讲边听。一旦检测到冲突，就立即停止发送，并向总线上发一串 Jam 信号，通知总线上各站冲突已经发生，使信道不致传送已损坏的帧。

三、介质访问控制的令牌方式

CSMA 的访问产生冲突的原因是各节点发起通信是随机的。为了解决冲突，可对通信发起采取某种方式进行控制。令牌访问就是其中的一种。这种方法按一定顺序在各站点间传递令牌，得到令牌的节点才有发起通信的权利，从而避免了几个节点同时发起通信而产生冲突。令牌访问原理可用于环形网，构成令牌环形网络；也可用于总线网，构成令牌总线网络。

1.令牌环局域网

令牌环控制技术最早于 1969 年在贝尔实验室研制的 Newhall 环上被采用。令牌环访问控制法(Token Ring)是美国 IBM 公司于 1995 年推出的局域网产品，现已发展为 IEEE 802.5 局域网标准。

令牌环是环形局域网采用的一种访问控制方式。令牌在网络环路上不断地传送，只有拥有此令牌的站点，才有权向环路上发送报文，而其他站点仅允许接收报文。一个节点发送完毕后，便将令牌交给网上的下一个站点。下一个站点如果没有报文发送，便立即把令牌顺次传给它的下一个站点。因此，表示发送权的令牌在环形信道上不断循环。环路上每个节点都可获得发送报文的机会，而任何时刻只会有一个节点利用环路传送报文，因而在环路上保证不会发生访问冲突。

图 2.19（a）是令牌环中令牌传递的工作原理示意图。图中每个网络节点都有一个入口和一个出口分别与环形信道相连。在通信接口中用缓冲器来存储转发数据。图

2.19（b）是网上传输的帧格式。它用开始标志表示帧头，目的地址是该帧的接收站点地址；源地址是发送该帧的地址；报文即为帧中的数据；校验和用来表示对帧进行差错检查的结果；状态位则用来指示此帧发出后是否为目的站所接收；结束标志用来表示该帧的结尾。

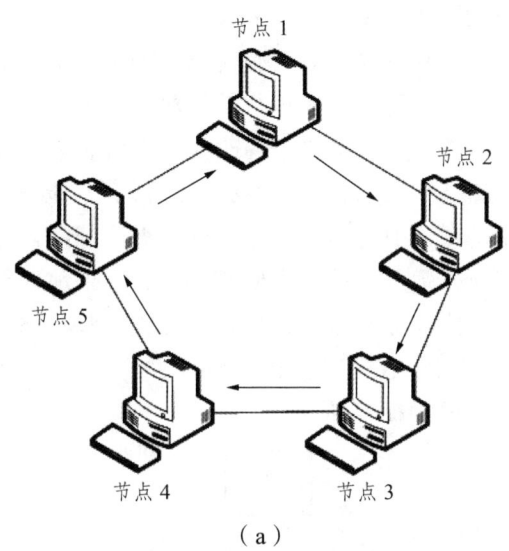

| 起始标志 | 目的地址 | 源地址 | 数据信息 | 帧效验 | 状态位 | 结束标志 |

（b）

图 2.19　环形网示意图

若 A 站要发送数据给 C 站，则 A 站把目的地址和要发送的数据交给本站的通信处理器组织成帧。一旦 A 站从环上得到令牌，就发出该帧。B 站从其入口接收此帧后，查看目的地址与本站地址不符，便将原帧依次转发给 C 站。C 站在查看目的地址时，得知此帧是给本站的，便采用校验和查错。若传输的帧无错误，便将帧中的数据收下，并修改状态位，表示此帧已被正确接收。然后 C 站再把修改了状态位的原帧沿 D、E 站送回 A 站。A 站从返回的帧状态位得知发送成功，便从环上取消帧，再把令牌转交给 B 站。这样就完成了一次站点间的通信过程。

采用令牌环方式的局域网，网上每一个站点都知道信息的来去动向，保证了通信传输的正确性。由于能限制各节点的令牌持有时间，所以适合于实时系统的使用，令牌环方式对轻、重负载不敏感，但单环环路出故障将使整个环路通信瘫痪，因而可靠性比较差。

令牌环网是一种共享媒体的多点介质访问式网络。通过令牌（token）对网络各个站点的介质访问进行控制，因而不会产生任何冲突。所谓令牌，是一个非常小的、唯一的且可以立即被识别的帧。令牌环网非常适合在重载下高效工作，因为在环网中每个站依次截获令牌发送数据，整个环网不会出现碰撞而降低效率，而且环网为固定路径传输，无须路由选择。令牌环网中的站点使用一个 NIC 连接，一个站点发送数据时，仅可直接发送给它的邻居。若想要给环中的另一个站点发送信息，必须经过两个站点间的所有接口，采用存储转发的方式。

令牌环工作原理如图 2.20 所示，环状网是由许多干线耦合器（也称转发器或环接口）用点对点链接成单向环路，然后每一个干线耦合器再和一个终端或计算机连接一起。令牌环是使用一种称为令牌的特殊帧沿着环网循环实现数据传输的。当令牌到达某个站点时，若该站点没有数据传送，则将令牌转给其邻居。当一个站要发送数据帧时，就申请令牌，等待空令牌通过本站，然后将空令牌改为忙令牌，紧跟着忙令牌之后，把数据帧发送到环网上。由于令牌是忙状态，其他站必须等待而不能发送帧，因此，也就不可能产生冲突。于是这个帧就在环中游历，每个站点检查该帧的目的地址，若目的地址与当前站点的地址不匹配，则该站点将帧转发给其邻居；如果地址符合，说明是发送给本站的，则将帧复制到本站的接收缓冲器重，在帧内设置一些状态位，同时将帧送回到环上，使帧继续沿环传送，直到它最终到达发送帧的站点。这个站点将该帧数据帧移去，重新发出令牌，改令牌在环网中循环传递。

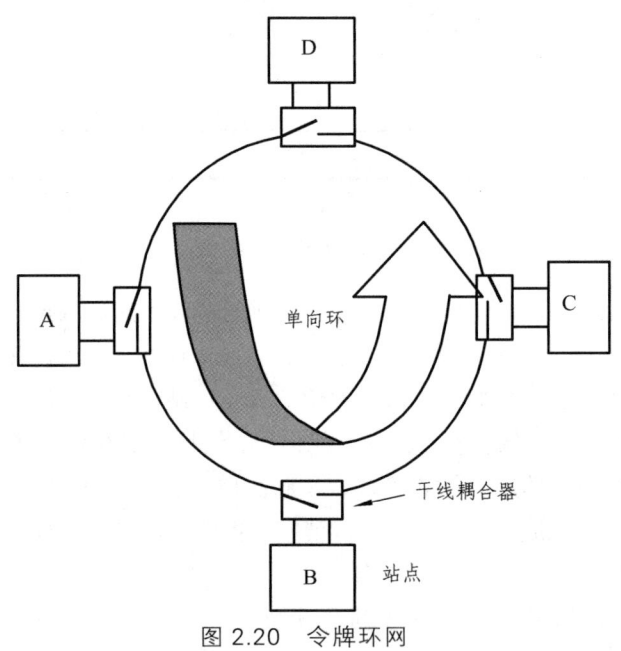

图 2.20　令牌环网

令牌环的工作过程如图 2.21 所示。从图中可以看出，一是令牌环的数据传输比以太网的数据传输更有序。每个站点都知道它何时可以发送并且只可以发送给其邻居，因此不存在因冲突而导致的带宽浪费；二是每个站点均参与了令牌或数据帧的行程安排，一个站点的失效会导致网络失效；三是因为一个工作站在发送前必须等待空令牌的到来，所以在网络轻载时，效率很低；在重载时各站访问机会均等，因此效率较高。

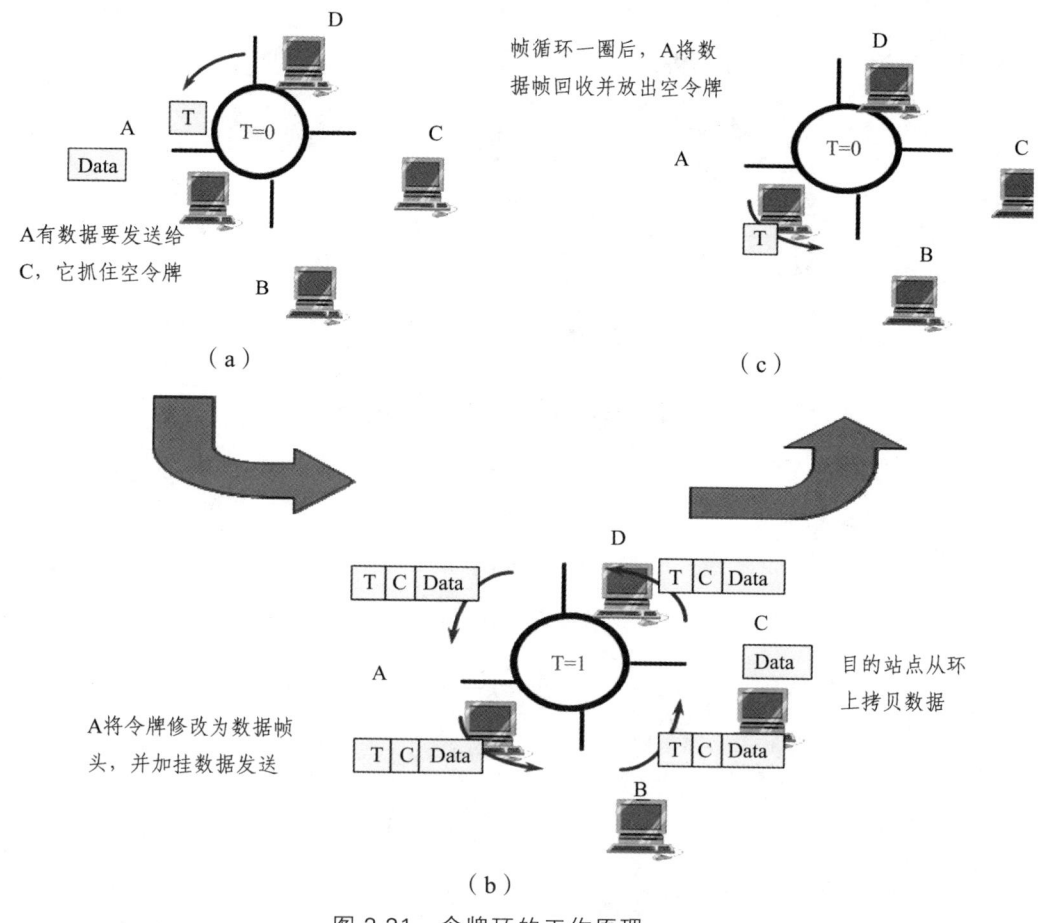

图 2.21 令牌环的工作原理

2. 令牌总线局域网

令牌总线方式采用总线拓扑，网上各节点按预定顺序形成一个逻辑环。每个节点在逻辑环中均有一个指定的逻辑位置，末站的后站就是首站，即首尾相连。总线上各站的物理位置跟逻辑位置无关。

像令牌环方式那样，令牌总线也采用称为令牌的控制帧来调整对总线的访问控制权。收到令牌的站点在一段规定时间内被授与对介质的控制权，可以发送一帧或多帧报文。当该节点完成发送或授权时间已到时，它就将令牌传递到逻辑环中的下一站，使下一站得到发送权。传输过程由交替进行的数据传输阶段和令牌传送阶段组成。令牌总线上的站点也可以推出逻辑环而成为非活动站点。

令牌总线的介质访问控制要在物理总线上建立如图 2.22 所示。从物理上看，它是一种总线结构的局域网，总线是各站点共享的传输介质，如图 2.22（a）所示。但是从逻辑上看，它是一种环形局域网，由总线上的站点组成一个逻辑环，每个站点被规定一个逻辑位置，令牌在逻辑环上依次传递，站点只有取得令牌才能发送通信帧，如图 2.22（b）所示。

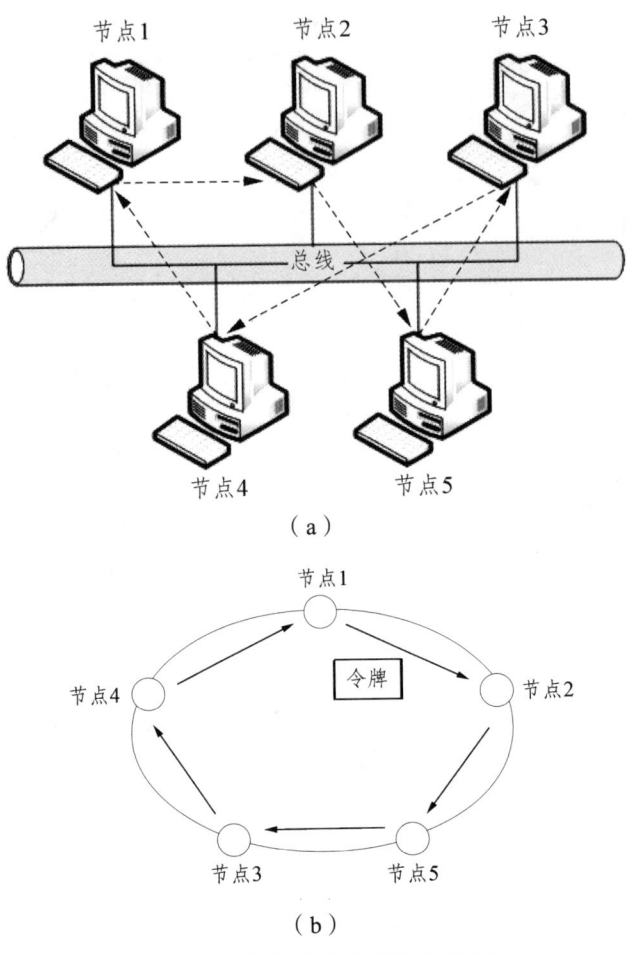

图 2.22 令牌总线介质访问控制

在正常运行时,当站点完成了它的发送,就将令牌送给下一站。从逻辑上看,令牌按地址顺序传送至下一个站点;从实现过程来看,当对总线上所有站点广播带有目的地址的令牌帧时,与帧中目的地址一致的站点识别出该帧与自己的地址符合,即接收令牌。

假如取得令牌的站点有报文要发送,则发送报文,随后,将令牌至下一个站;假如取得令牌的站点没有报文要发送,则立即把令牌送到下一个站。由于站点接收到令牌的过程是顺序依次进行的,因此所有站点都有公平的访问权。为使站点等待取得令牌的时间是确定的,这就需要限定每个站发送帧的最大长度。如果所有站都有报文要发送,最坏情况下,等待取得令牌和发送报文的时间应该等于全部令牌传送时间和报文发送时间的总和;如果只有一个站点有报文要发送,则等待时间只是全部令牌传递时间的总和,而平均等待时间是其一半,实际等待时间应在这个区间范围内。

对控制网络来说,这个访问等待时间是一个重要参数,可以根据需求选定网中的站点数及最大的报文长度,从而保证在限定的时间内取得令牌。对令牌总线的访问控制还可提供不同的服务级别,即不同优先级.

令牌总线网络的正常运行十分简单。但网络必须有初始化功能，要生成一个访问次序。当网上令牌丢失，或产生多个令牌时，必须有故障恢复功能。还应该有取消不活动站点和加入新活动站点的功能，这些附加功能会大大增加令牌总线访问控制的复杂性。

因此，令牌总线的介质访问控制应具备以下各项功能：

（1）令牌传递算法。

逻辑环按站点地址次序组成。刚发完帧的站点将令牌传给后继站，后继站应立即发送数据或令牌帧，原先释放令牌的站点监听到总线上的信号，便可以确认后继站获得了令牌。

（2）逻辑环的初始化。

网络刚开始启动时，或由于某种原因，在运行中所有站点活动的时间如果超过规定的时间，需要进行逻辑环的初始化。初始化过程是一个争用的过程，争用的结果只有一个站点能获得令牌，其他站点采用站插入算法插入。

（3）站点插入算法。

在逻辑环上应周期性地使新站点有机会插入环中。当同时有几个站点要插入时，可以采用带有影响窗口的争用处理算法。

（4）推出环路。

一个工作站应将其自身从逻辑环中退出，并将其先行站和后继站连接起来。

（5）恢复。

网络应能发现差错，丢失令牌应能恢复，在多重令牌情况下应能识别处理。

（6）实令牌和虚令牌。

上面在讨论令牌总线与令牌环时涉及的令牌为实令牌，在网络传递数据的数据帧中有一种专门作为令牌的令牌帧。虚令牌是指将令牌隐含在普通数据帧中，没有专门的令牌帧存在。网络管理者给每个节点分配唯一的地址，每个站点监视收到的每个报文帧的源地址，并为接收到的源地址设置一个隐形令牌寄存器，让隐性令牌寄存器的值为收到的源地址设置一个隐性令牌寄存器，让隐形令牌寄存器的值为收到的源地址加 1，这样所有站点的隐形令牌寄存器在任一时刻的值都相同。如果隐性令牌寄存器的值与某个站点自己的介质访问控制(MAC)地址相等，则该站点就可立即发送数据。采用虚令牌时，网络中并没有真正的令牌帧传递，但能起到像实令牌一样的作用，不会因介质访问引起冲突。

第五节　网络互连设备

一、网络互连概述

为实现更广泛的资源共享和信息交流，两个或多个计算机网络需要被互连在一起。网络互连的核心是网络之间的硬件连接和网间互连协议。网络的物理连接是使用网络互连设备通过传输线路实现的，旨在为网络之间提供一条传输数据的物理链路。网络互连设备直接影响着互联网的性能。

网络互连的主要目的就是扩大网络的覆盖范围,使更多的网络用户之间可以共享资源和进行数据通信,由此提高网络的应用和管理效率。

网络互连分为:局域网与局域网互连,局域网与广域网互连,广域网与广域网互连,无线网络互连。这些网络的互连与互连设备有直接的关系。

网络互连时,必须解决如下问题:在物理上如何把两种网络连接起来;一种网络如何与另一种网络实现互访与通信;如何解决它们之间协议方面的差别;如何处理速率与带宽的差别。解决这些问题的部件就是中继器、网桥、路由器、网卡和网关等。

二、物理层互连设备

1. 调制解调器

调制解调器(modem)是通过普通电话线连接网络的小型设备,是一种最便宜的网络互连设备。它所连接的网络传输速度通常较慢、性能极低。调制解调器通常被用来连接局域网和它的远程工作站。图2.23所示为调制解调器的具体应用。

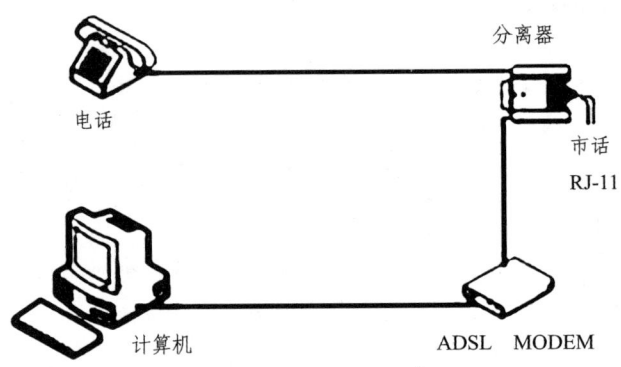

图2.23 调制解调器的应用

为了利用电话交换网实现计算机之间的数字信号传输,我们必须将数字信号转换成模拟信号。为此,需要在发送端选取音频范围的某一频率的正(余)弦模拟信号作为载波,用它运载所要传输的数字信号,并通过电话信道将其送至另一端;在接收端再将数字信号从载波上取出来,恢复为原来的信号波形。这种利用模拟信道实现数字信号传输的方法称为"频带传输"。完成调制和解调功能的设备即调制解调器。

调制解调器的种类很多,型号各异。对于个人用户来说,在选择调制解调器时,主要涉及两方面的问题:款式和速率。

局域网之间使用调制解调器连接时的主要优点:

① 使用普通电话线,硬件等投资和维护费用低;

② 易于安装和维护;

③ 拥有成熟的标准和众多的厂商。

局域网之间使用调制解调器连接时的主要缺点:

① 传输数据的速度慢;

② 性能低。

2. 中继器与集线器

中继器与集线器是 OSI 模型中物理层的设备，它可以将局域网的一个网段和另一个网段连接起来，主要用于局域网与局域网的互连，起到信号放大和延长信号传输距离的作用。

信号在网络传输介质中进行传输时有衰减的情况并且会受到噪声的干扰，使得有用的信号随着传输距离的增加变得越来越弱，在这种情况下，需要使用中继器来增加信号传输的有效距离。中继器是用来放大模拟或数字信号的网络连接设备，它将接收到的信号进行放大，保持与原来的数据相同，并且转发经过放大的信号。但中继器在放大信号的同时也将噪声放大了，而且中继器没有信号纠错的功能。中继器仅作用于物理层，只具有简单的放大、再生物理信号的功能，所以它只能连接完全相同的局域网，目的是延长网络的长度。中继器可以连接相同传输介质的同类局域网，也可以连接不同传输介质的同类局域网。中继器在物理层实现互连，它支持数据链路层及以上的各层的任何协议。如图 2.24 所示为中继器的具体应用。

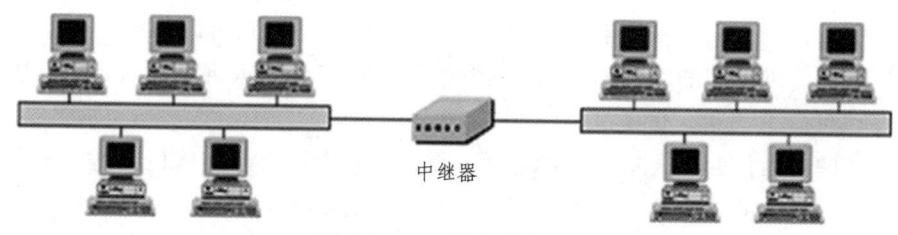

图 2.24 中继器的应用

集线器（hub）是一种特殊的多端口中继器，用于连接双绞线介质或光纤介质的以太网系统，是组成 10Base-T、100Base-T、10Base-F、100Base-F 以太网的核心设备。

三、数据链路层互连设备

1. 网　桥

网桥（bridge）又称桥接器，是一种存储转发设备。在网络互连中它起到数据接收、地址过滤与数据转发的作用，用来实现多个网络系统之间的数据交换。网桥主要用于局域网与局域网互连。它是工作在 OSI 模型中数据链路层 MAC 子层中的连接设备。网桥的每个端口连接一个局域网网段，常用于将共享带宽的计算机节点数较多的局域网分为两个局域网网段，以便减少计算机在网络中传输数据时可能发生的冲突。网桥可以将两个独立的物理网络连接在一起，构成一个单个的逻辑局域网。

网桥的工作原理：网桥接收一个整帧，然后分析进入的帧，并基于包含在帧中的信息，根据帧的目的地址（MAC 地址）段，来决定是删除这个帧还是转发这个帧。如果目的站点和发送站点在同一个局域网，网桥则将帧删除；如果不在同一个局域网，网桥将进行路径选择，并按照指定的路径将帧转发给目的局域网。

网桥的基本特征：网桥在数据链路层上实现局域网互连；网桥能够互连两个采用不同数据链路层协议、不同传输介质与不同传输速率的网络；网桥以接收、存储、地址过滤与转发的方式实现互连的网络之间的通信；网桥需要互连的网络在数据链路层以上采用相同的协议；网桥可以分隔两个网络之间的通信量，有利于改善互联网络的性能，提高互联网络的安全性。

网桥的应用示意图如图 2.25 所示。

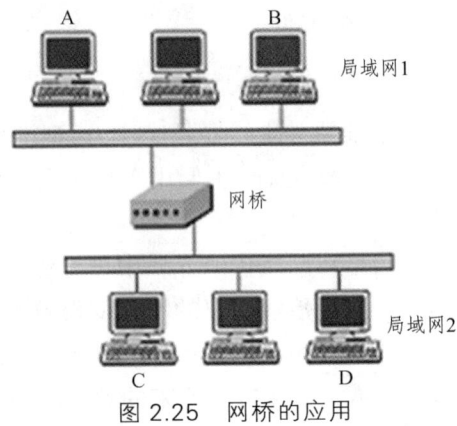

图 2.25　网桥的应用

如果节点 A 想与 B 通信，网桥可以接收到发送帧，但网桥进行地址过滤后认为不需要转发则丢弃这个帧。如 A 要与 D 通信，节点 A 发送的帧被网桥进行地址过滤后识别出该帧应发送到局域网 2 中，网桥将通过与局域网 2 的网络接口转发该帧，这时局域网 2 中的 D 节点将能接收到这个帧。

2. 交换机

交换机（switch）是一种用于电信号转发的网络设备。它可以为接入交换机的任意两个网络节点提供独享的电信号通路。最常见的交换机是以太网交换机，其他常见的还有电话语音交换机、光纤交换机等。

交换是按照通信两端传输信息的需要，用人工或设备自动完成的方法，把要传输的信息送到符合要求的相应路由上的技术的统称。交换机根据工作位置的不同，可以分为广域网交换机和局域网交换机。广域网交换机就是一种在通信系统中完成信息交换功能的设备，它应用在数据链路层。交换机有多个端口，每个端口都具有桥接功能，可以连接一个局域网或一台高性能服务器或工作站。实际上，交换机有时被称为多端口网桥。

在计算机网络系统中，交换概念的提出改进了共享工作的模式，而集线器就是一种共享设备。集线器本身不能识别目的地址，当同一局域网内的 A 主机向 B 主机传输数据时，数据包在以集线器为架构的网络上是以广播方式传输的，由每一台终端通过验证数据包的地址信息来确定是否接收。也就是说，在这种工作方式下，同一时刻网络上只能传输一组数据帧，如果发生碰撞还要重试。这就是共享网络带宽。

交换机工作在数据链路层，拥有一条高带宽的背部总线和内部交换矩阵，交换机的所有端口都挂接在这条背部总线上。控制电路收到数据包以后，处理端口会查找内存中的地址对照表以确定目的 MAC（网卡的硬件地址）的 NIC（网卡）挂接在哪个端口上，通过内部交换矩阵迅速将数据包传送到目的端口。目的 MAC 若不存在，广播到所有的端口，接收端口回应后交换机会"学习"新的 MAC 地址，并把它添加到内部 MAC 地址表中。使用交换机也可以把网络"分段"，通过对照 IP 地址表，交换机只允许必要的网络流量通过交换机。通过交换机的过滤和转发，可以有效地减少冲突域，但它不能划分网络层广播，即广播域。交换机在同一时刻可进行多个端口对之间的数据传输。每一端口都可视为独立的物理网段（注：非 IP 网段），连接在其上的网络设备独自享有全部的带宽，无需同其他设备竞争使用。当节点 A 向节点 D 发送数据时，节点 B 可同时向节点 C 发送数据，而且这两个传输都享有网络的全部带宽，都有着自己的虚拟连接。假设这里使用的是 10 Mb/s 的以太网交换机，那么该交换机这时的总流通量就等于 2×10 Mb/s = 20 Mb/s，而使用 10 Mb/s 的共享式集线器时，一个集线器的总流通量也不会超出 10 Mb/s。总之，交换机是一种基于 MAC 地址识别，能完成封装转发数据帧功能的网络设备。交换机可以"学习"MAC 地址，并把其存放在内部地址表中，通过在数据帧的始发者和目标接收者之间建立临时的交换路径，使数据帧直接由源地址到达目的地址。

3. 网　　卡

计算机与外界局域网的连接是通过主机箱内的一块网络接口板（或者是在笔记本电脑中的一块 PCMCIA 卡）。网络接口板又称为通信适配器或网络适配器（network adapter）又或是网络接口卡（Network Interface Card，NIC），但是现在更多的人愿意使用其更为简单的名称——"网卡"。其外形如图 2.26 所示。

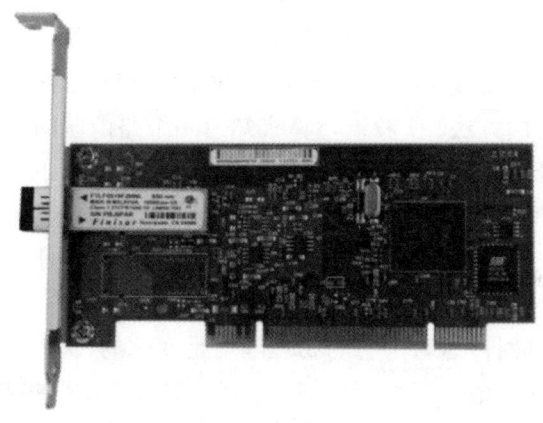

图 2.26　Intel 82545 网卡

网卡是工作在数据链路层的网络组件，是局域网中连接计算机和传输介质的接口，不仅能实现计算机与局域网传输介质之间的物理连接和电信号匹配，还涉及帧的发送与接收、帧的封装与拆封、介质访问控制、数据的编码与解码以及数据缓存等功能。

四、网络层互连设备

路由器是局域网与广域网互连的设备，它工作在 OSI 模型的第三层（网络层）。由于它比网桥工作在更高一层，因此，路由器的功能比网桥更强。它除了具有网桥的全部功能外，还具有路径选择功能。

当要求通信的工作站分别处于两个以上的局域网，且两个工作站之间存在多条通路时，路由器可根据当时网络上信息的拥挤程度自动地选择传输效率比较高的路径。因此，当某条通信通路不能工作时，路由器可以自行选择其他可用通道来传递信息。

路由器的工作原理：路由器在网络层实现网络互连，主要完成网络层的功能。路由器负责将数据分组从源端主机经最佳路径传送到目的端主机。因此，路由器具有路由选择和数据转发的功能。

路由选择也称为路径选择。当两台连接在不同子网上的计算机需要进行通信时，所通信的信息必须经过路由器的转发，由路由器将信息分组，通过互联网沿着一条路径从源端传送到目的端。路由器通过确定到达目的端下一跳路由器的地址来确定通过互联网到达目的端的最佳路径。

路由选择的实现方法是通过路由选择算法建立并维护一个路由表。在路由表中包含着目的地址和下一跳路由器地址的多种路由信息。路由表中的路由信息通知每一台路由器应该将数据包转发给谁，它的下一跳路由器地址是什么。路由器根据路由表提供的下一跳路由器地址，将数据包转发给下一跳路由器，之后一级一级地将数据包转发到下一跳路由器，最终将数据包传送到目的地。当路由器接收一个进来的数据包时，首先检查它的目的地址，并根据路由表提供的下一跳路由器地址或子网地址，将该数据包转发给一下跳路由器或子网。

数据转发又被称为数据交换。当互联网上的一台主机（源端）要向另一台主机（目的主机）发送数据包时，通过指定默认路由（与主机在同一个子网的路由器端口的 IP 地址为默认路由地址）的方法，使源端计算机知道一个路由器的物理地址（MAC 地址）。

源端主机将带着目的主机的网络层协议地址（IP 地址）的数据包发送给已知路由器。路由器在接收了数据包之后，检查数据包的目的地址，通过路由表确定下一跳路由器的地址。路由器将根据这个目的地址将原有的物理地址变成下一跳路由器的地址所对应的目的物理地址，并将数据包传送到一下跳路由器。

当数据包通过互联网传送时，它的物理地址是变化的，但它的网络地址是不变的，数据包会一直保持着原来的内容直到目的端。路由器转发数据包时，使用的是网络层地址，但在数据链路层完成传送时，需要进行地址转换并改变目的物理地址。

路由器的具体应用如图 2.27 所示。

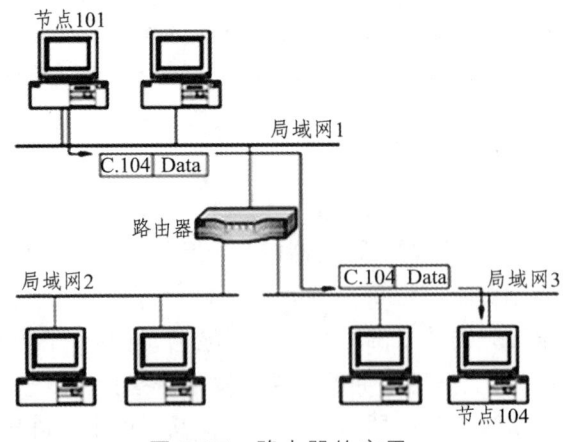

图 2.27　路由器的应用

五、应用层互连设备

网关一般是指用以连接异构网（通常指异种网络操作系统）的软件，而不是指连接异物网的物理设备。一般 PC 机、工作站或小型机都可以作为网关的硬件平台。

中继器、网桥、路由器都是属于通信子网的网间互连设备，与应用系统无关。而在实际的网络应用中，应用系统并不是像人们所希望的那样是基于同一个协议 TCP/IP 的，而有许多很好的应用系统是基于专用网络系统协议的。当在使用不同协议的系统之间进行通信时，如使用 SMTP 协议的电子邮件应用系统和使用 X.400 协议的电子邮件应用系统之间传送邮件时，就必须进行协议转换。网关即用于解决这类问题。

当两个完全不同的网络（即不仅硬件不同，整体结构、数据类型和通信协议也可以完全不同）需要连接时，通常使用网关。

网络的基本工作原理：网关工作在 OSI 七层模型的高三层，即会话层、表示层和应用层；或者说，网关使用了 OSI 模型的所有层，但它主要应用在会话层、表示层和应用层。

用中继器、网桥、交换机或者路由器连接网络时，对连接双方的高层协议都有所规定，协议相同时设备才能连接，而网关则容许使用不同的高层协议，它为互连网络双方的高层提供了协议的转换功能。所以网关又被称为"协议转换器"，其作用像一个"翻译"。

网关是实现应用系统级网络互连的设备，可以用于广域网与广域网互连、局域网与广域网互连、局域网与局域网互连。

第六节　网络体系结构

一、概　述

要想让两台计算机进行通信，就必须使它们采用相同的信息交换规则。我们把在计算机网络中用于规定信息的格式以及如何发送和接收信息的一套规则称为网络协议或通信协议。

为了减少网络协议设计的复杂性，网络设计者并不是设计一个单一、巨大的协议来为所有形式的通信规定完整的细节，而是把通信问题划分为许多小问题，然后为每个小问题设计一个单独的协议。这样做使得每个协议的设计、分析、编码和测试都比较容易。分层模型是一种用于开发网络协议的设计方法。

网络的体系结构就是为了完成计算间的通信，把计算机互连的功能层次化，并明确规定同层实体通信的协议及相邻层之间的接口服务。因此，网络的体系结构就是计算机网络分层、各层协议和功能、层间接口的集合。

要了解网络的体系结构就必须了解网络的协议和分层设计的原则。

二、协 议

在日常生活中,为了实现人与人之间的交流,通信规则是无处不在的。例如,在使用邮政系统发送信件时,信封必须按照一定的格式书写(如收信人和发信人的地址不能颠倒),否则信件就不能到达目的地。同时,信件的内容也必须遵守一定的规则(如使用何种语言书写),否则收信人可能无法理解信件的内容。与此类似,网络协议是指为了保证计算机网络中计算机之间正确地、有条不紊地收发数据所制定的一系列通信协议。

网络协议的定义:为在计算机网络中进行数据交换而建立的规则、标准或约定的集合。例如,网络中一个微机用户和一个大型主机的操作员进行通信,由于这两个数据终端所用字符集不同,因此操作员所输入的命令彼此不认识。为了能进行通信,规定每个终端都要将各自字符集中的字符先变换为标准字符集的字符,之后再进入网络传送,到达目的终端之后,再变换为该终端字符集的字符。当然,对于不相容终端,除了需变换字符集字符外,其他特性,如显示格式、行长、行数、屏幕滚动方式等也需作出相应的变换。

在计算机网络中,两个相互通信的实体处在不同的地理位置,其上的两个进程相互通信,需要通过交换信息来协调它们的动作,使两个相互通信的实体达到同步,而信息的交换必须按照预先共同约定好的过程进行。

网络协议包括三个要素:

(1)语义。语义是指控制信息每个部分的意义。它规定了计算机需要发出何种控制信息,以及完成何种动作与做出什么样的响应。

(2)语法。语法是指用户数据与控制信息的结构与格式,以及数据出现的顺序。其示意图如图 2.28 所示。

SOH	HEAD	STX	TEXT	EXT	BCC
报文头开始	报头	正文开始	正文	正文结束	检验码

图 2.28 网络协议语法结构示意图

(3)时序。时序是指对事件发生顺序的详细说明(也可称为"同步")。

例如,两个人要进行电话通信,首先需要一方先拨电话号码。电话号码包含区号和座机号,格式是区号在前,座机号在后,这就是语法。拨号后,用户将等待对方电话的响应(响应有接通、正忙或不存在等),并根据对方电话的响应做出相应动作,如接通,则可以与对方通话。对方电话的响应就是语义。在进行通话时,需要遵循的先后次序即为时序。对于电话通信,必须按照"拨号"→"等待接通信号指示"→"开始通话"→"通话完毕"→"挂断电话"的次序进行,否则通话将会失败。

人们形象地地这三个要素描述为:语义表示要做什么,语法表示要怎么做,时序表示做的顺序。

三、网络的分层原则

将一个复杂系统分解为若干个容易处理的子系统，然后"分而治之"，这就是结构化设计方法，它是工程设计中常见的手段。计算机网络的层次结构提供了一种按层次来观察网络的方法，它描述了网络中任意两个节点间的逻辑连接和信息传输。

在图 2.29 所示的一般分层结构中，N 层是 $N-1$ 层的用户，又是 $N+1$ 层的服务提供者。$N+1$ 层虽然只直接使用了 N 层提供的服务，但实际上它通过 N 层还间接地使用了 $N-1$ 层以及以下所有各层的服务。

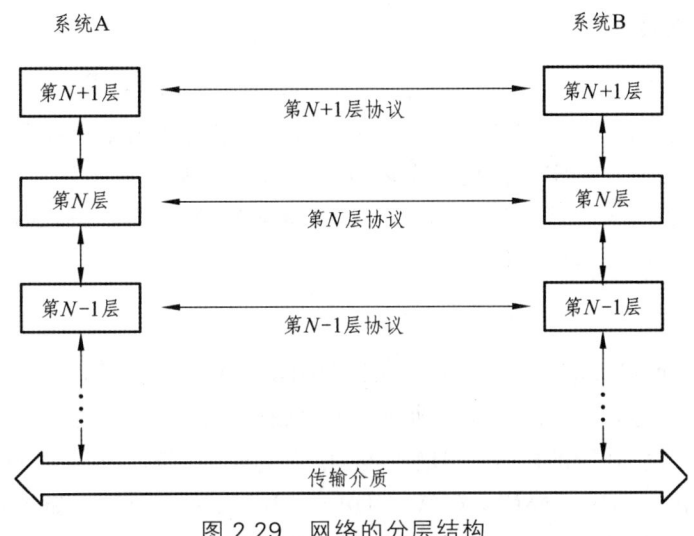

图 2.29 网络的分层结构

计算机网络体系结构的概念及内容比较抽象，为便于理解，先以两个公司之间进行通信的工作过程为例进行说明。有甲、乙两个公司的两位总经理进行通信，一般大公司都会有一位经理助理，负责起草公函、与贸易伙伴进行沟通的事务性工作，由于公司较大，业务繁忙，经理助理下边又有秘书负责打字、传真、接听电话等一般性工作。这样，每个公司都形成了具有 3 个层次的机构。

甲方经理要与乙方经理进行通信，于是甲方经理让自己的经理助理起草一份文件。这位经理助理根据总经理的意图，按照业界的惯例写了一份正式公函，然后把它交给秘书让其发送出去。秘书拿到公函，按照公司通讯录查到乙公司的传真号码，整理好后发给乙公司。乙公司的秘书接到传真后将有用的公函部分呈交给本公司的经理助理，而经理助理经过分析后，将关键内容汇报给经理，此时乙公司经理才能阅读到信函的内容。当然乙公司经理只关心甲公司经理发来的信函的内容，而对信函的公文格式以及最初收到的信函是通过传真、电子邮件还是邮寄来的并不关心。这里，甲、乙两公司可以看作网络节点，而经理、经理助理和秘书是一个个通信的实体。处于相同层次的不同节点的实体叫作对等实体，而协议实际上是对等实体之间的通信规则的约定。比如两个公司的秘书之间就有收发传真和普通信函的协议，经理助理之间都遵照标准公函的协议，必须采用双方都理解的语言、文体和格式来拟定公函，这样在对方收到信函后才能看懂内容。

层次化结构的优点：独立性强，适应性强，易于实现和维护。

层次化结构的通用原则：层次不能过多，只在真正需要的时候才划分；层次不能过少，要在逻辑上将功能区分开来；每层定义明确，类似功能放在同一层；每一层功能尽量局部化，以便于层次内部独立设计，但不影响相邻层次和接口服务的关系；每层对于上下层接口都明确规定了相应的业务，子层接口也适用这一原则；层次的划分有利于标准化工作。

四、相关概念

1. 实　体

每一层中的活动元素通常被称为实体（entity）。系统中的各层次都存在一些实体，每层的具体功能由该层的实体完成。实体可以是软件实体（如一个进程），也可以是硬件实体（如某种芯片）。不同系统中同一层的实体被称为对等实体（peer entity）。层次间的关系，也可看成是层次实体间的关系。

2. 协议栈

协议栈（protocol stack）是指网络中各层协议的总和。它形象地反映了一个网络中文件的传输过程：由上层协议到底层协议，再由底层协议到上层协议。使用最广泛的是因特网协议栈，由上到下的协议分别是：应用层协议（HTTP，FTP，TFTP，TELNET，DNS，EMAIL等），运输层协议（TCP，UDP），网络层协议（IP），链路层协议（Wi-Fi、以太网、令牌环、FDDI、MAC等），物理层协议。

3. 接口、服务和服务访问点

接口是相邻两层之间的边界，是相邻两层之间交换信息的连接点。低层通过接口为上层服务，上层通过接口使用低层提供的功能。只要接口不变，低层功能的具体实现方法与技术的变化就不会影响整个系统的工作。接口以一个或多个服务访问点（Service Access Point，SAP）的形式存在。服务就是网络中各层向其相邻上层提供的一组功能集合。服务的使用者和提供者通过服务访问点直接联系。服务访问点 SAP 实际上就是逻辑接口，是一个层次系统的上下层之间进行通信的接口，N 层的 SAP 就是 $N+1$ 层可以访问 N 层服务的地方。

协议和服务的关系：协议的实现保证了下一层能够向上一层提供服务，本层的服务用户只能看见服务而无法看见下面的协议，下面的协议对上面的服务用户是透明的。协议是"水平的"，即协议是控制对等实体之间通信的规则。而服务是"垂直的"，即服务是由下层向上层通过层间接口提供的。并非在一个层内完成的全部功能都称为服务，只有那些能够被高一层看见的功能才能被称为服务。上层使用下层所提供的服务必须通过与下层交换一些命令，这些命令在 OSI 中被称为服务原语。

4. 面向连接的服务

面向连接的服务就是通信双方在通信时，要事先建立一条通信线路，其通信过程有建立连接、使用连接和释放连接 3 个过程。TCP 协议就是一种面向连接的服务的协议，电话系统是一种面向连接的模式。

面向连接的服务和电话系统的工作模式相类似。其特点是：数据传输过程必须经过建立连接、维护连接和释放连接的 3 个过程；在数据传输过程中，各分组不需要携带目的节点的地址。面向连接服务的传输连接类似于一个通信管道，发送者在一端放入数据，接受者从另一端取出数据。面向连接数据传输的收发数据顺序不变，因此传输的可靠性高，但需通信开始前的连接开销，协议复杂，通信效率不高。

5. 无连接的服务

无连接的服务不要求发送方和接收方之间保持会话连接。发送方只是简单地开始向目的地发送数据分组（称为数据报）。这与现在流行的手机短信非常相似：用户在发短信的时候，只需要输入对方手机号即可。此业务不如面向连接的方法可靠，但对于周期性的突发传输很有用。系统不必为它们发送传输到其中和从其中接收传输的系统保留状态信息。无连接网络提供最小的服务仅仅是连接。无连接服务的通信比较迅速，使用灵活方便，连接开销小，但可靠性低，不能防止报文的丢失、重复或失序，因此只适合于传送少量零星的报文。UDP（用户数据报协议）就是无连接网络协议。

6. 服务原语

用户和协议实体间的接口，实际上是一段程序代码，但其具有不可分割性。通过服务原语能实现服务用户和服务提供者间的交流。与协议不同的是，服务原语用于服务提供者与服务用户，而协议是用于服务用户之间的通信。

在同一开放系统中，$N+1$ 实体向 N 实体请求服务时，服务用户和服务提供者之间要进行交互，交互信息称为服务原语。服务原语由服务动作和原语类型两部分组成。

服务原语只有 4 种类型：

（1）请求（request）：用户实体要求服务做某项工作，源 $N+1$ 实体→源 N 实体。

（2）指示（indication）：用户实体被告知某事件发生，目的 N 实体→目的 $N+1$ 实体。

（3）响应（response）：用户实体表示对某事件的响应，目的 $N+1$ 实体→目的 N 实体。

（4）确认（confirm）：用户实体收到关于它的请求的答复，源 N 实体→源 $N+1$ 实体。

服务原语的交换时序称为服务证实方式，不同的证实方式需要的原语类型有区别，但是都在以上 4 种当中。

7. 协议数据单元

协议数据单元（Protocol Data Unit，PDU）是指对等层次之间传递的数据单位。物理层的 PDU 是数据位（bit），数据链路层的 PDU 是数据帧（frame），网络层的 PDU 是数据包（packet），传输层的 PDU 是数据段（segment），其他更高层次的 PDU 是数据（data）。

五、开放系统互连参考模型（OSI/RM）

（一）概　述

在 20 世纪 70 年代，计算机网络发展很快，相继出现了十多种网络体系结构，而这些网络体系结构所构成的网络之间无法实现互连。为了在更大范围内共享网络资源和相互通信，人们迫切需要一个共同的可以参考的标准，使得不同厂家的软硬件资源和设备都能够互连。

国际标准化组织 ISO 是一个全球性的非政府组织，是国际标准化领域中一个十分重要的组织。ISO 于 1977 年成立了信息技术委员会，专门开展网络体系结构标准化的工作。1979 年，ISO 公布了 OSI/RM（Open System Interconnection/Reference Model，开放系统互连参考模型），这是一个逻辑上的定义，它把网络从逻辑上分为 7 层。该模型是一种框架性的设计方法，建立 7 层模型的主要目的是解决异种网络互连时所遇到的兼容性问题，其最主要的功能就是帮助不同类型的主机实现数据传输。

所谓开放系统，是指遵从国际标准化的、能够通过互连而相互作用的系统。显然系统之间的相互作用只涉及系统的外部行为，而与系统的内部结构和功能无关，因此关于互连系统的任何标准都只是关于系统外部特性的规定。

OSI/RM 将网络通信过程划分为 7 个相互独立的功能组（层次），并为每个层次制定了一个标准框架。上面 3 层（应用层、表示层、会话层）与应用问题有关，而下面 4 层（传输层、网络层、数据链路层、物理层）则主要处理网络控制和数据传输/接收问题。如图 2.30 所示。

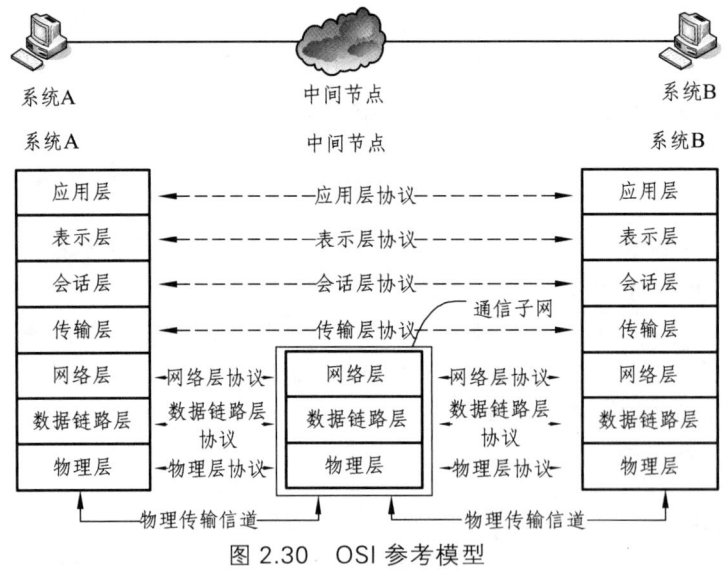

图 2.30　OSI 参考模型

OSI/RM 的特点如下：

（1）每层的对应实体之间都通过各自的协议进行通信。

（2）各个计算机系统都有相同的层次结构。

（3）不同系统的相应层次具有相同的功能。

（4）同一系统的各层次之间通过接口联系。

（5）相邻的两层之间，下层为上层提供服务，上层使用下层提供的服务。

OSI/RM 的优点：减轻问题的复杂程度，一旦网络发生故障，可迅速定位故障所处层次，以便于查找和纠错；在各层分别定义标准接口，使具备相同对等层的不同网络设备能实现互相操作；各层之间相对独立，一种高层协议可放在多种低层协议上运行；能有效刺激网络技术革新，因为每次更新都可以在小范围内进行，不需对整个网络"动大手术"；便于研究和教学。

（二）OSI/RM 各层的主要功能

1. 物理层

物理层是 OSI/RM 的最底层，也是最基础的一层。它并不是指连接计算机的具体物理设备或具体传输媒体，它向下是物理设备之间的接口，直接与传输介质相连接，使二进制数据流通过该接口从一台设备传给另一台相邻的设备，向上为数据链路层提供数据流传输服务。

物理层主要考虑的是怎样才能在连接各种计算机的传输媒体上传输数据的比特流。由于传输媒体又可以叫作物理媒体，因此容易使人误以为传输媒体就是物理层的东西。但实际上具体的传输媒体不在物理层内，而是在它的下面，如双绞线、同轴电缆、光缆等，这些传输媒体都不属于物理层。物理层直接面向实际承担数据传输任务的物理媒体。为什么物理层不包括具体的连接计算机的物理设备和传输媒体呢？这是因为现有计算机网络中的物理设备和传输媒体的种类非常繁多，而通信手段也有许多种，物理层的作用正是要尽可能地屏蔽掉这些差异，使物理层上面的数据链路层感觉不到这些差异，这样就可使数据链路层只需要考虑如何完成本层的协议和服务，而不需要考虑具体的传输媒体是什么。

大家知道，计算机网络传输的是由"0"和"1"构成的二进制数据，但是在实际的电路中，铜缆（指双绞线等铜质电缆）网线中传递的是脉冲电流，这就是物理层传输的东西。通俗地讲，这一层主要负责实际的信号传输。物理层的数据传输单位为比特（bit），即一个二进制位（"0"或"1"）。实际的比特传输必须依赖于传输设备和物理媒体，物理层是在物理媒体之上的，其作用是为数据链路层提供一个传输比特流的物理连接。

物理层上的协议有时也称为接口。物理层协议主要规定物理信道的建立、保持及释放的特性，包括机械的、电气的、功能的和规程这 4 个方面的特性。这些特性保证物理层能通过物理信道在相邻网络节点之间正确发送、接收比特流，即保证能将比特流送上物理信道，并且能在另一端取下它。物理层只关心比特流如何传输，而不关心比特流中各比特具有什么含义，而且对传输差错也不做任何控制，就像投递员只管投递信件，但并不关心信件中是什么内容一样。

OSI/RM 对物理层所作的定义为：在物理信道实体之间合理地通过中间系统，为比特传输所需的物理连接的建立、保持和释放提供机械的、电气的、功能的和规程的手段。比特流传输可以采用异步传输，也可以采用同步传输的方式来完成。

在这里引入两个物理层设备名词：DTE（Data Terminal Equipment）和 DCE（Data Circuit-terminating Equipment）。DTE 即数据终端设备，是具有一定的数据处理能力以及发送和接收数据能力的设备，是数据的源或目的。DTE 具有根据协议控制数据通信的功能，但大多数的数据处理设备的数据传输能力是很有限的。直接将相隔很远的两个数据处理设备连接起来是不现实的，必须在数据处理设备和传输线路之间加上一个中间设备，这个中间设备就是数据终端设备。DCE 的作用就是在 DTE 和传输线路之间提供信号变换和编码功能，并且负责建立、保持和释放物理信道的连接。DTE 与 DCE 之间的接口如图 2.31 所示。

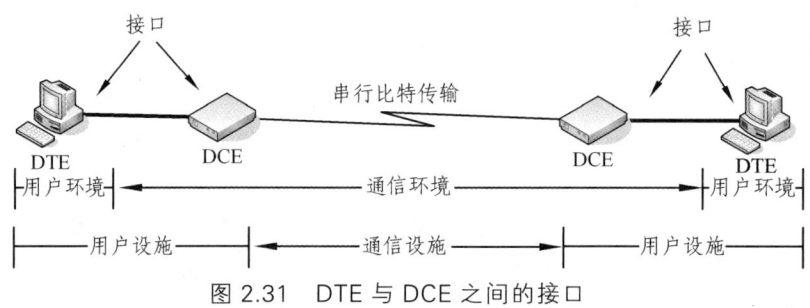

图 2.31 DTE 与 DCE 之间的接口

DTE 可以是一台计算机或一个终端，而典型的 DCE 就是一个与模拟线路相连的调制解调器。DTE 与 DCE 之间的接口一般都有许多条并行线，包括多种信号线和控制线。DCE 将 DTE 传过来的数据，按比特流顺序逐个发往传输线路或反过来从传输线路接收串行的数据比特流，然后交给 DTE。所以这就需要高度协调的工作，就必须对 DTE 和 DCE 的接口进行标准化，这种接口标准就是物理层协议。网络中经常使用的集线器和已经不再使用的中继器，就是典型的物理层设备。对于物理层设备来讲，它只认识电流，而不知道什么是 MAC 地址、IP 地址。

2. 数据链路层

数据链路层是 OSI/RM 的第二层，它把物理层传来的原始数据打包成帧，并负责帧在计算机之间进行无差错的传输。数据链路层的作用就是负责数据链路信息从源点传输到目的点的数据传输与控制，如连接的建立、维护和拆除，异常情况处理，差错控制与恢复等。在不太可靠的物理链路上，通过数据链路层协议能实现可靠的数据传输。数据链路层传输的基本单位是帧。

1）帧的定义

在以太网中，网络设备将"位"组成一个个字节，然后将这些字节"封装"成"帧"，而交换机交换的就是这些"帧"。帧只对能够识别它的设备才有意义，就像汉字只对认识汉字的人来说才有意义。对于集线器来说，帧是没有意义的，因为集线器属于物理层设备，它只认识脉冲电流。帧是数据链路层传输的基本单位，而交换机正是第二层设备，所以它能够识别帧。当一台主机发送的帧传至交换机后，交换机识别其中的地址信息，然后将帧转发给帧的目的地。对于交换机而言，虽然它也能（也必须）感知到电流，但是它的作用在于能够将电流组成帧，并识别帧头的信息。

2）帧的产生

帧是由发送数据的计算机产生的。具体来说，是由计算机上安装的网卡产生的。网卡把对用户有意义的信息（如文字）分割成网络上可以传输的大小，然后封装到帧里面，再按照一定的次序发送出去。为什么要把数据封装成帧呢？因为用户数据一般都比较大，比如 Word 文件可以达到十几兆字节，一下发送出去十分困难，于是就需要把文件分成许多份并依次发送。就像邮寄大的包裹，没有合适的包装时，需要把东西分成小份，分别装进一定规格的包裹中，并做上标记再投递出去，这样问题就解决了。

3）帧的内容

如果把脉冲电流看成是轨道，那么帧就是运行在轨道上的火车。火车有车头和车尾，帧也有一个起点，称之为"帧头"；帧也有一个终点，称之为"帧尾"。帧头和帧尾之间的部分是这个帧负载的数据，相当于火车车头和车尾之间的车厢，但并不是全有效数据。因为帧里面还有其他各种信息，就像车厢本身也有重量一样。帧中还有其他各种复杂的信息，这里就不再一一说明了。

以太网帧的大小总是在一定的范围内浮动，最大的帧是 1 518 字节，最小的帧是 64 字节。在实际应用中，帧大小是由设备的 MTU（最大传输单位，即设备每次能够传输的最大字节数）自动确定的。

4）帧的传输方式

帧在网络中传输时，具有 3 种方式：单播、多播和广播。这 3 个术语都是用来描述网络节点之间通信方式的术语，前文已详细介绍过，此处不再赘述。

5）数据链路层的主要功能

（1）链路管理。链路管理就是进行数据链路的建立、维护和拆除。在链路两端的节点进行通信前，必须首先确认对方已处于就绪状态，并交换一些必要的信息以对帧序列进行初始化，然后再建立链路连接。在传输过程中，还要能维持这种连接，传输完毕后要拆除该连接。

（2）帧同步。为了使传输中发生差错后只将有错的有限数据进行重发，数据链路层将比特流封装成帧进行传送。每个帧除了要传送的数据外，还包括以使接收方能发现传输中差错的校验码。帧的组织结构必须设计成使接收方能够明确地从物理层收到的比特流中对其进行识别，即能从比特流中区分出一帧的开始和结束在什么地方。

（3）流量控制。为防止双方速度不匹配或接收方没有足够的接收缓存而导致数据拥塞或溢出，数据链路层必须采取一定的措施使通信网络中的链路或节点上的信息流量不超过某一限制值，即发送端发送的数据要能使接收端来得及接收。当接收方来不及接收时，必须及时控制发送方发送数据的速率，同时使帧的接收顺序与发送顺序一致。

（4）差错控制。为了保证数据传输的正确性，在计算机通信中，通常采用的是检错反馈重发方式，即接收方每收到一帧便检查帧中是否有错，一旦有错，就让发送方重发该帧，直至接收方正确接收为止。

（5）透明传输。当所传输的数据中的比特组合恰巧与某一个控制信息完全一样时，必须采取适当的措施，使接收方不会将这样的数据误认为是某种控制信息。

在这些功能中，差错控制和流量控制是数据链路层的两个重要功能。数据链路层常用于差错控制和流量控制的协议有停止等待协议（自动请求重传协议）、连续 ARQ 协议和选择重传 ARQ 协议等。

6）数据链路层协议

数据链路层的协议主要分为两类：面向字符型和面向比特型。面向字符是指在链路上所传送的数据及控制信息必须是由规定的字符集中的字符所组成。面向字符型的数据链路控制协议传输效率比较低。随着通信量的增加及计算机网络应用范围的不断扩大，面向字符的链路控制协议的使用率越来越低，在 20 世纪 60 年代末人们提出了面向比特的数据链路控制协议，它具有更好的灵活性和更高的效率，逐渐成为数据链路层的主要协议。

3. 网络层

数据链路层协议是两个直接连接的节点间的通信协议，它不能解决数据经过通信子网中多个转接节点的通信问题。设置网络层的主要目的就是要为报文分组以最佳路径通过通信子网到达目的主机提供服务，而网络用户不必关心网络的拓扑结构与所使用的通信介质。

1）网络层的主要功能

网络层是 OSI/RM 的第三层，介于传输层和数据链路层之间。网络层可能是 OSI/RM 中最复杂的一层，部分原因在于现有的各种通信子网事实上并不遵循 OSI/RM 网络层服务定义。同时，网络互连问题也为网络层协议的制定增加了难度。

通信子网的最高层就是网络层，因此网络层的主要作用是控制通信子网正常运行以及解决通信子网中的路由选择问题。它为整个网络中的计算机进行编址，并自动根据地址找出两台计算机之间进行数据传输的通路，也称为路由选择。网络层所传输信息的基本单位是分组或包。

OSI/RM 规定网络层的功能主要有：

（1）建立、维护和拆除网络连接。两个终端用户之间的通路是由一个或多个通信子网的多条链路串接而成的，在网络层的一种称为虚电路的服务中，涉及这种虚电路连接的建立、维护和拆除过程。

（2）组包/拆包。在网络层中，数据的传输单位是分组（或包）。在网络发送方系统中，数据从高层向低层流动到达网络层时，传输层的报文要分为多个数据块，在这些数据块的头/尾部（即分组头/尾）加上一些相关控制信息后，就构成了分组，即组成了包。

在接收方系统中，数据从低层向高层流动到达网络层时，要将各分组原来加上的分组头/尾等控制信息拆掉（即拆包），组合成报文，传送给传输层。

（3）路由选择。路由选择也叫路径选择，它会根据一定的原则和路由选择算法在多节点的通信子网中选择一条从源节点到目的节点的最佳路径。当然，最佳路径是相对于几条路经中较好的路径而言的，一般是选择时延小、路径短、中间节点少的路径作为最佳路径。通过路由选择，可使网络中的信息流量合理分配，减轻拥挤，提高传输效率。

（4）拥塞控制。数据链路层的流量控制是针对相邻两个节点之间的数据链路进行的，而网络层的拥塞控制是对整个通信子网内的流量进行控制，是对进入分组交换网的流量进行控制。

2）网络层协议

网络层协议规定了网络节点和虚电路的一种标准，以完成虚电路的建立、维护和拆除。网络层有代表性的协议有 ITU-T 的 X.25 协议、3X（X.28，X.3，X.29）协议和 X.75 协议（网络互连协议）等。3X 协议适用于非分组终端入网及组包/拆包器（PAD）。X.25 协议是 ITU-T 于 1976 年公布的国际标准，它是在公用数据网络上以分组形式进行操作的 DTE 与 DCE 之间的接口协议，以此协议构成的网络被称为 X.25 网或公用报文分组交换网。

4．传输层

传输层是用户资源子网与通信子网的界面和桥梁，它是 OSI/RM 七层中比较特殊的一层，同时也是整个网络体系结构中十分关键的一层。设置传输层的主要目的是在源主机和目的主机进程之间提供可靠的端到端通信。

在关于 OSI/RM 的讨论中，人们经常将 7 层分为高层和低层。如果从面向通信与面向信息处理角度进行分类，传输层一般划在低层；如果从网络功能与用户功能角度进行分类，传输层又被划在高层，如图 2.32 所示。这种差异正好反映出传输层在 OSI/RM 中的特殊地位。

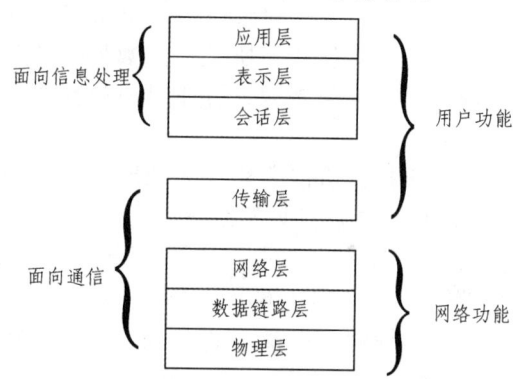

图 2.32　传输层在 OSI 模型中的地位

1）传输层的主要功能

传输层是为了可靠地把信息传送给对方而进行搬运、输送的一层，通常被解释成"补充各种通信子网的质量差异，保证在相互通信的两处终端进程之间进行透明数据传输的层"，是 OSI/RM 的整个协议层次的核心。传输层在 7 层模型中起到了对高层屏蔽低层、对低层屏蔽高层的作用。其主要功能如下：

（1）连接管理。传输层负责传输连接的建立、维护与释放。传输连接的建立过程被称为"握手"。

（2）流量控制。传输层在发送本层数据分组时，还要确保数据的完整性，流量控制是完成这项任务的方法之一。流量控制避免了接收主机缓冲溢出的问题。溢出会造成数据丢失。这里的流量控制是指端到端的流量控制，即在一个主机没有收到确认之前最多能够向另一个主机发送多少信息量。在数据链路层也讨论过这个问题，只是数据链路层执行的是点到点（两个节点之间）的流量控制，而传输层执行的是端到端（两个用户主机之间）的流量控制，可用于网络拥塞的控制。

（3）差错检测与恢复。这个功能似乎与低层的功能重复，但这是必须的。因为有些错误能逃避较低层的差错检测，同时虽然分组的传输可以由数据链路层的 CRC 校验保证，但是无法确保中间节点（如路由器）处理分组时不出错。另外，如果一个中间节点在收完分组并确认后，在转发之前却将它丢失了，这时也只有通过端到端的差错检测来控制。

（4）提供用户要求的服务质量。一个用户在通信时会要求特定的网络服务质量，例如高吞吐量、低延迟、低费用和高可靠性服务等。传输层可根据需要提供相应的网络服务。

（5）提供端到端的可靠通信。面向连接的传输协议能够提供用户间的可靠通信，这对于用户来说是很重要的功能。

2）传输控制协议

传输控制协议是实现端到端计算机之间的通信、网络系统资源共享所必不可少的协议。虽然物理层和数据链路层协议具有把数据从一台计算机系统送到另一台计算机系统的功能，但它们所实现的数据通信是不可靠的数据通信。对不同的计算机系统、不同的局域网络来说，物理层和数据链路层协议所具有的通信功能远远达不到通信的实际要求。

传输控制协议所实现的功能不仅仅是弥补物理层和数据链路层协议的通信功能的缺陷，保证相同计算机系统之间、相同计算机网络系统之间信息的可靠传输，还可实现不同计算机系统之间、不同计算机网络系统之间信息的可靠传输。目前传输控制协议的种类很多，如 ISO 提出的 ISO 8073 协议，Internet 的 TCP、UDP 协议等。其中，最典型的传输控制协议是 TCP 协议。这部分内容将在后面进行详细介绍。

5. OSI/RM 中的高三层

在 OSI/RM 中，会话层、表示层和应用层属于高层。它们与低层不同，低层提供可靠的端到端的通信，而高层主要考虑的是面向用户的服务。高层协议中所涉及的许多内容，目前还正处在研究阶段，将来会形成一套完整的标准。

1）会话层

所谓会话，是指在两个会话用户之间为交换信息而按照某种规则建立的一次暂时联系。会话可以使一个远程终端登录到远地的计算机上，进行文件传输或进行其他的应用。会话层位于 OSI/RM 面向信息处理的高三层中的最下层，它利用传输层提供的端到端的数据传输服务，建立具体的服务请求者与服务提供者之间的通信，属于进程间通信的范畴。会话层还为会话活动提供组织和同步所必需的手段，为数据传输提供控制和管理的途径。

会话层的功能主要包括以下几个方面：

（1）提供远程会话地址。会话地址是用户或用户程序所使用的。要传送信息，必须把会话地址转换为相应的传送站地址，以实现正确的传输连接。会话地址到传送地址的变换工作是由会话层完成的。

（2）会话建立后的管理。通常，建立一次会话需要有一个过程。首先，会话的双方都必须经过批准，以保证双方都有权参加会话。其次，会话双方要确定通信方式，即单工、半双工或全双工等。一旦建立连接，会话层的任务就是管理会话了。

（3）提供把报文分组重新组成报文的功能。只有当报文分组全部到达后，整个报文才能被传送给远方的用户。当传输层不对报文进行编号时，会话层应完成对报文的编号和排序任务。当子网发生硬件或软件故障时，会话层应保证正常的事务处理能力，以保证报文不会中途失效。

2）表示层

表示层为应用层提供服务，该服务层处理的是通信双方之间的数据表示问题。网络中，对通信双方的计算机来说，一般有其自己的内部数据表示方法，其数据形式常具有复杂的数据结构，它们可能采用不同的代码、不同的文件格式。为使通信的双方能相互理解所传送信息的含义，表示层就需要把发送方具有的内部格式编码为适于传输的位流，接收方再将其解码为所需要的表示形式。

数据传送包括语义和语法两方面的问题。语义即与数据内容、意义有关的方面；语法则是与数据表示形式有关的方面，如文字、声音、图形的表示、数据格式的转换、数据的压缩、数据的加密等。在 OSI/RM 中，有关语义的处理由应用层负责，表示层仅完成语法的处理。

表示层的功能主要包括以下几个方面：

（1）语法转换。当用户要传送数据时，应用层实体就需将数据按一定的表示形式交给其表示层实体，这其中的表示形式称为抽象语法。语法变换就是实现抽象语法与传送语法间的转换，如代码转换、字符集的转换及数据格式的转换等。

（2）传送语法的选择。应用层中存在多种应用协议，这样表示层中就可能存在多种传送语法。即使是一种应用协议，也可能有多种传送语法与其对应。所以，表示层需对传送语法进行选择，并提供选择和修改的手段。

（3）常规功能。指表示层内对等实体间连接的建立、维护、释放等。

3）应用层

应用层是 OSI/RM 的最高层，它为用户的应用进程访问 OSI 环境提供服务。OSI 关心的主要是进程之间的通信行为，因而对应用进程所进行的抽象只保留了应用进程与应用进程间交互行为的有关部分，这实际上是对应用进程某种程度上的简化。经过抽象后的应用进程就是应用实体（Application Entity，AE）。对等应用实体间的通信应使用应用协议。应用协议的复杂性相差很大，有的仅涉及两个实体，有的涉及多个实体，而有的则涉及两个或多个系统。与其他 6 层不同，所有的应用协议都使用了一个或多个信息模型来描述信息结构的组织。低层协议实际上没有信息模型，因为低层没有涉及表示数据结构的数据流。应用层要提供许多低层不支持的功能，这就使得应用层变成 OSI/RM 中最复杂的层次之一。

应用层是计算机网络与最终用户间的接口，它包含了系统管理员管理网络服务所涉及的所有的问题和基本功能。

常用的网络服务包括文件服务（FTP）、电子邮件（E-mail）服务、集成通信服务、目录服务、网络管理服务、安全服务、多协议路由与路由互连服务、分布式数据库服务以及虚拟终端服务等。

六、TCP/IP 参考模型

（一）TCP/IP 参考模型的结构

TCP/IP 参考模型是 ARPANET 和其后继的 Internet 所使用的参考模型。ARPANET 是由美国国防部赞助的研究网络，它通过租用的电话线逐渐连接了政府部门和数百所大学。

当无线网络和卫星出现以后，现有的协议在和它们相连的时候出现了问题，所以需要一种新的参考体系结构。这个体系结构在它的两个主要协议出现以后，被称为 TCP/IP 参考模型（TCP/IP reference model）。

TCP/IP 是一组用于实现网络互连的通信协议。Internet 网络体系结构以 TCP/IP 为核心。

基于 TCP/IP 的参考模型将协议分成四个层次：网络访问层、网际互连层、传输层（主机到主机）和应用层。

1. 应用层

应用层对应于 OSI/RM 的高层，为用户提供所需要的各种服务，例如 FTP、Telnet、DNS、SMTP 等。

2. 传输层

传输层对应于 OSI/RM 的传输层，为应用层实体提供端到端的通信功能，保证了数据包的顺序传送及数据的完整性。该层定义了两个主要的协议：传输控制协议（TCP）和用户数据报协议（UDP）。TCP 协议提供的是一种可靠的、面向连接的数据传输服务，而 UDP 协议提供的则是不可靠的、无连接的数据传输服务。

TCP 协议和 UDP 协议的区别：TCP 协议面向连接，UDP 协议面向非连接；TCP 协议传输速度慢，UDP 协议传输速度快；TCP 协议保证数据顺序，UDP 协议不保证数据顺序；TCP 协议保证数据正确性，UDP 协议可能丢包；TCP 协议对系统资源要求多，UDP 协议对系统资源要求少。

3. 网际互连层

网际互连层对应于 OSI/RM 的网络层，主要解决主机到主机的通信问题。它所包含的协议涉及数据包在整个网络上的逻辑传输，注重重新赋予主机一个 IP 地址来完成对主机的寻址。它还负责数据包在多种网络中的路由。

该层有四个主要协议：网际协议（IP）、地址解析协议（ARP）、互联网组管理协议（IGMP）和互联网控制报文协议（ICMP）。IP 协议是网际互连层最重要的协议，它提供的是一个不可靠、无连接的数据包传递服务。

4. 网络接入层（主机-网络层）

网络接入层与 OSI/RM 中的物理层和数据链路层相对应。它负责监视数据在主机和网络之间的交换。事实上，TCP/IP 本身并未定义该层的协议，而由参与互连的各网络使用自己的物理层和数据链路层协议，然后与 TCP/IP 的网络接入层进行连接。

（二）TCP/IP 模型和 OSI/RM 模型的比较

图 2.33 给出了 TCP/IP 模型与 OSI/RM 模型的比较。

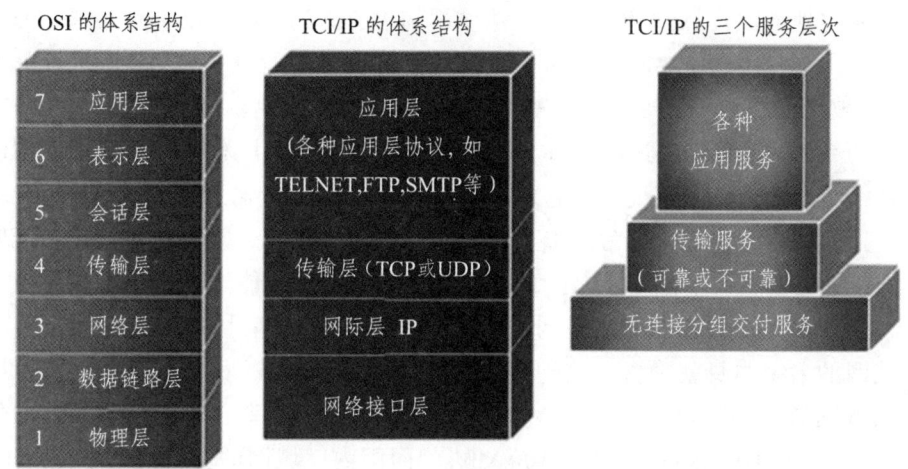

图 2.33　TCP/IP 与 OSI/RM 模型的比较

1. 共同点

（1）都采用了层次结构的概念。

（2）都能够提供面向连接和无连接两种通信服务机制。

2. 不同点

（1）前者是四层结构，后者是七层模型。

（2）对可靠性要求不同（前者更高）。

（3）OSI/RM 是在协议开发前设计的，具有通用性；TCP/IP 是先有协议集后建立模型，不适用于非 TCP/IP 网络。

（4）实际市场应用不同。OSI/RM 只是理论上的模型，并没有成熟的产品；TCP/IP 已经成为"实际上的国际标准"。

3. 对两种模型的评价

（1）OSI/RM 的会话层很少用到，表示层几乎为空；其模型复杂，实现困难；系统受通信的思想影响更多，不适合计算机与软件的工作方式，效率较低。

（2）TCP/IP 在服务、接口与协议上区别不清晰，物理层和数据链路层没有区分开来。

第七节　局域网

一、局域网简介

局域网（LAN）是一个在一定区域内的数据通信网络，该区域内的各种通信设备互连在一起进行通信。一定区域可以是一个建筑物内、一个校园或者 10 km 范围的一个区域。局域网的应用范围很广，主要用于办公自动化系统、企业管理系统、生产过程实时控制系统等。决定局域网的主要技术要素为：网络拓扑、传输介质与介质访问控制方法。

为了完整地给出局域网的定义，必须使用两种方式：一种是功能性定义，另一种是技术性定义。前一种将局域网定义为一组台式计算机和其他设备，在物理地址上彼此相隔不远，以被允许用户相互通信和共享诸如打印机和存储设备之类的计算资源的方式互连在一起的系统。这种定义适用于办公环境下的局域网、工厂和研究机构中使用的局域网。就局域网的技术性定义而言，它定义为由特定类型的传输媒体（如电缆、光缆和无线媒体）和网络适配器（亦称为网卡）互连在一起的计算机，并受网络操作系统监控的网络系统。功能性和技术性定义之间的差别是很明显的，功能性定义强调的是外界行为和服务，但技术性定义强调的则是构成局域网所需的物质基础和构成的方法。

局域网的名字本身就隐含了这种网络地理范围的局域性。由于较小的地理范围的局限性，局域网通常具有比广域网（WAN）高得多的传输速率。例如，局域网的传输速率为 10 Mb/s，FDDI 的传输速率为 100 Mb/s，而国内广域网的主干线速率仅为 64 Kb/s 或 2.048 Mb/s，最终用户的上线速率通常为 14.4 Kb/s。局域网的拓扑结构常用的是总线型和环型，这是由有限的地理范围决定的，这两种结构很少在广域网环境下使用。局域网还有诸如高可靠性、易扩缩和易于管理及安全等多种特性。

局域网产生于 20 世纪 60 年代末、70 年代初。70 年代中后期是局域网的一个重要发展阶段。80 年代，局域网走向了大发展的时期。90 年代以后，随着信息高速公路的崛起，局域网进一步朝着高速、宽带、多媒体等高性能方向发展。

二、局域网体系结构与 IEEE 802 标准

IEEE 是 Institute of Electrical and Electronics Engineers 的简称，即电气和电子工程师协会。IEEE 802 标准定义了网卡如何访问传输介质（如光缆、双绞线、无线等），以及在传输介质中传输数据的方法，还定义了传输信息的网络设备之间连接建立、维护和拆除的途径。

遵循 IEEE 802 标准的产品包括网卡、桥接器、路由器以及其他一些用来建立局域网络的组件。

为了规范局域网的设计，IEEE 802 委员会针对各种局域网的特点，并且参照 ISO/OSI 参考模型，制定了有关局域网的标准（称为 IEEE 802 系列标准）。有关局域网的标准化主要集中在 OSI 体系结构的低两层。已制定的一系列标准包括：

（1）IEEE 802.1，包括局域网体系结构、网络互连以及网络管理。

（2）IEEE 802.2，逻辑链路控制 LLC。

（3）IEEE 802.3，定义了 CSMA/CD 总线介质访问控制方法与物理层规范。

（4）IEEE 802.4，定义了令牌总线（Token Bus）介质访问控制方法与物理层规范。

（5）IEEE 802.5，定义了令牌环（Token Ring）介质访问控制方法与物理层规范。

（6）IEEE 802.6，定义了城域网介质访问控制方法与物理层规范。

（7）IEEE 802.7，定义了宽带技术。

（8）IEEE 802.8，定义了光纤技术。

（9）IEEE 802.9，定义了语音与数据综合局域网技术。

（10）IEEE 802.10，定义了局域网的安全机制。

（11）IEEE 802.11，定义了无线局域网技术。

（12）IEEE 802.12，定义了按需优先的介质访问方法，用于快速以太网。

IEEE 802 系列标准间的关系如图 2.34 所示。

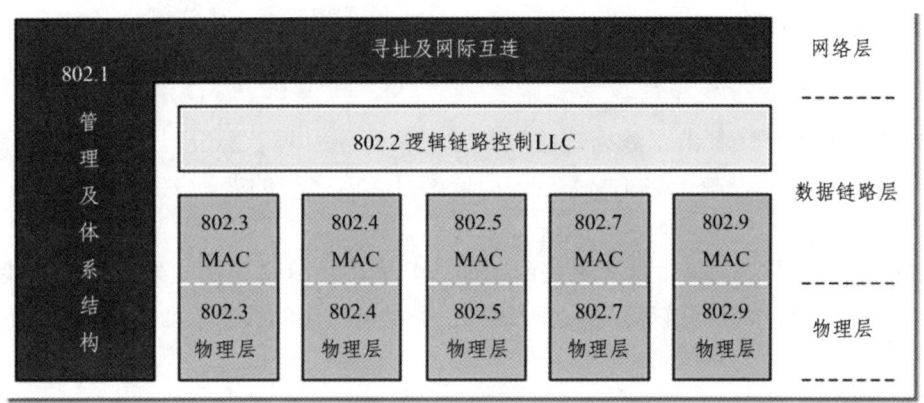

图 2.34　IEEE 802 系列标准间的关系

IEEE 802 系列标准定义了 ISO/OSI 的物理层和数据链路层，如图 2.35 所示。

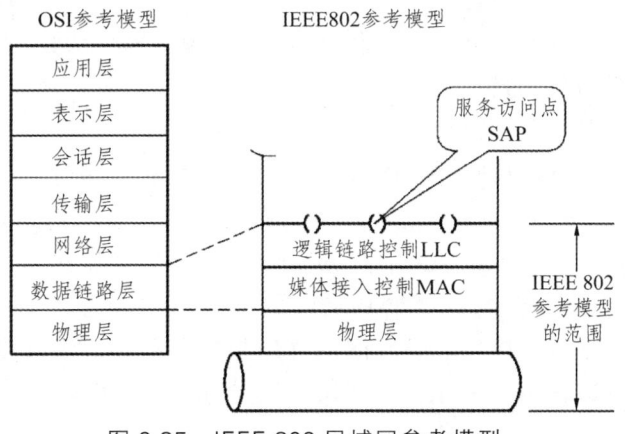

图 2.35　IEEE 802 局域网参考模型

三、局域网的物理层和数据链路层

1. IEEE 802 参考模型的物理层组成和功能

IEEE 802 参考模型的物理层对应于 OSI 模型中的物理层，包括以下组成和功能。

物理层组成包括：

（1）物理介质。

（2）物理介质连接设备（PMA）。

（3）连接单元（AUI）和物理收发信号格式（PS）。

物理层的主要功能：

（1）建立、维持和拆除物理链路。

（2）实现比特流的传输和接收。在物理层实体间发送和接收比特数据流。

（3）信号的编码与译码；提供发送和接收的能力，包括对宽带的频道分配和对基带的信号调制。

（4）产生和删除同步用的前同步码。

2. IEEE 802 参考模型的数据链路层

从图 2.7 中可以看出，数据链路层实际上被划分为两个子层：逻辑链路控制子层（LLC）和媒体访问控制子层（MAC）。局域网 LAN 之间的差别主要体现在物理层和 MAC 子层。

LLC 子层集中了与媒体接入无关的功能。具体讲，LLC 子层主要有以下功能：

（1）建立和释放数据链路层的逻辑连接，提供与上层的接口（即一个或多个服务访问点）。

（2）端到端的差错控制和确认，保证无差错传输。

（3）端到端的流量控制。

MAC 子层负责解决与媒体接入有关的问题和在物理层的基础上进行无差错的通信。MAC 子层主要有以下功能：

（1）MAC 对 LLC 子层提供多个可供选择的介质访问控制方法的功能服务，管理和控制对于局域网传输媒体的访问。

（2）在发送时将要发送的数据组装成帧。

（3）在接收时，将接收到的帧解包，进行地址识别和差错检测。

局域网的物理层主要定义节点和传输媒体的接口特性，包括机械特性、电气特性等。局域网的 MAC 子层则定义节点共享传输媒体时采用的访问控制技术，包括借助于物理层的无差错传输技术等。局域网的 LLC 子层屏蔽不同的 MAC 子层之间的差异，以便提供统一的接口。局域网的网络层功能被简化，在单个局域网设计时可以忽略，或者可以认为 OSI/RM 的更高层通过虚拟的网络层直接引用 LLC 子层的服务。

四、局域网的特点、组成与分类

1. 局域网的特点

局域网一般为一个部门或单位所有,建网、维护以及扩展等较容易,系统灵活性高。其主要特点有:

(1)覆盖的地理范围较小,只在一个相对独立的局部范围内联,如一个学校找一个工厂。
(2)使用专门铺设的传输介质进行联网,数据传输速率高(10 Mb/s ~ 10 Gb/s)。
(3)通信延迟时间短,可靠性较高。
(4)可以支持多种传输介质。
(5)通常由一个单位或组织建设和拥有,易于维护和管理。
(6)无路由选择。
(7)共享方便。
(8)建立、扩展方便。

2. 局域网的组成

简单来说,局域网由网络软件和网络硬件两部分组成。硬件用于实现局域网的物理连接,为局域网中计算机之间的通信提供一条物理通道。网络软件主要用于控制并具体实现信息传送和网络资源的分配共享。

硬件主要包括:服务器、工作站、网络接口卡、网络设备、传输介质、外围设备等。
软件主要包括:协议软件、网卡驱动程序、网络操作系统。

3. 局域网的分类

局域网的类型很多,若按使用的传输介质分类,可分为有线网和无线网;若按网络拓扑结构分类,可分为总线型网、星状网、环状网、树状网、混合型网等;若按传输介质所使用的访问控制方法分类,又可分为以太网、令牌环网、FDDI 网和无线局域网等。其中,以太网是当前应用最普遍的局域网技术。

思考题

(1)ISO/OSI 物理层和数据链路层的组成和功能是什么?
(2)简述星状结构、环状结构、总线结构的优缺点。
(3)简述有线传输介质的分类及各传输介质的特性。
(4)常用的分布式控制方法有哪些?
(5)常用的网络互连设备有哪些?各工作在 OSI/RM 的哪一层?
(6)OSI/RM 分为哪几层?每一层的重要功能是什么?

第三章 计算机通信网络标准

第一节 通信系统简介

数据通信是通信技术和计算机技术相结合而产生的一种新的通信方式。要在两地间传输信息必须要有传输信道，根据传输媒体的不同，数据通信有有线数据通信与无线数据通信之分。但它们都是通过传输信道将数据终端与计算机联结起来，而使不同地点的数据终端实现软、硬件和信息资源的共享。

一、数据通信的基本概念

数据通信是指通过通信系统将数据以某种信号的形式从一处安全、可靠地传输到另一处，包括数据的传输及传输前后的处理。

通信的目的是通过某种信号来传递数据中所包含的信息。

信息（information）是对客观事物的特征和运动状态的描述，其形式多样，可以是数字、文字、声音、图形、图像等。信息是通信系统传输和处理的对象，泛指人类社会传播的一切内容。人通过获得、识别自然界和社会的不同信息来区别不同的事物，得以认识和改造世界。在一切通信和控制系统中，信息是一种普遍联系的形式。1948年，数学家香农在题为"通信的数学理论"的论文中指出："信息是用来消除随机不定性的东西。"美国数学家、控制论的奠基人诺伯特·维纳在他的《控制论——动物和机器中的通信与控制问题》中认为，信息是"我们在适应外部世界、控制外部世界的过程中同外部世界交换的内容的名称"。英国学者阿希贝认为，信息的本性在于事物本身具有变异度。

数据（data）是传输信息的实体。通信的目的是传送信息，传送之前必须先将信息用数据表示出来。例如，话音、文字、音乐、数据表、图片或活动图像等都是数据。数据可以分为模拟数据和数字数据。

信号（signal）是为了传送消息而对消息进行变换后在通信系统中传输的某种物理量。由不同载体承载的同一信息，相互称为信号，如光信号、电信号、电磁波信号、声音信号等。

码元（symbol）是对数字信号中每一位的统称。例如，二进制中数字1010011是由7个码元组成的序列，通常被称为"码字"。在7位的ASCII码中，这个码字就是字符S。

二、通信系统的一般模型

在我们的生活中，当人们提到通信时，自然会想到传递消息最常用、最方便和最快捷的电话、E-mail 等通信方式。这些通信方式是用电信号来传递消息的，因而称之为电信。这些产生、传输电信号和在接收端把它恢复为原来的消息的设备的总体被称为一个通信系统。

通信的目的是传输信息。通信系统的作用就是将信息从信源发送到一个或多个目的地。对于电通信来说，首先要把消息转变成电信号，然后经过发送设备，将信号送入信道，在接收端利用接收设备对接收信号作相应的处理后，送给信宿再将信号转换为原来的消息。这一过程可用如图 3.1 所示的通信系统的一般模型来概括。

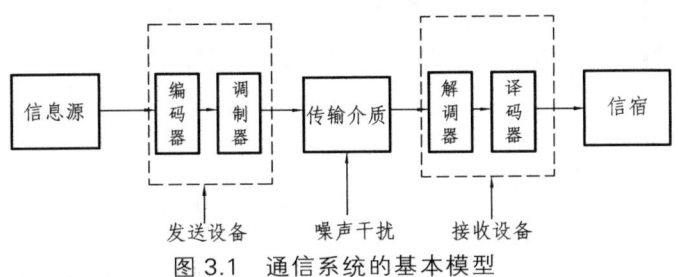

图 3.1 通信系统的基本模型

1. 信　源

信源的作用是把各种消息转换成原始电信号。信号由信源产生，根据消息的种类不同，信源可分为模拟信源和数字信源。

电话线上传送的按照声音的强弱幅度连续变化的电信号被称为模拟信号（analog signal）；计算机所产生的电信号是用两种不同的电平去表示二进制比特序列的电压脉冲信号，这种电信号被称为数字信号（digital signal）。模拟信源输出连续的模拟信号，如话筒（声音—音频信号）、摄像机（图像—视频信号）；数字信源则输出离散的数字信号，如电传机（键盘字符—数字信号）、计算机等各种数字终端。

2. 发送设备

发送设备的作用是产生适合于在信道中传输的信号，具有足够的功率以满足远距离传输的需要。因此，发送设备涵盖的内容包含变换、放大、滤波、编码、调制等过程。对于多路传输系统，发送设备中还包括多路复用器。

3. 信　道

信道是一种物理媒质，用来将来自发送设备的信号传送到接收端。信道是用来表示向某一个方向传送信息的媒体。信道传送的信号有基带信号、频带信号和宽带信号之分。

基带信号就是将数字信号"1"和"0"直接用两种不同的电压表示。

频带信号是将基带信号进行调制后形成的模拟信号。

宽带传输是将多路基带信号、音频信号和视频信号的频谱分别移到一条电缆的不同频段进行传输。

4. 接收设备

接收设备的功能是将信号放大和进行反变换（如译码、解调等），其目的是从受到减损的接收信号中正确恢复出原始电信号。

5. 信　宿

信宿是传送消息的目的地。其功能与信源相反，即把原始电信号还原成相应的消息，如扬声器等。

6. 噪　声

信号在传输过程中受到的干扰被称为噪声。干扰可能来自外部，也可能来自通信系统本身。

三、模拟通信与数据通信

在实际的通信中，由于通信业务的多样性，消息的来源也是多种多样的，但基本可以分为两大类：连续的和离散的。连续的消息，如话音，声波振动的幅度是随时间连续变化的，若把它转换为随时间连续变化的电压信号，则信号幅度是时间连续函数，这样的信号被称作模拟信号；而离散消息，如打字机产生的消息，输出的消息符号个数是有限的，如信号的参数与离散消息对应而离散取值，这就是数字信号。所以，根据信号类型的不同，通信可分为模拟通信和数字通信。

如图 3.2 所示，模拟通信系统是利用连续的模拟信号来传递信息的通信系统，数字通信系统是利用离散的数字信号来传递信息的通信系统。

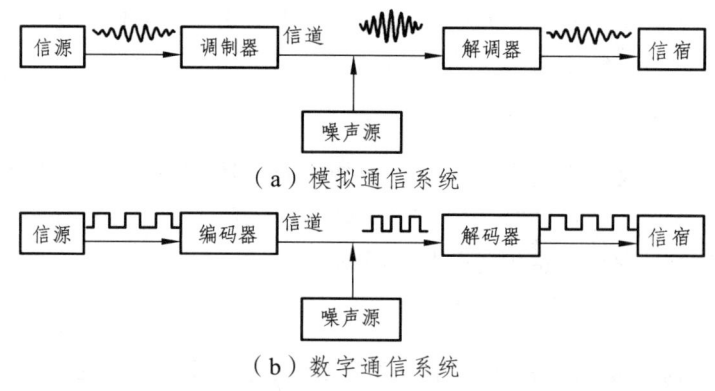

图 3.2　模拟通信系统与数字通信系统

数字通信与模拟通信相比，具有明显的优点：

（1）抗干扰、抗噪声能力强。在传输过程中模拟信号和叠加的噪声很难分离，噪声会随着信号被传输、放大，严重影响通信质量。而数字通信是采用再生中继方式，能够消除噪声，再生的数字信号和原来的数字信号一样，可继续传输下去，这样通信质量便不受距离的影响，可高质量地进行远距离通信。此外，数字通信中的信息是包含在脉冲的有无之中的，只要噪声绝对值不超过某一门限值，接收端便可判别脉冲的有无，以保证通信的可靠性。

（2）数字信号易于加密，信息传输比较安全。数字信号的特殊形式，使得信息加密变得十分容易。例如，把信息比特按一定的长度分组，再用相同长度的一个比特序列（称为密钥）与这些分组进行模二加，便完成了信息的加密。在接收端，用相同的密钥与接收到的序列进行模二加，便可得到原来的信息序列。数字移动通信 GSM 系统就是采用这方法对信息加密的。模拟信号虽然也可以加密，但操作起来要复杂得多。

（3）数字通信设备的产品重复性好，有利于生产。

与数字通信系统相比，模拟通信系统也有自己的优点：设计较简单，电路的功率消耗一般比较低。

目前，模拟通信系统还在使用，但由于人们对各种通信业务的需求迅速增加，数字通信系统正向着小型化、智能化、高速和大容量的方向迅速发展，最终必将取代模拟通信。

四、总线的基本术语

1. 总线与总线段

从广义来说，总线就是传递信号或信息的公共路径，是遵循统一技术规范的连接与操作方式。一组设备通过总线连接在一起称为"总线段"。可以通过总线段相互连接，把多个总线段连接成一个系统。

2. 总线主设备

能在总线上发起信息传输的设备称为"总线主设备"。也就是说，主设备具备在总线上发起通信的能力，又被称为命令者。

3. 总线从设备

不能在总线上主动发起通信，只能挂接在总线上，对总线信息进行接收的查询设备称为"总线从设备"，也称基本设备。在总线上可能有多个主设备，这些主设备都可以主动发起信息传输。某一设备既可以是主设备也可以是从设备，但不能既是主设备又是从设备。被总线主设备连上的从设备被称为"响应者"，它参与命令者发起的数据传送。

4. 控制信号

总线上的控制信号通常有三种类型。一类控制连接在总线上的设备，让它进行所规定的操作，如设备清零、初始化、启动和停止等。一类用于改变总线操作的方式，如改变数据流的方向、选择数据字段的宽度和字节等。还有一些控制信号表明地址和数据的含义，如对于地址，可用于指定某一地址空间，或表示出现了广播操作；对于数据，可用于指定它能否转译成辅助地址或命令。

5. 总线协议

管理主、从设备使用总线的一套规则被称为"总线协议"。这是一套事先规定的、必须共同遵守的规定。

五、总线操作的基本内容

1. 总线操作

总线上命令者与响应者之间的连接、传输数据、脱开的这一操作序列被称为一次总线交易，或者叫作一次总线操作。脱开是指完成数据传送操作以后，命令者断开与响应者的连接。命令者可以在做完一次或多次总线操作后放弃总线占有权。

微机系统各部件之间的信息交换是通过总线操作周期完成的，一个总线周期通常分为以下四个阶段：

（1）总线请求和仲裁阶段：当有多个模块提出总线请求时，必须由仲裁机构仲裁，确定将总线的使用权分配给哪个模块。

（2）寻址阶段：取得总线使用权的模块，经总线发出本次要访问的存储器或 I/O 端口的地址和有关命令。

（3）传送数据阶段：主模块（指取得总线控制权的模块）与其他模块之间进行数据的传送。

（4）结束阶段：主模块将有关信息从总线上撤除，主模块交出对总线的控制权。

2. 总线传送

一旦命令者与一个或多个响应者连接上以后，就可以开始数据的读写操作了。读数据的操作是读来自响应者的数据，写数据的操作是向响应者写数据。读写操作都需要在命令者和响应者之间传递数据。有些总线系统为了提高数据传送操作的速度，采用了块传送和管线方式，加快了长距离传送数据的速度。

3. 通信请求

通信请求是由总线上某一设备向另一设备发出的请求信号，要求后者给予注意并提供某种服务。它们有可能要求传送数据，也有可能要求完成某种操作。

4. 寻　址

寻址过程是命令者与一个或多个从设备建立起联系的一种总线操作。通常有以下三种寻址方式：

（1）物理寻址：用于选择某一总线段上某一特定位置的从设备作为响应者。由于大多数从设备都包含多个寄存器，因此物理寻址常常有辅助寻址，以选择响应者的特定寄存器或某一功能。

（2）逻辑寻址：用于指定存储单元的某一通用区，而并不顾及这些存储单位在设备中的物理分布。某一设备检测到总线上的地址信号，看其是否与分配给它的逻辑地址相符,如果相符,它就成为响应者。物理寻址与逻辑寻址的区别在于前者是选择与位置有关的设备,而后者是选择与位置无关的设备。

(3)广播寻址:广播寻址用于选择多个响应者。命令者把地址信息放在总线上,从设备将总线上的地址信息与其内部的有效地址进行比较,如果相符,则该从设备被连上。能使多个从设备连上的地址称为广播地址。为了确保命令者所选的全部设备都能响应,系统需要有适应这种操作的定时机构。

每一种寻址方法都有其优点和使用范围。逻辑寻址一般用于系统总线,而现场总线则较多地采用物理寻址和广播寻址。不过,现在一些系统总线常常具备上述两种甚至三种寻址方式。

5. 总线仲裁

系统中多个设备或模块同时申请对总线的使用权时,为避免产生总线冲突,需由总线仲裁机构合理地控制和管理系统中需要占用总线的申请者,以一定的优先算法仲裁哪个应获得对总线的使用权。

总线判优控制按照仲裁控制机构的设置可分为集中控制和分散控制两种。集中式总线仲裁的控制逻辑基本集中在一处,需要中央仲裁器决定总线的使用权。分布式仲裁不需要中央仲裁器,每个潜在的主方功能模块都有自己的仲裁号和仲裁器。当它们有总线请求时,把它们唯一的仲裁号发送到共享的仲裁总线上,每个仲裁器将仲裁总线上得到的号与自己的号进行比较。如果仲裁总线上的号大,则它的总线请求不予响应,并撤销它的仲裁号。最后,获胜者的仲裁号保留在仲裁总线上。显然,分布式仲裁是以优先级仲裁策略为基础的。

6. 总线定时

总线操作用"定时"信号同步。定时信号用于指明总线上的数据和地址在什么时候是有效的。大多数总线标准都规定命令者可发起控制信号,用来指定操作的类型,还规定响应者要回送从设备状态响应信号。主设备获得总线控制权以后,就进入总线操作,即进行命令者和响应者之间的信息交换,这种信息可以是地址和数据。定时信号就是用于指明这些信息何时有效,它分为同步和异步两种。

7. 出错检测

信息在总线上传送时会因噪声和串扰而出错,因此在高性能的总线中一般设有出错码产生和校验机构,以实现传送过程的出错检测。传送地址时,奇偶出错会使要连接的设备连接不上。传送数据时如果有奇偶出错,通常是再发一次。也有一些总线由于出错率很低而不设检错机构。

8. 容 错

设备在总线上传送信息出错时,如何减少故障对系统的影响,提高系统的重配置能力是十分重要的。例如,故障对分布式仲裁的影响就比菊花链式仲裁小。后者在设备出故障时，会直接影响它后面设备的工作。总线系统应能支持软件利用一些新技术，如动态重新分配地址，把故障隔离开来，关闭或更换故障单元。

有几种新的总线在其标准中规定了串行总线出故障时如何利用备用路径来代替的条款。这种备用总线在主串行总线正常工作时，可用于传递通信请求信号，并监测主串行总线的工作状态，在主串行总线出现故障时就代替它。

9. 多段总线操作

在一些总线标准中，允许多个段互连，组成段互连总线系统。在这种系统中能实现多段并行操作，进而提高系统的性能。利用这种段总线互连技术，可以组成网络式复杂系统。

六、数据通信的主要性能指标

通信系统的任务是快速、准确地传递信息，因而信息传输的有效性和可靠性是通信系统最主要的性能指标。有效性指通信系统传输消息的"速率"问题，即快慢问题。可靠性指通信系统传输消息的"质量"问题，即好坏问题。

数字通信系统的有效性可用传输速率来衡量，可靠性可用差错率来衡量。

1. 有效性指标

1）数据的传输速率

码元传输速率 R_B 简称"传码率"，又称符号速率等。它表示单位时间内传输码元的数目，单位是波特（Baud），记为 B。例如，若 1 秒内传 2 400 个码元，则传码率为 2 400 B。数字信号有多进制和二进制之分，但码元速率与进制数无关，只与传输的码元长度 T 有关。

信息传输速率 R_b 简称"传信率"，又称比特率。它表示单位时间内传递的平均信息量或比特数，单位是比特/秒，可记为 bit/s，或 b/s。

在讨论信道特性，特别是传输频带宽度时通常采用波特率；在涉及系统实际的数据传送能力时，则使用比特率。

每个码元或符号通常都含有一定比特数的信息量，但码元传输速率和信息传输速率没有确定的关系，是通信时两个不同的特征，只是表示了两个不同的概念而已。码元的速率并不可以表示信息的传输速率。例如，二进制的码元传信率和传码率在数值上是相等的，而四进制的码元有四个电平。一个四进制码元的信息量相当于两个二进制码元的信息量，同样一个八进制的码元含有的信息量相当于三个二进制码元的信息量。即：

$$R_b = R_B \cdot \log_2 N$$

2）频带利用率

频带利用率 η 是指单位频带内的传输速度。比较不同通信系统的有效性时，单看它们的传输速率是不够的，还应看在这样的传输速率下所占的信道的频带宽度。所以，真正衡量数字通信系统传输效率的应当是单位频带内的码元传输速率。数字信号的传输带宽 B 取决于码元速率 R_B，而码元速率和信息速率 R_b 有着确定的关系。为了比较不同系统的传输效率，可定义频带利用率为：

$$\eta = \frac{R_b}{B}$$

3）协议效率

协议效率是衡量通信系统软件有效性的指标之一。协议效率是指所传输的数据包中有效数据位与整个数据包长度的比值。

4）通信效率

通信效率是数据帧的传输时间同用于发送报文的所有时间之比。

2．可靠性指标

衡量数字通信系统可靠性的指标是差错率，常用误码率和误信率表示。在二进制中，两者是相等的。误码率（码元差错率）P_e 是指发生差错的码元数在传输总码元数中所占的比例。更确切地说，误码率是码元在传输系统中被传错的概率，即：

$$P_e = \frac{错误码元数}{传输总码元数}$$

规定计算机通信的误码率要小于 10^{-6}。

【例】 已知某八进制数字通信系统的信息传输速率为 3 000 b/s，在接收端 10 min 内共测得出现 18 个错误码元，试求该系统的误码率。

解：依题意：

$$R_b = 3\ 000\ \text{b/s}$$

则

$$R_B = \frac{R_b}{\log_2 8} = 1\ 000\ (\text{B})$$

$$P_e = \frac{18}{1\ 000 \times 10 \times 60} = 3 \times 10^{-5}$$

第二节　数据编码技术

一、数据通信的标准代码

系统在传送数据的时候，不能直接传送数据的十进制数值、字符或控制字符，而是将这些数据或字符信息用适合传输的代码来传输，之后通过编码把一种组合与一种确定的内容联系起来。

如：2 位 2 进制的四种不同组合 00、01、10、11 可以分别表示断开、闭合、出错、不可用等四种不同的状态。

常见的代码有 BCD 码和 ASCII 码。

BCD 码（Binary-Coded Decimal）亦称二进码十进数或二-十进制代码。用 4 位二进制数来表示 1 位十进制数中的 0~9 这 10 个数码，是一种二进制的数字编码形式，用二进制编码的十进制代码。

字母和各种字符必须按照特定的规则用二进制编码才能在计算机中表示。编码方式可以有很多种，ASCII 码是其中最常见的一种。由美国国家标准局（ANSI）制定的 ASCII 码（American Standard Code for Information Interchange，美国标准信息交换码）是目前计算机中使用最广泛的字符集及编码，它已被国际标准化组织（ISO）定为国际标准，称为 ISO 646 标准。ASCII 码使用指定的 7 位或 8 位二进制数组合来表示 128 或 256 种可能的字符。标准 ASCII 码也叫基础 ASCII 码，使用 7 位二进制数来表示所有的大写和小写字母，数字 0 到 9、标点符号，以及在美式英语中使用的特殊控制字符。

ASCII 码用来在计算机种表示各种字符和字母，而 BCD 码则用来方便的表示十进制数。

二、数据编码的分类

数据编码分为两大类：模拟数据编码和数字数据编码。模拟数据和数字数据都可以编码成模拟信号或数字信号，且编码方案取决于具体的要求和所用的传输媒体及通信设备。根据承载数据时的信号不同，将其分为 4 种具体的编码方式，如图 3.3 所示。

（1）模拟数据的模拟信号编码。

（2）数字数据的数字信号编码。

（3）数字数据的模拟信号编码。

（4）模拟数据的数字信号编码。

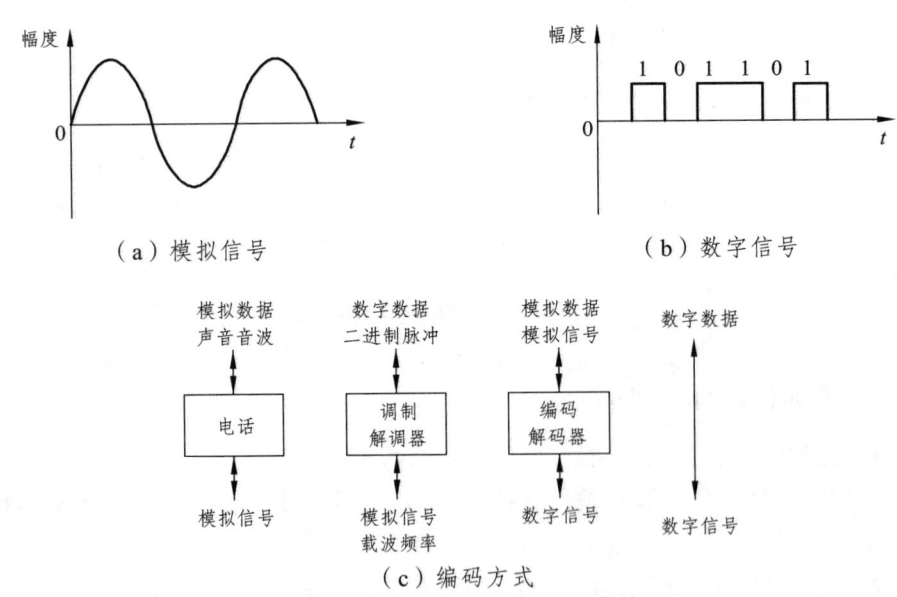

图 3.3 信号形式与编码方式

1. 模拟数据的模拟信号编码

在电话机和本地局交换机之间所传输的信号采用的就是这种编码方式。其工作方式是在模拟声音数据时将数据加载到模拟的载波信号中进行传输。无线语音广播是另一个模拟信号传递模拟数据的例子。调整顺序信号进行模拟调制，有效地传输需要比较高的频率，高频可以获得更高的传输效率，可使用"频分复用技术"。

调制方式可以从振幅、频率、相位三个方面进行调制，如图 3.4 所示。

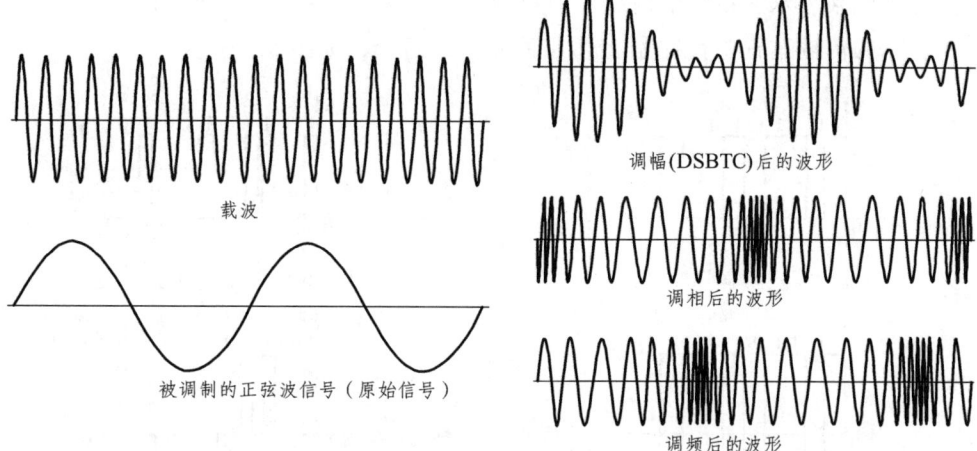

图 3.4　模拟信号调制

2. 数字数据的数字信号编码

计算机网络中使用最普遍的还是数字数据的数字传输（即基带传输）。在传输时，必须先将数字数据进行线路编码再进行传输。信号到了接收端再进行解码，最终还原原有的数据。

数字信号是离散的矩形脉冲序列，每一个脉冲代表一个信号单元，称为码元。对数字数据进行编码，就是用不同电压极性或电平值代表数字信号的"0"和"1"，即用不同的码元形式表示数字信号的"0"和"1"，这样就产生了下面几种基本的数字数据的数字信号脉冲编码方法：单极性和双极性码；归零码和不归零码；差分码和平衡与不平衡码；曼彻斯特码和差分曼彻斯特码等。

1）单极性和双极性码

单极性码是单极性的。逻辑"1"用高电平表示，逻辑"0"用低电平表示，0.5 为判决门限，0.5 以下为"0"码，0.5 以上为"1"码。

双极性码是双极性的。逻辑"1"用高电平表示，逻辑"0"表示负电平，0 为判决门限，0 以上判为"1"码，0 以下判为"0"码。

2）归零码和非归零码

在每一位二进制代码传输之后都返回零电平的编码称为归零码，否则为不归零码

（在整个码元时间内都维持有效电平的编码）。

3）差分码和平衡与不平衡码

用电平是否变化来表示逻辑"1"和"0"的编码称为差分码。如用信号变化代表"1"，不变化代表"0"，按此规定的编码就称为信号差分码。根据初始状态的不同，差分码有两种相反的波形。差分码不能归零。

平衡传输是指不管是"1"还是"0"都被传输，而在非平衡传输中，只有"1"被传输，"0"则来表示在指定的时刻没有脉冲。

在实际的传输过程中往往是上述几种方式的组合，如图3.5所示。

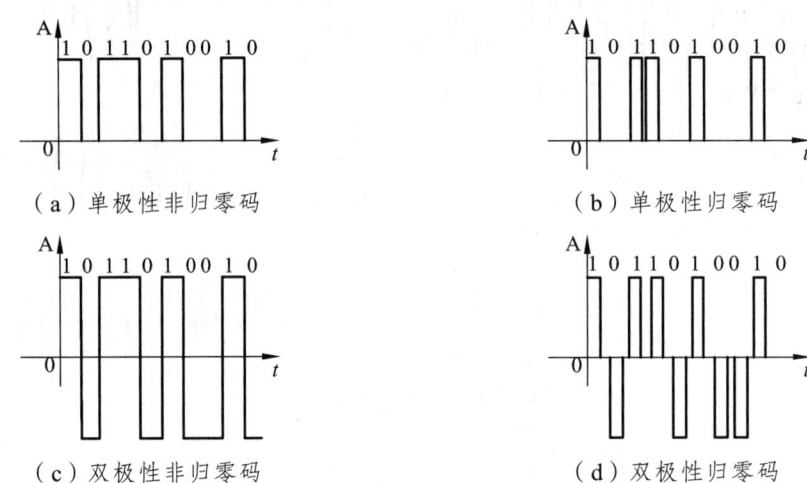

图3.5　单、双极性的归零码和非归零码

4）曼彻斯特码和差分曼彻斯特码

曼彻斯特码（manchester code）是一种用电平跳变来表示1或0的编码。其变化规则很简单，即每个码元均用两个不同相位的电平信号表示（也就是一个周期的方波），但0码和1码的相位正好相反。每个码元的时间间隔的中间时刻都有跳变，由高电位向低电位跳变代表"1"，由低电位向高电位跳变代表"0"。如图3.6所示。

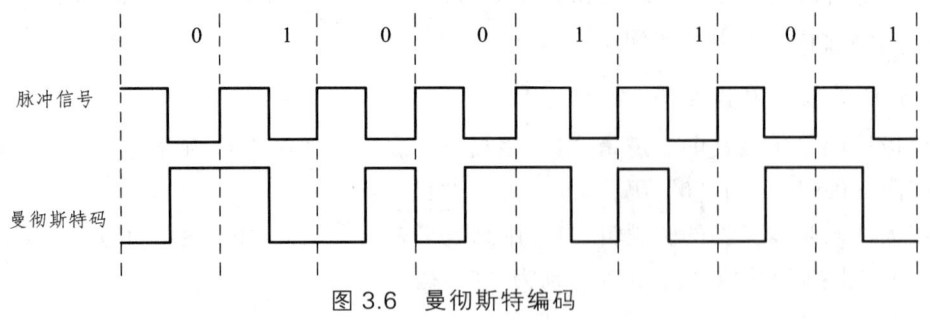

图3.6　曼彻斯特编码

在曼彻斯特码中，跳变既可区分信号的取值，又可提取同步时钟，故称自同步编码，这是目前使用最为广泛的编码方法之一。

差分曼彻斯特码在每个码元的时间间隔的中间时刻都有跳变,在每个码元的时间间隔的开始时刻有跳变表示"0",在每个码元的时间间隔的开始时刻无跳变表示"1"。如图 3.7 所示。

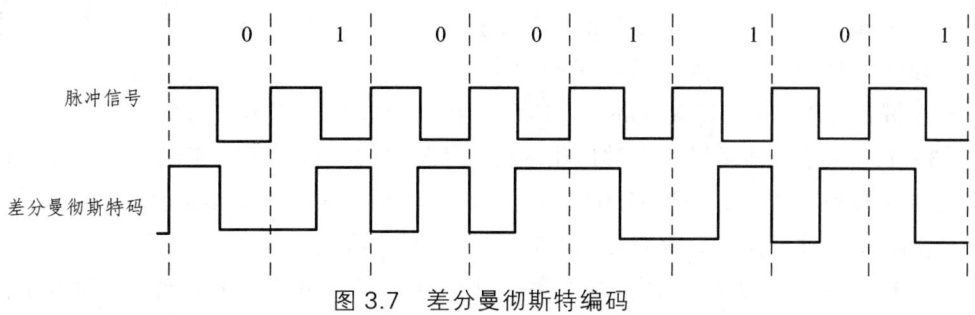

图 3.7　差分曼彻斯特编码

在差分曼彻斯特码中,将每个码元时间间隔的中间时刻的跳变作为同步时钟,并且将每个码元时间间隔的开始时刻有无跳变来区分信号的取值。这种编码方式应用于令牌环网中。

曼彻斯特码和差分曼彻斯特码的比较如图 3.8 所示。

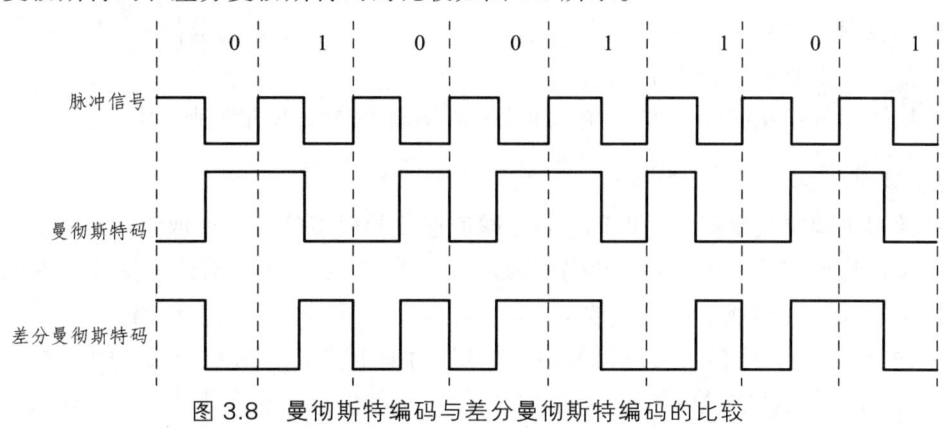

图 3.8　曼彻斯特编码与差分曼彻斯特编码的比较

3. 数字数据的模拟信号编码

模拟数据编码是采用模拟信号来表达数据的 0、1 状态。振幅、频率和相位是描述模拟信号的参数,可以通过调整这三个参数来实现模拟数据编码。振幅键控、频移键控、相移键控是模拟数据的三种编码方法。如图 3.9 所示。

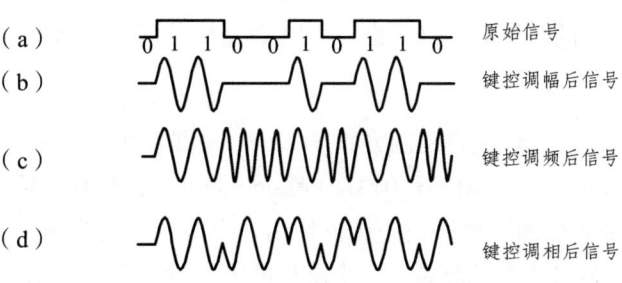

图 3.9　三种模拟数据编码调制后的信号波形

振幅键控（Amplitude Shift Keying，ASK）是载波的振幅随着数字基带信号而变化的数字调制。编码方法比较简单，但是抗干扰弱。

频移键控（Frequency-Shift Keying，FSK）是利用两个不同频率 f_1 和 f_2 的振荡源来代表信号 1 和 0。用数字信号的 1 和 0 去控制两个独立的振荡源交替输出。所以二进制频移键控的信号带宽比较大，且频带利用率小。

相移键控（Phase-Shift Keying，PSK）一种用载波相位表示输入信号信息的调制技术。移相键控分为绝对移相和相对移相两种。以载波的不同相位直接去表达相应二进制数字信号的调制方式，称为绝对相移调制。以二进制调相为例，取码元为"1"时，调制后载波与未调载波同相；取码元为"0"时，调制后载波与未调载波反相；"1"和"0"时调制后载波相位差 180°。利用前后相邻码元的载波相对相位变化传递二进制数字信号的调制方式被称为相对相移调制。他们都是利用载波的相位变化来传递数字信号的调制方式，不同的是绝对相移是以未调制的载波的相位作为参考基准的，而相对相移是以相邻码元的载波相位为参考基准的。

4. 模拟数据的数字信号编码

模拟数据的数字信号编码就是要把连续信号分割成若干个离散信号，再将这些离散信号定量化，用数字信号表示。

模拟数据数据化的编码方法有：脉冲编码调制 PCM；增量调制 ΔM。

1）脉冲调制

脉冲编码调制就是把一个时间连续、取值连续的模拟信号变换成时间离散、取值离散的数字信号后在信道中传输。脉码调制是以采样定理为基础，对连续变化的模拟信号进行周期性采样，实现模拟信号数字化。其步骤为：采样、量化、编码。

采样就是对模拟信号进行周期性扫描，把时间上连续的信号变成时间上离散的信号。该模拟信号经过抽样后还应当包含原信号中所有信息，也就是说能无失真地恢复原模拟信号，并且它的抽样速率的下限是由抽样定理确定的。

量化就是把经过抽样得到的瞬时值将其幅度离散，即用一组规定的电平，把瞬时抽样值用最接近的电平值来表示。一个模拟信号经过抽样量化后，得到已量化的脉冲幅度调制信号，它仅为有限个数值。

编码就是用一组二进制码组来表示每一个有固定电平的量化值。然而，实际上量化是在编码过程中同时完成的，故编码过程也称为模/数变换，可记作 A/D。如图 3.10 所示。

2）增量调制 ΔM

增量调制简称 ΔM 或增量脉码调制方式（DM），它是继 PCM 后出现的又一种模拟信号数字化的方法。1946 年由法国工程师 De Loraine 提出，目的在于简化模拟信号的数字化方法。主要在军事通信和卫星通信中广泛使用，有时也作为高速大规模集成电路中的 A/D 转换器。增量调制的基本思想是用一个阶梯波去逼近一个模拟信号。如图 3.11 所示。

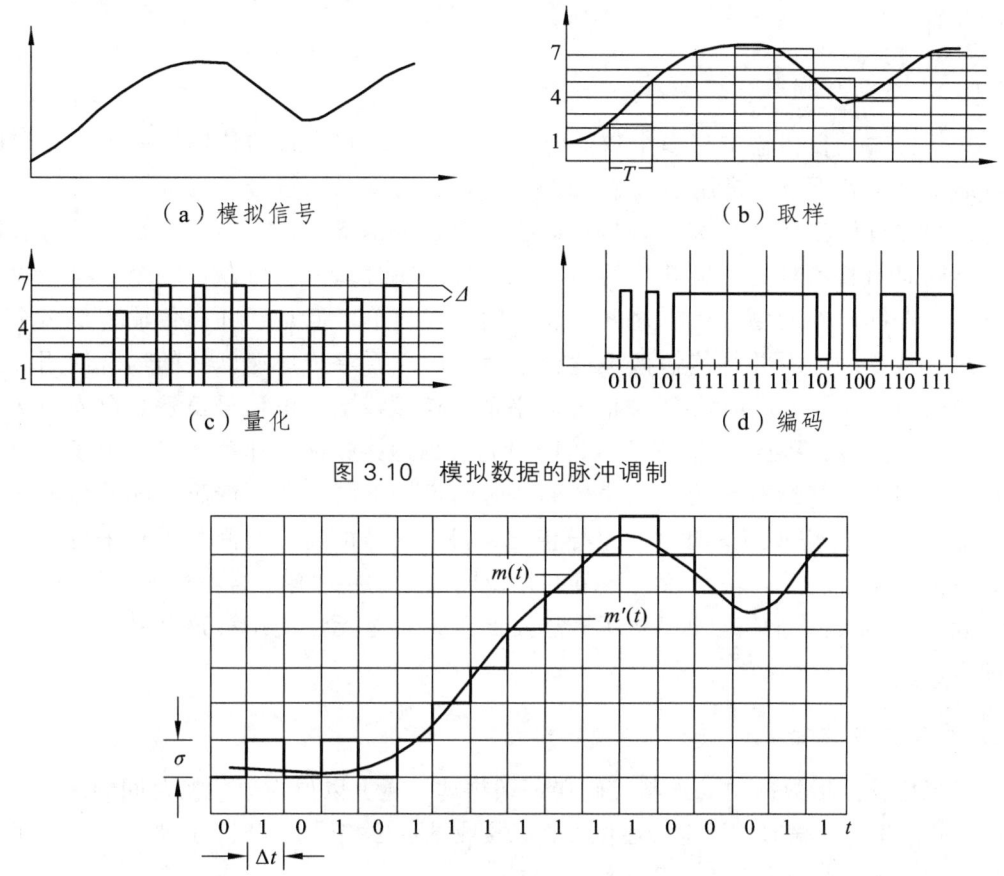

图 3.10 模拟数据的脉冲调制

图 3.11 增量调制原理图

增量调制与脉码调制(PCM)相比,具有以下三个特点:①电路简单,而脉码调制编码器需要较多逻辑电路;②数据率低于 40 kb/s 时,话音质量比脉码调制的好,增量调制一般采用的数据率为 32 kb/s 或 16 kb/s;③抗信道误码性能好,能工作于误码率为 10^{-3} 的信道,而脉码调制要求信道误码率低于 $10^{-6} \sim 10^{-5}$。因此,增量调制适用于军事通信、散射通信和农村电话网等中等质量的通信系统。除此之外,增量调制技术还可应用于图像信号的数字化处理。

第三节 数据的传输方式

数据的传输方式根据不同的分类标准可以做不同的分类。

一、并行传输与串行传输

在数字通信中,按每次传送的数据位数,传输方式可分为:串行通信和并行通信两种。

（一）并行传输

并行传输是在传输中有多个数据位同时在设备之间进行的传输。一个编了码的字符通常是由若干位二进制数表示，如用 ASCII 码编码的符号是由 8 位二进制数表示的，则并行传输 ASCII 编码符号就需要 8 个传输信道，使表示一个符号的所有数据位能同时沿着各自的信道并排的传输。并行传输时，一次可以传一个字符，收发双方不存在同步的问题，而且速度快、控制方式简单。但是，并行传输需要多个物理通道。从原理上看并行传输似乎适合于短距离、要求传输速度快的场合使用。但是传输时，发送器是同时将 8 位信号电平加在信号线上。电信号虽然是以光速传输的，但仍有延迟，因此 8 位信号不是严格同时到达接收端。速率小时，由于每一字节在信号线上的持续时间较长，这种到达时间上的不同步并不严重。随着传输速率的增加，与 8 位信号到达时间的差异相比，每一字节的持续时间显得越来越短，最终导致前一字节的某几位与后一字节的几位同时到达接收端，这就造成了传输失败。而且随着信号线的加长这种现象还会越发严重，直至无法使用，这是并行传输的致命缺点。

（二）串行传输

串行传输是指数据的二进制代码在一条物理信道上以位为单位按时间顺序逐位传输的方式。串行传输时，发送端逐位发送，接收端逐位接受。同时，还要对所接收的字符进行确认。因此收发双方要采取同步措施。

早期的计算机中串行传输相对并行传输而言，其传输速度慢，但只需一条物理信道，线路投资小，易于实现，特别适合远距离传输。随着技术的发展，现在串行通信的优势强于并行通信。计算机上的串口也越来越多，USB 接口就是典型的串口。如图 3.12 所示。

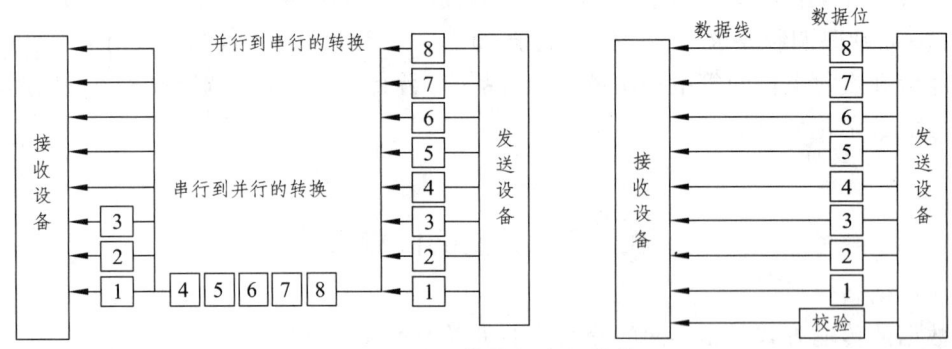

图 3.12　并行传输与串行传输

二、异步传输与同步传输

（一）异步传输（Asynchronous Transmission）

异步传输将比特分成小组进行传送，小组可以是 1 个 8 位的字符或更长。发送方可以在任何时刻发送这些比特组，而接收方并不知道它们会在什么时候到达。一个常见的例子是计算机键盘与主机的通信。按下一个字母键、数字键或特殊字符键，就发送一个 8 比特位的 ASCII 代码。用户利用键盘可以在任何时刻发送代码，并且内部的硬件必须能够在任何时刻接收一个键入的字符。

异步传输存在一个潜在的问题，即接收方并不知道数据会在什么时候到达。在它检测到数据并做出响应之前，第一个比特已经过去了。这就像有人出乎意料地从后面走上来跟你说话，而你没来得及反应过来，导致漏掉了最前面的几个词。因此，每次异步传输的信息都以一个起始位开头，它通知接收方数据已经到达了，这就给了接收方响应、接收和缓存数据比特的时间。在传输结束时，一个停止位表示该次传输信息的终止。按照惯例，空闲（没有传送数据）的线路实际携带着一个代表二进制 1 的信号，异步传输的开始位使信号变成 0，其他的比特位使信号随传输的数据信息而变化。最后，停止位使信号重新变回 1，该信号一直保持到下一个开始位到达。例如在键盘上数字"1"，按照 8 比特位的扩展 ASCII 编码，将发送"00110001"，同时需要在 8 比特位的前面加一个起始位，后面加一个停止位。

异步传输的实现比较容易，由于每个信息都加上了"同步"信息，因此计时的漂移不会产生大的积累，但却产生了较多的开销。在上面的例子，每 8 个比特要多传送 2 个比特，总的传输负载就增加 25%。对于数据传输量很小的低速设备来说问题不大，但对于那些数据传输量很大的高速设备来说，25%的负载增值就相当严重了。因此，异步传输常用于低速设备。

（二）同步传输（Synchronous Transmission）

同步传输的比特分组要大得多。它不是独立地发送每个字符，每个字符都有自己的开始位和停止位，而是把它们组合起来一起发送。我们将这些组合称为数据帧，或简称为帧。

数据帧的第一部分包含一组同步字符。它是一个独特的比特组合，类似于前面提到的起始位，用于通知接收方第一个帧已经到达，并且它同时还能确保接收方的采样速度和比特的到达速度保持一致，使收发双方进入同步。帧的最后一部分是一个帧结束标记。与同步字符一样，它也是一个独特的比特串，类似于前面提到的停止位，用于表示在下一帧开始之前没有别的即将到达的数据了。

同步传输通常要比异步传输快速得多。接收方不必对每个字符进行开始和停止的操作。一旦检测到帧同步字符，它就在接下来的数据到达时接收它们。另外，同步传输的开销也比较少。例如，一个典型的帧可能有 500 字节（即 4 000 比特）的数据，其中可能只包含 100 比特的开销。这时，增加的比特位使传输的比特总数增加 2.5%，这与异步传输中 25%的增值相比要小得多。随着数据帧中实际数据比特位的增加，开销比特所占的百分比将相应地减少。但是，数据比特位越长，缓存数据所需要的缓冲区也越大，这就限制了一个帧的大小。另外,帧越大,它占据传输媒体的连续时间也越长。在极端的情况下,这将导致其他用户等待时间过久。同步传输方式中发送方和接收方的时钟是统一的,字符与字符间的传输是同步无间隔的。异步传输方式并不要求发送方和接收方的时钟完全一样,字符与字符间的传输是异步的。

同步与异步传输的区别如图 3.13 所示。

(1)异步传输是面向字符的传输,而同步传输是面向比特的传输。

(2)异步传输的单位是字符而同步传输的单位是帧。

(3)异步传输通过字符起止的开始和停止码抓住再同步的机会,而同步传输则是以数据中抽取同步信息。

(4)异步传输对时序的要求较低,同步传输往往通过特定的时钟线路协调时序。

(5)异步传输相对于同步传输效率较低。

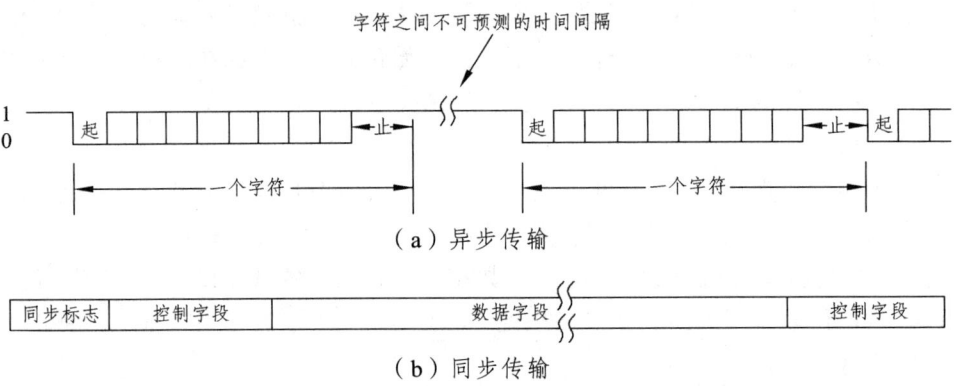

图 3.13 异步传输与同步传输

三、信道通信的工作方式

按照信号传送方向与时间的关系,数据通信可以分为三种类型:单工通信、半双工通信与全双工通信,如图 3.14 所示。

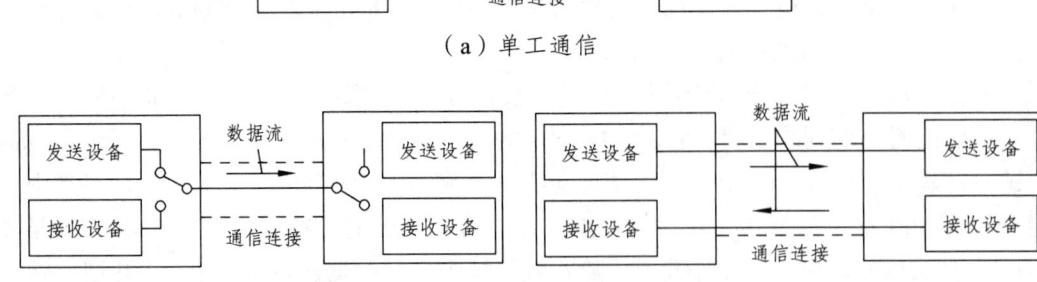

图 3.14 单工通信、半双工通信与全双工通信

单工通信是指消息只能单方向传输的工作方式。例如遥控、遥测，就是单工通信方式。

单工通信信道是单向信道，发送端和接收端的身份是固定的。发送端只能发送信息，不能接收信息。接收端只能接收信息，不能发送信息，数据信号仅从一端传送到另一端，即信息流是单方向的。

半双工通信可以实现双向的通信，但不能在两个方向上同时进行，必须轮流交替地进行。也就是说，通信信道的每一段都可以是发送端，也可以是接收端。但同一时刻里，信息只能有一个传输方向。日常生活中的例子有步话机通信、对讲机等。

全双工通信允许数据在两个方向上同时传输，它在能力上相当于两个单工通信方式的结合。全双工是在微处理器与外围设备之间采用发送线和接受线各自独立的方法，可以使数据在两个方向上同时进行传送操作。旨在发送数据的同时也能够接收数据，两者同步进行，就像我们平时打电话一样，说话的同时也能够听到对方的声音。目前的网卡一般都支持全双工通信的方法。

四、基带传输、频带传输与宽带传输

（一）基带传输

在数据通信中，表示计算机二进制的比特序列的数字数据信号是典型的矩形脉冲信号（即基带信号）。矩形脉冲信号的固有频带称作基本频带，简称为基带。在数字通信信道上，直接传送基带信号的方法称为基带传输基带传输是一种最基本的数据传输方式。在发送端，基带传输的数据经过编码器变换变为直接传输的基带信号，例如曼彻斯特编码或差分曼彻斯特编码信号。在接收端由解码器恢复成与发送端相同的矩形脉冲信号。

基带传输是按照数字信号原有的波形（以脉冲形式）在信道上直接传输，它要求信道具有较宽的通频带基带传输原理如图 3.15 所示。基带传输不需要调制、解调，设备花费少，适用于较小范围的数据传输。基带传输时，通常对数字信号进行一定的编码，数据编码常用三种方法：非归零码 NRZ、曼彻斯特编码和差分曼彻斯特编码。后两种编码不含直流分量，但包含时钟脉冲，此便于双方自同步，因此得到了广泛的应用。

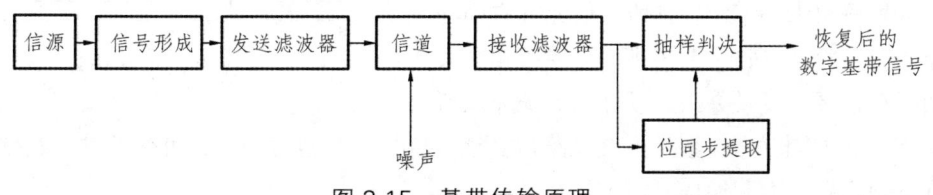

图 3.15 基带传输原理

（二）频带传输

频带传输是一种采用调制、解调技术的传输形式。在发送端采用调制手段，对数字信号进行某种变换，将代表数据的二进制"1"和"0"变换成具有一定频带范围的模拟信号，以适应在模拟信道上传输。在接收端通过解调手段进行相反变换，把模拟的调制信号复原为"1"或"0"。常用的调制方法有：频率调制、振幅调制和相位调制。具有调制、解调功能的装置称为调制解调器，即 Modem。电信号也叫信号，信号的每秒钟变化的次数叫频率，单位赫兹（Hz）。信号的频率有高有低，就像声音有高有低一样。低频到高频的范围叫频带，不同的信号有不同的频带。

（三）宽带传输

宽带（Broadband）传输：将信道分成多个子信道，分别传送音频、视频和数字信号。宽带是比音频带宽更宽的频带，它包括大部分电磁波频谱。使用这种宽频带传输的系统，称为宽带传输系统。宽带传输系统多是模拟信号传输系统。其通过借助频带传输，可以将链路容量分割成两个或更多的信道，每个信道可以携带不同的信号，这就是宽带传输。宽带用来传输模拟信号，数据传输速率范围为 0～400 Mb/s，而通常使用的传输速率是 5～10 Mb/s。它可以容纳全部广播，并可进行高速数据传输。

一般来说，宽带传输与基带传输相比有以下优点：能在一个信道中传输声音、图像和数据信息，使系统具有多种用途；一条宽带信道能划分为多条逻辑基带信道，实现多路复用，因此信道的容量大大增加；宽带传输的距离比基带远，因为基带传输直接传送数字信号，传输的速率越高，能够传输的距离越短。

（四）ATM 异步转移模式

ATM 是一项数据传输技术，是实现 B-ISDN 的业务的核心技术之一。ATM 是以信元为基础的一种分组交换和复用技术，它是一种为了多种业务设计的通用的面向连接的传输模式。它适用于局域网和广域网，它具有高速数据传输率和支持多种类型传输，如声音、数据、传真、实时视频、CD 质量音频和图像的通信。

ATM 是在 LAN 或 WAN 上传送声音、视频图像和数据的宽带技术。它是一项信元中继技术，数据分组大小固定。可将信元想象成一种运输设备，能够把数据块从一个设备经过 ATM 交换设备传送到另一个设备。不像帧中继及局域网系统数据分组大小不定，其所有信元具有同样的大小。信元的组成如图 3.16 所示。使用相同大小的信元可以提供一种方法，预计和保证应用所

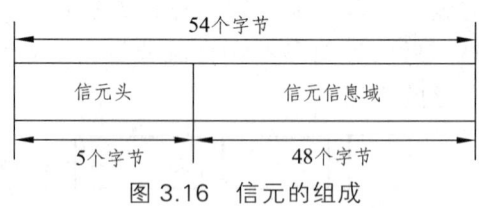

图 3.16 信元的组成

需要的带宽，如同轿车在繁忙的交叉路口必须等待长卡车转弯一样，可变长度的数据分组容易在交换设备处引起通信延迟。

ATM 用作公司主干网时，能够简化网络的管理，消除了许多由于不同的编址方案

和不同的路由选择机制的网络互连所引起的复杂问题。ATM 集线器能够提供集线器上任意两个端口的连接，并且与所连接的设备类型无关。这些设备的地址都被预变换，例如从一个节点到另一个节点发送一个报文很容易，而不必考虑节点所连的网络类型。ATM 管理软件使用户和他们的物理工作站移动地方非常方便。通过 ATM 技术可完成企业总部与各办事处及公司分部的局域网互联，从而实现公司内部数据传送、企业邮件服务、话音服务等功能，并通过上联 INTERNET 实现电子商务等应用。同时由于 ATM 采用统计复用技术，且接入带宽突破原有的 2 M，达到 2～155 M，因此适合高带宽、低延时或高数据突发等应用。

ATM 是多媒体信息传输的较佳支撑技术。其特征：基于信元的分组交换技术；快速交换技术；面向连接的信元交换；预约带宽。其优点包括：吸取电路交换实时性好，分组交换灵活性强；采取定长分组（信元）作为传输和交换的单位；具有优秀的服务质量；目前最高的速度为 10 GB/s，即将达到 40 GB/s。其缺点：信元首部开销太大；技术复杂且价格昂贵。

第四节　多路复用

一、多路复用

我们在收听无线电广播、收看无线电视的时候，多个电台或电视台的信号可以在同一无线空间中传播而互不影响，这是怎么实现的呢？用到了什么技术？为什么要这样做呢？

多路复用技术是把多个低速信道组合成一个高速信道的技术，它可以有效的提高数据链路的利用率，从而使得一条高速的主干链路同时为多条低速的接入链路提供服务，也就是使得网络干线可以同时运载和传输大量的语音和数据。如图 3.17 所示。

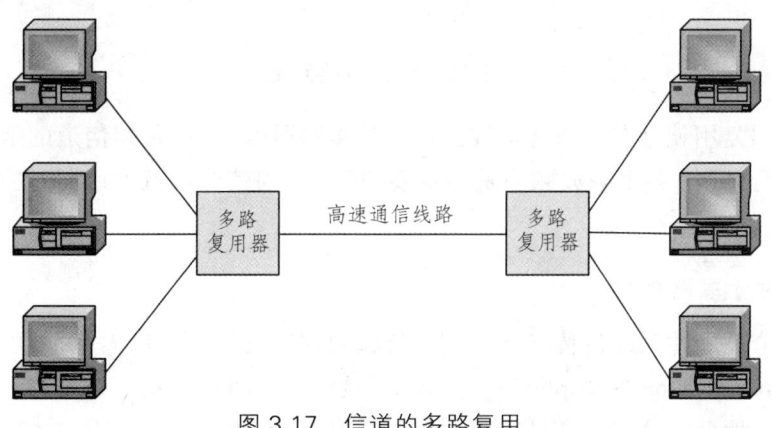

图 3.17　信道的多路复用

为什么要采用多路复用技术？

一是通信工程中用于通信线路架设的费用相当高,需要充分利用通信线路的容量;二是网络中传输介质的传输容量都会超过单一信道传输的通信量,为了充分利用传输介质的带宽,需要在一条物理线路上建立多条通信信道。

实现多路复用的设备称为复用器。多路复用技术可以分为以下几类:

(1)频分复用(Frequency Division Multiplexing,FDM);
(2)时分复用(Time Division Multiplexing,TDM);
(3)波分复用(Wavelength Division Multiplexing,WDM);
(4)码分多址复用(Code Division Multiple Access,CDM)。

(一)频分多路复用

在物理信道的可用带宽超过单个原始信号所需带宽的情况下,可将该物理信道的总带宽分割成若干个与传输单个信号带宽相同(或略宽)的子信道,每个子信道传输一路信号,这就是频分多路复用(Frequency Division Multiplexing,FDM)技术。如图3.18所示。

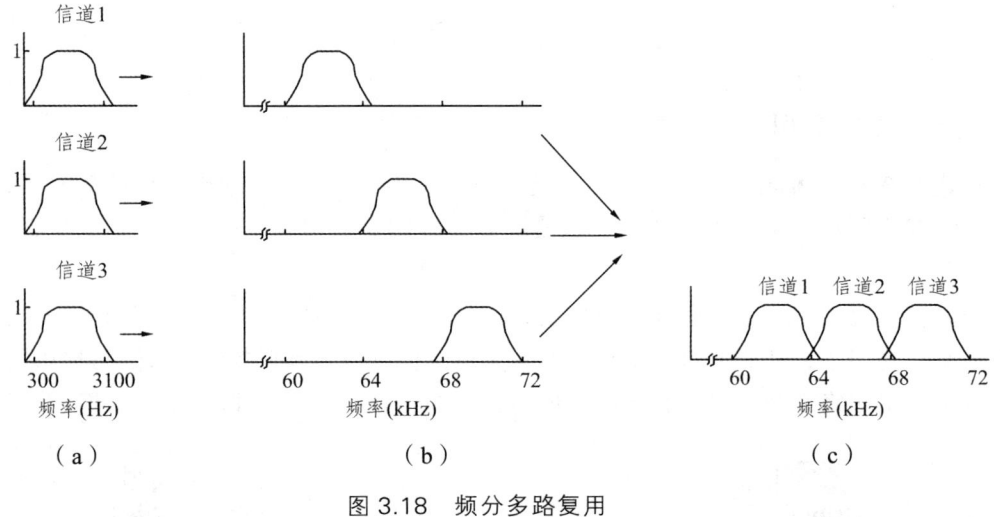

图3.18 频分多路复用

频分多路复用就是在一条通信线路上设计多路通信信道,每路信道的信号以不同的载波频率进行调制,各个载波频率是不重叠的,一条通信线路就可以同时独立地传输多路信号。

(二)时分多路复用

若传输介质能达到的位传输速率超过传输数据所需的数据传输速率,可采用时分多路复用(Time Division Multiplexing,TDM)技术,即将一条物理信道按时间分成若干个时隙,轮流地分配给多个信号使用,每一时隙由一路信号占用如图3.19所示。这样,利用每路信号在时间上的交叉,就可以在一条物理信道上传输多路信号。因数字信号是有限个离散值，所以 TDM 技术广泛应用于包括计算机网络在内的数字通信系统，而模拟通信系统的传输一般采用 FDM 技术。

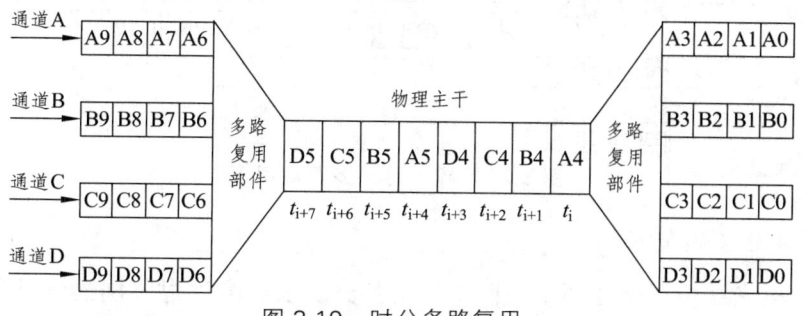

图 3.19　时分多路复用

时分多路复用是将信道用于传输的时间划分为若干个时间片，每个用户分得一个时间片，在每个用户占有的时间片内，用户使用通信信道的全部带宽。

1）同步时分多路复用 STDM

同步时分多路复用（STDM）是按传输信号的时间进行分割的，它使不同的信号在不同的时间内传送，将整个传输时间分为许多固定的时间间隔（Time Slot，TS，又称为时隙），每个时间片固定被一路信号占用。如图 3.20 所示。

2）异步时分多路复用 ATDM

异步时分多路复用（ATDM）技术又被称为统计时分复用技术（Statistical Time Division Multiplexing），它能动态地按需分配时隙，以避免每个时间段中出现空闲时隙，是同步时分多路复用的改进形式。ATDM 就是只有当某一路用户有数据要发送时才把时隙分配给它；当用户暂停发送数据时，则不给它分配时隙。电路的空闲时隙可用于其他用户的数据传输。如图 3.21 所示。

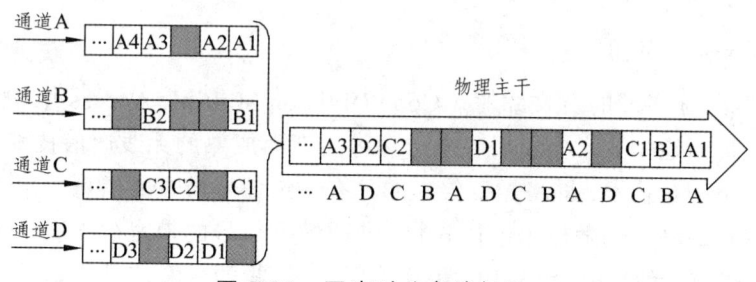

图 3.20　同步时分多路复用

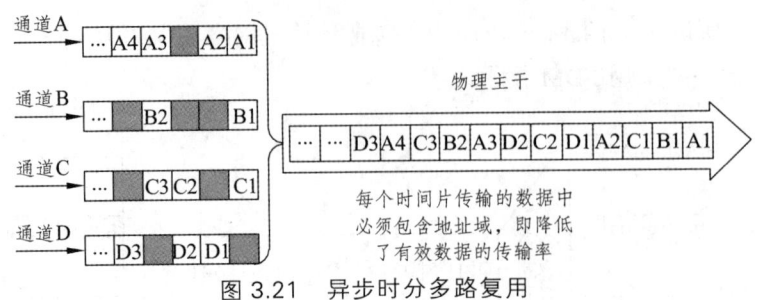

图 3.21　异步时分多路复用

（三）波分多路复用

在同一根光纤中同时让两个或两个以上的光波长信号通过不同光信道各自传输信息，这种方式称为波分多路复用（Wave Division Multiplexing，WDM），如图 3.22 所示。在一根光纤上复用 80 路或更多路的光载波信号称为密集波分复用 DWDM。目前单模光纤的数据传输速率最高可以达到 20 Gb/s。

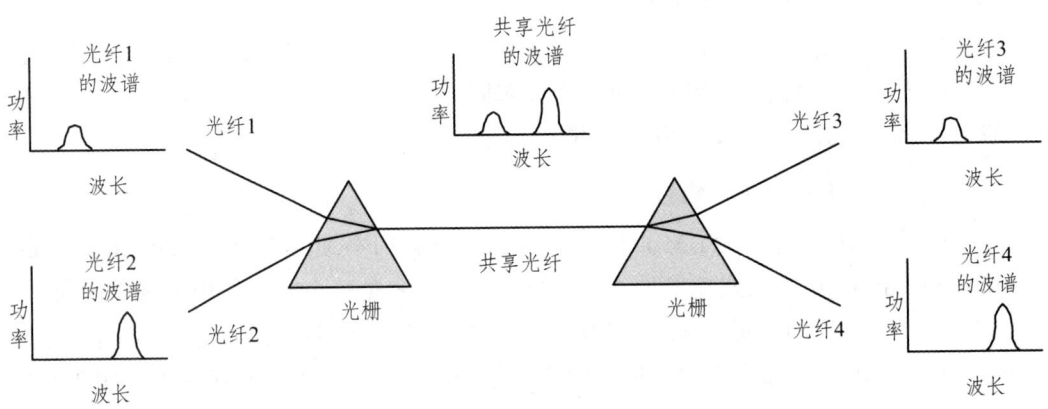

图 3.22　波分多路复用

（四）码分多址复用

CDMA 是码分多址的英文缩写（Code Division Multiple Access），它是在数字技术的分支——扩频通信技术上发展起来的一种崭新而成熟的无线通信技术。CDMA 技术的原理是基于扩频技术，即将需要传送的具有一定信号带宽的信息数据，用一个带宽远大于信号带宽的高速伪随机码进行调制，使原数据信号的带宽被扩展，再经载波调制并发送出去。接收端使用完全相同的伪随机码，与接收的带宽信号作相关处理，把宽带信号换成原信息数据的窄带信号（即解扩），以实现信息通信。

码分多路复用也是一种共享信道的方法，每个用户可在同一时间使用同样的频带进行通信，但使用的是基于码型的分割信道的方法，即每个用户分配一个地址码，各个码型互不重叠，通信各方之间不会相互干扰，抗干扰能力强。码分多路复用技术主要用于无线通信系统，特别是移动通信系统。

二、数据交换

在数据通信系统中,当终端与计算机之间,或者计算机与计算机之间不是直通专线连接,而是要经过通信网的持续过程来建立连接的时候,两端系统之间的传输通路就是通过通信网络中若干节点转接而成的所谓的"交换线路"。在一种任意拓扑的数据通信网络中,通过网络节点的某种转接方式来实现从任一端系统到另一端系统之间接通数据通路的技术,就称为数据交换技术。数据交换技术的分类如图3.23所示。

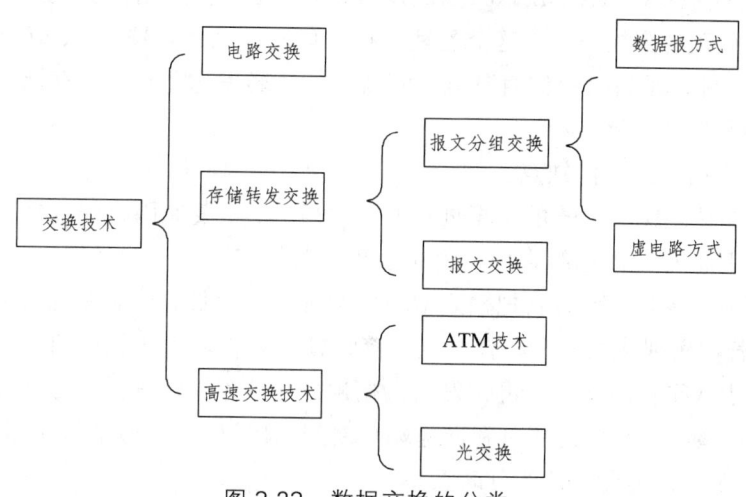

图 3.23 数据交换的分类

(一)电路交换

数据通信中的电路交换方式是指两台计算机或终端在相互通信之前,需预先建立起一条实际的物理链路,在通信中自始至终使用该条链路进行数据信息传输,并且不允许其他计算机或终端同时共享该链路,通信结束后再拆除这条物理链路。

采用电路交换方式,数据通信需经历三个阶段:建立电路(即建立一条实际的物理链路);数据传输;电路拆除。电路交换适合于传输信息量较大、通信对象比较确定的用户。以下介绍电路交换优缺点:

优点:

(1)由于通信线路为通信双方用户专用,数据直达,所以传输数据的时延非常小。通信双方之间的物理通路一旦建立,双方可以随时通信,实时性强。

(2)信息的编码方法和信息格式由通信双方协调,不受网络的限制。电路交换既适用于传输模拟信号,也适用于传输数字信号。

(3)双方通信时按发送顺序传送数据,不存在失序问题。

(4)交换机不会对用户的数据信息进行存储,分析和处理专用户数据信息时不必附加许多控制信息,交换机在处理方面的开销比较小,信息传输效率比较高。

缺点:

(1)电路交换的平均连接建立时间对计算机通信来说太长。

（2）电路交换连接建立后，物理通路被通信双方独占，即使通信线路空闲，也不能供给其他用户使用，因而信道利用率低。

（3）电路交换时数据直达，不同类型、不同规格、不同速率的终端很难相互进行通信，也难以在通信过程中进行差错控制。

（二）存储转发交换方式

存储和转发交换（Store and Forward Switching）是一种数据帧在被转发到适当的端口之前被完全处理的交换技术。这个处理包括计算循环冗余码校验（CRC）和检测目的地地址。另外，帧必须暂时存储直到网络资源可用来转发这条信息。存储转发方式可以分为报文交换和报文分组交换。

存储转发交换方式的优缺点：

缺点：存储转发交换方式的数据处理时延时较大，主要原因是输入输出端都要经过串并转换，而且需存到高速缓存中，整个过程耗时较多。

优点：可靠性很好，因为它把输入端口的数据帧先存储在交换机缓存中，然后进行CRC检查。若检测到该帧出现差错，则丢弃该帧，否则取出该帧的目的地址，通过查找MAC地址表获得输出端口，再转发出数据帧；并且存储转发交换方式还支持不同速度的端口间的转换，方便高速端口和低速端口之间的协议工作；通信控制器有路选功能，可以提高系统效率；实现信道的分时共享。

1）报文交换

报文交换方式的数据传输单位是报文，报文就是站点一次性要发送的数据块，其长度不限且可变，携带有目标地址、源地址等信息。在交换过程中，交换设备将接收到的报文先存储，待信道空闲时再转发给下一节点，一级一级中转，直到目的地为止。这种数据传输技术被称为"存储—转发"。在报文交换方式中是以报文为单位来接收、存储和转发信息的。为了准确地实现转发报文，一份报文应包括 3 个部分：报头或标题——包括发信站地址，终点收信地址和其他辅助控制信息等；报文正文——传输用户信息；报尾——表示报文的结束标志，若报文长度有规定，则可省去此标志。

报文交换的特点：在传送报文时，一个时刻仅占用一段通道，大大提高了线路利用率；报文交换系统可以把一个报文发送到多个目的地；可以建立报文的优先权，优先级高的报文在节点可优先转发；报文大小不一，因此存储管理较为复杂；大报文造成存储转发的延时过长，对存储容量要求较高；出错后整个报文必须全部重发；报文交换不利于实时通信，只适用于传输数字信号，如公众电报和电子信箱业务。

2）报文分组交换

分组交换方式的原理：分组交换是吸取报文交换的优点，而仍然采用"存储—转发"的方式，但不像报文交换那样以报文为单位交换，而是把报文截成若干比较短的，规格化了的"分组（或称包）"进行交换和传输。由于分组长度较短，具有统一的格式，便于在交换机中存储和处理，"分组"进入交换机后只在主存储器中停留很短的时间，进行排队和处理，一旦确定了新的路由，就很快输出到下一个交换机或用户终端。

分组交换的工作原理如图 3.24 所示。

分组结构：分组是由分组头和其后的用户数据部分组成的。分组头包含接收地址和控制信息，其长度为 3～10 个字节(1 个字节为 8 比特)。用户数据部分长度一般是固定的，平均为 128 字节，最大不超过 256 字节。

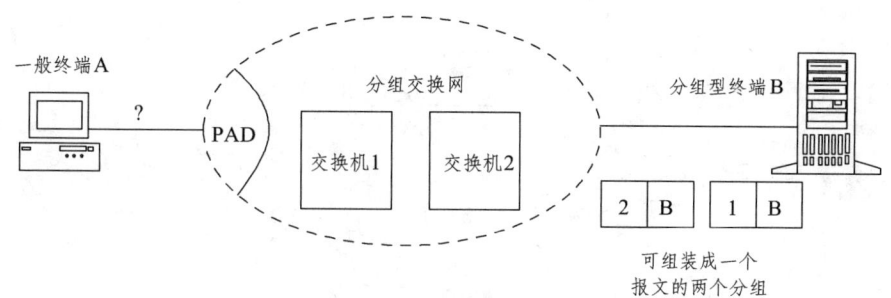

图 3.24 分组交换的工作原理
非分组型终端—只能发送报文；分组型终端—可以自己将报文拆分成分组；
PAD 分组拆分装置—输入报文→输出分组，输入分组→输出报文

分组交换的优点：

（1）加速了数据在网络中的传输。因为分组是逐个传输，可以使后一个分组的存储操作与前一个分组的转发操作并行，这种流水线式的传输方式减少了报文的传输时间。此外，传输一个分组所需的缓冲区比传输一份报文所需的缓冲区小得多，这样因缓冲区不足而等待发送的机率及等待的时间也必然少得多。

（2）简化了存储管理。因为分组的长度固定，相应的缓冲区的大小也固定，在交换结点中存储器的管理通常被简化为对缓冲区的管理，相对比较容易。

（3）减少了出错概率和重发数据量。因为分组较短，其出错概率必然减少，每次重发的数据量也就大大减少，这样不仅提高了可靠性，也减少了传输时延。

（4）由于分组短小，更适用于采用优先级策略，便于及时传送一些紧急数据，因此对于计算机之间的突发式的数据通信，分组交换显然更为合适些。

分组交换的缺点：

（1）尽管分组交换比报文交换的传输时延少，但仍存在存储转发时延，而且其结点交换机必须具有更强的处理能力。

（2）分组交换与报文交换一样，每个分组都要加上源地址、目的地址和分组编号等信息，使传送的信息量增大 5%～10%，一定程度上降低了通信效率，增加了处理的时间，使控制复杂，时延增加。

（3）当分组交换采用数据报服务时，可能出现失序、丢失或重复分组的情况，分组到达目的结点时，要对分组按编号进行排序等工作，增加了麻烦。若采用虚电路服务，

虽无失序问题,但有呼叫建立、数据传输和虚电路释放三个过程。

分组交换可细分为数据报和虚电路两种,如图 3.25 和图 3.26 所示。在数据报方式中,分组被独立地对待,每一个分组都包含终点地址信息,彼此之间相互独立地寻找路径,同一份报文的不同分组可能沿着不同的路径到达终点。虚电路方式就是指通信终端在收发数据之前,先在网络中建立一条逻辑连接,在通信过程中,用户数据按照顺序沿着该逻辑连接到达终点。注意虚电路指的是一条逻辑连接,而不是指一条专门的物理通路。同一条线路可能同时被多条虚电路使用。

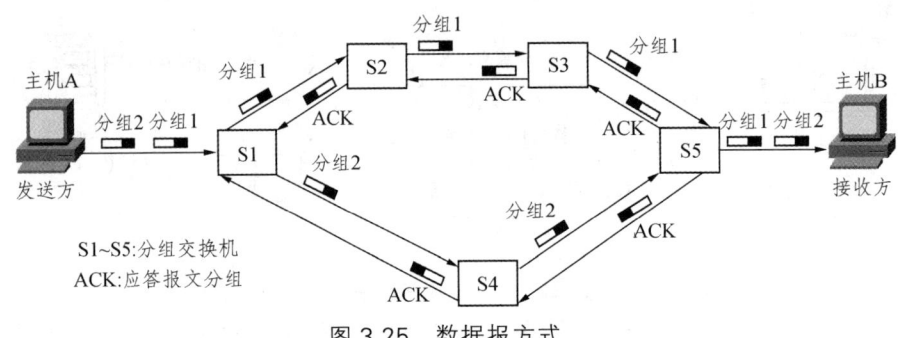

图 3.25　数据报方式

S1～S5—分组交换机;ACK—应答报文分组

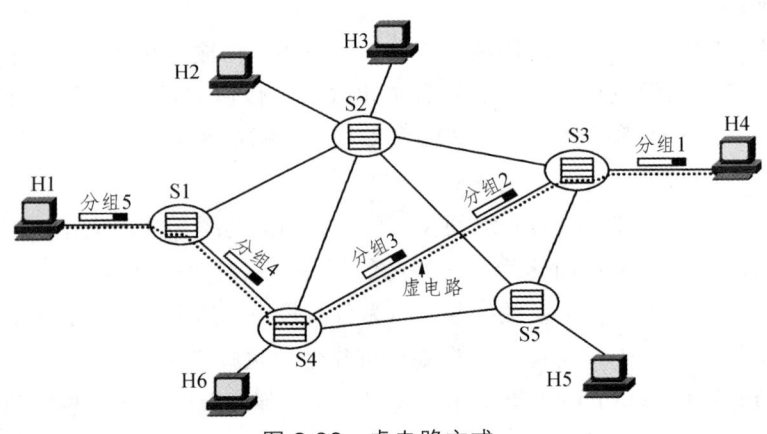

图 3.26　虚电路方式

(三) 电路交换、报文交换、报文分组三种交换方式的比较

电路交换、报文交换、报文分组交换三种交换方式的原理比较如图 3.27 所示。

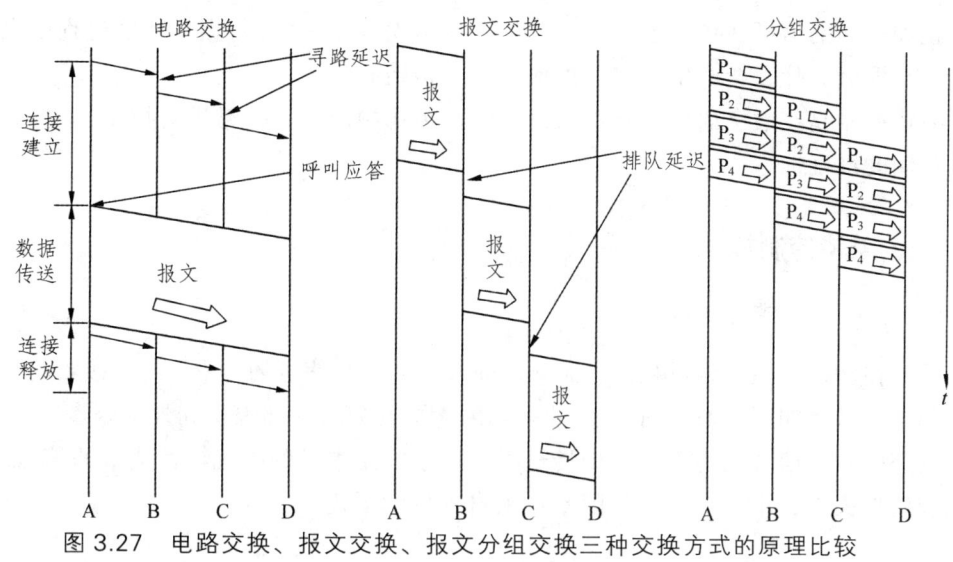

图 3.27　电路交换、报文交换、报文分组交换三种交换方式的原理比较

不同的交换方式适用于不同的应用场合：电路交换方式适合于高负荷的持续通信要求，尤其是会话式通信与语音、图像通信，不适合突发性通信；报文交换方式适合于长报文、无实时通信要求的通信，不适合会话式通信；数据报方式适合于灵活的突发性短报文通信，不适合会话式和有实时通信要求的通信；虚电路方式既适合定时、定对象、长报文通信，也适合会话式通信和语音、动态图像和图形通信的要求。

（四）高速交换技术

高速交换技术有 ATM 技术和光交换技术两种。

ATM（Asynchronous Transfer Mode）技术，顾名思义就是异步传输模式，它是一种新的传输与交换技术。异步转移模式的特征是信息的传输、复用和交换都以信元为基本单位。

光交换也是一种光纤通信技术，是指不经过任何光/电转换，将输入端光信号直接交换到任意的光输出端。光交换是全光网络的关键技术之一。光交换技术的最终发展趋势将是光控制下的全光交换，并与光传输技术完美结合，即数据从源节点到目的节点的传输过程都在光域内进行。全光网可以克服电子交换在容量上的瓶颈限制；可以大量节省建网成本；可以大大提高网络的灵活性和可靠性。光交换技术也可以分为光路交换和分组交换。由于技术上的原因，目前还主要是开发光路交换，但今后发展方向将是分组光交换。目前市场上看到的光交换，多数是基于光电和光机械的，而基于热学、液晶、声学、微光机电技术等光交换机将逐步被研发出来。其中微光机电技术（MEMS）是目前最有前途的一项技术。

第五节　差错控制技术

正如邮局的信件在传送过程中会产生一些错误投递一样，数据在传输过程中也会产生差错。那么为什么会产生差错？如何进行差错控制？

差错控制是在数字通信中利用编码方法对传输中产生的差错进行控制，以提高数字消息传输的准确性。

一、差错控制概述

（一）产生差错的原因

信号在物理信道传输过程中，由于各种因素会引起信号的失真，使得接收的信息与发送的不一致。如图 3.28 所示。这种影响因素主要分为内部因素和外部因素。

内部因素：信号在物理信道中传送时，由于线路本身的电气特性造成的信号衰减、延迟和波形失真，串扰等；外部因素：来自外界的干扰。

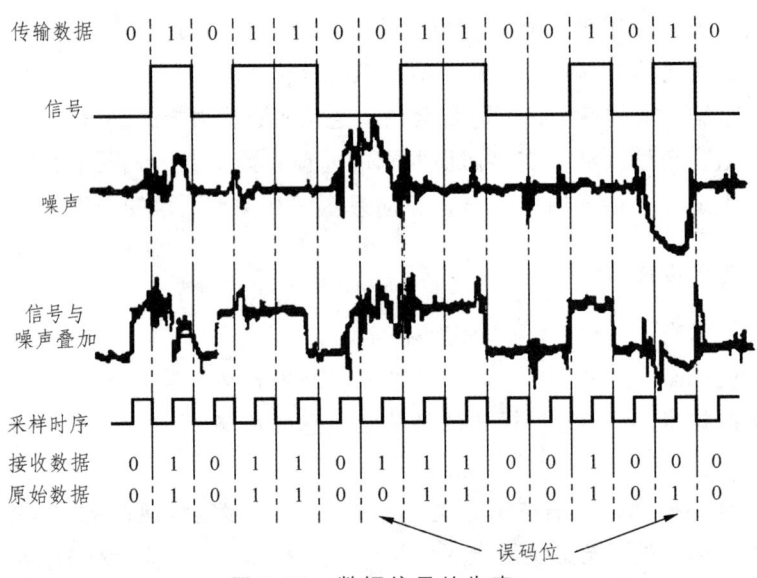

图 3.28　数据信号的失真

（二）差错控制的思想

在数字通信中，根据不同的目的，编码可分为信源编码和信道编码。信源编码是为了提高数字通信的有效性以及使模拟信号数字化而采取的编码技术。信道编码是为了降低误码率，提高数字通信的可靠性而采取的编码。

信源编码：主要是利用信源的统计特性，解决信源的相关性，去掉信源冗余信息，从而达到压缩信源输出的信息率，提高系统有效性的目的。第三代移动通信中的信源编码包括语音压缩编码、各类图像压缩编码及多媒体数据压缩编码。

信道编码：为了保证通信系统的传输可靠性，克服信道中的噪声和干扰。它根据一定的（监督）规律在待发送的信息码元中（人为地）加入一些必要的（监督）码元，在接收端利用这些监督码元与信息码元之间的监督规律，发现和纠正差错，以提高信息码元传输的可靠性。信道编码的目的是试图以最少的监督码元为代价，以最大限度地提高码无传输的可靠性。

差错控制的核心是抗干扰编码，也就是信道编码。在发送端被传送的信息码序列的基础上，按照一定的规则加入若干"监督码元"后进行传输，这些加入的码元与原来的信息码序列之间存在着某种确定的约束关系。在接收数据时，检验信息码元与监督码元之间的既定的约束关系，如该关系遭到破坏，则在接收端可以发现传输中的错误，从而纠正错误。

（三）差错控制编码分类

差错控制编码可分为检错码和纠错码两类。

（1）检错码。检错码是能够自动发现错误的编码，如奇偶校验码、循环冗余校验码。检错码比较简单，但是不能自动纠正错误，实时性不强。

（2）纠错码。纠错码是能够发现错误且又能自动纠正错误的编码，如海明码、卷积码。纠错码实时性强，但是比较复杂。

如果发出一个通知："明天 14：00~16：00 开会"，但在通知过程中由于某种原因产生了错误，变成"明天 10：00~16：00 开会"。别人收到这个错误通知后由于无法判断其正确与否，就会按这个错误时间去行动。为了使接收者能判断正误，可以在所发通知的内容中增加"下午"两个字，即改为："明天下午 14：00~16：00 开会"，这时，如果仍错为："明天下午 10：00~16：00 开会"，则收到此通知后根据"下午"两字即可判断出其中"10：00"发生了错误。但仍不能纠正其错误，因为无法判断"10：00"错在何处，即无法判断原来到底是几点钟。这时收者可以告诉发端再发一次通知，这就是检错重发。为了实现不但能判断正误(检错)，同时还能改正错误（纠错）的目的，可以把发的通知内容再增加"两个小时"四个字，即改为："明天下午 14：00~16：00 两个小时开会"。这样，如果其中"14：00"错为"10：00"，不但能判断出错误，同时还能纠正错误，因为其中增加的"两个小时"四个字可以判断出正确的时间为"14：00~16：00"。

二、差错控制方式

利用差错控制编码来控制传输系统传输差错的方法称为差错控制。按照差错编码结构的不同和利用差错编码控制差错的方法不同形成了不同的差错控制方式。

常用的差错控制方式有：自动请求重发 ARQ（Automatic Repeat Request）；前向纠错 FEC（Forward Error Correction）；混合纠错 HEC（Hybrid Error Correction）；信息反馈 IRQ（Information Repeat Request）。

（一）自动请求重发 ARQ

体制是 ARQ（Automatic Repeat Request）发方将检错码与数据一起发送，收方依据检错码进行差错检测，有错则重发，直到接收方正确接收到信息为止。这种方式使接收方能发现出了错，但不知错在何处。其工作过程如图 3.29 所示。

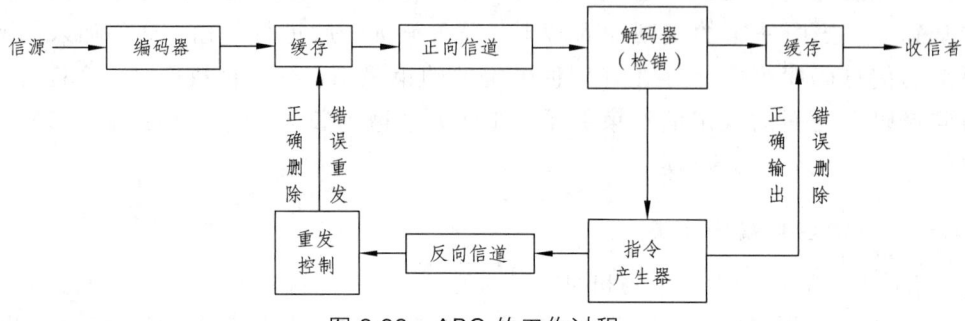

图 3.29　ARQ 的工作过程

ARQ 的主要优点：监督码元较少即能使误码率降到很低，即码率较高；检错的计算复杂度较低；检错用的编码方法和加性干扰的统计特性基本无关，能适应不同特性的信道。

ARQ 的主要缺点：需要双向信道来重发，不能用于单向信道；不能用于一点到多点的通信系统，因为重发而使 ARQ 系统的传输效率降低；在信道干扰严重时，可能发生因不断反复重发而造成事实上的通信中断；在要求实时通信的场合，例如电话通信，往往不允许使用 ARQ 法。

ARQ 又可以分为停等 ARQ、连续 ARQ、选择重发 ARQ，介绍如下：

1）停等 ARQ

数据按分组发送。每发送一组数据后发送端等待接收端的确认（ACK）答复，然后再发送下一组数据。如图 3.30 所示的第 3 组接收数据有误，接收端发回一个否认（NAK）答复。这时，发送端将重发第 3 组数据。系统是工作在半双工状态，时间没有得到充分利用，传输效率较低。

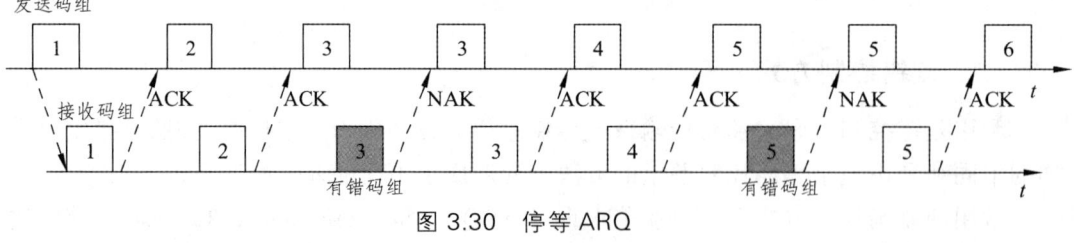

图 3.30　停等 ARQ

2）连续 ARQ

发送端连续发送数据组，接收端对于每个接收到的数据组都发回确认（ACK）或否认（NAK）答复。例如，如图 3.31 所示第 5 组接收数据有误，则在发送端收到第 5 组接收的否认答复后，从第 5 组开始重发数据组。在这种系统中需要对发送的数据组和答复进行编号，以便识别。显然，这种系统需要双工信道。

图 3.31　连续 ARQ

3）选择重发 ARQ

选择重发 ARQ 它只重发出错的数据组，因此进一步提高了传输效率，如图 3.32 所示。

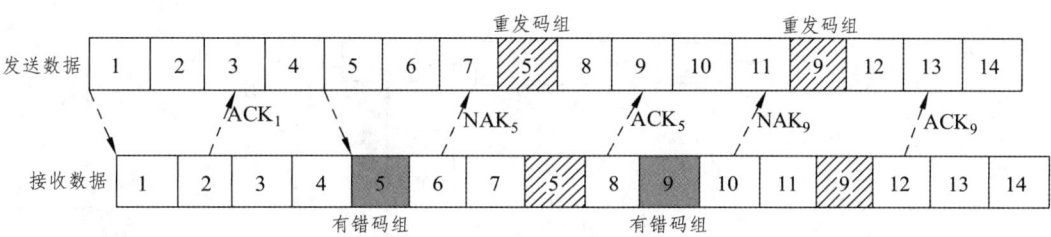

图 3.32　选择重发 ARQ

（二）前向纠错 FEC

前向纠错：发方将纠错码随数据一起发送，收方依据纠错码检验并纠正错误。发送端将信息序列编码成能够纠正错误的码，接收端根据编码规则进行检查，如果有错自动纠正。其工作过程如图 3.33 所示。

图 3.33　前向纠错 FEC 的工作过程

前向纠错 FEC 优点：不要反向信道，实时性好，适用于随机信道，可用于单工和广播通信中。例如。移动蜂窝电话系统。

前向纠错 FEC 缺点：纠错码需要较大的冗余度，降低了传输效率，编码难度大；控制规程简单，译码设备复杂；纠错码应与信道特性相配合，对信道的适应性差。

（三）混合纠错 HEC

将 ARQ 与 FEC 结合起来,发方发送同时具有检错和纠错能力的编码,收方收到后,检查错误情况,如果错误小于自己的纠错能力就纠正;如果错误超出自己的纠错能力,就经反向信道要求发方重发。其工作过程如图 3.34 所示。

特点:降低了 FEC 的复杂性;改善了 ARQ 信息连贯性差,通信效率低等特点;可以极大地降低误码率,广泛应用于卫星通信。

图 3.34 混合纠错 HEC 的工作过程

(四)信息反馈 IRQ

这是一种全回执式最简单差错控制方式,接收端将收到的信码原样转发回发送端,并与原发送信码相比较,若发现错误,则发送端再进行重发。该方式只适于低速非实时数据通信,是一种较原始的做法,虽不用差错控制编码,但效率较低。其工作过程如图 3.35 所示。

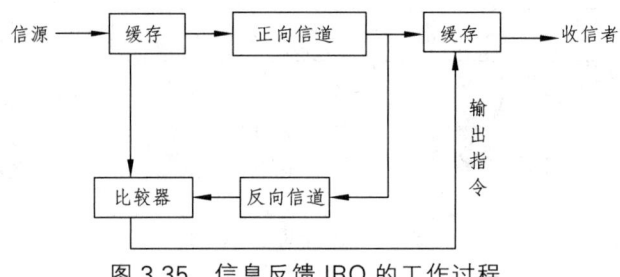

图 3.35 信息反馈 IRQ 的工作过程

三、常用的差错控制编码方法

(一)奇偶校验码

奇偶校验码是一种最常见的检错码。在传输 ASCII 字符时,每个 ASCII 字符用 7 位表示,最后加上一个奇偶校验位,以便检测差错。在奇校验中,要在每一个字符上增加一个附加位,使得该字符中"1"的个数为奇数,接收方接收的数据中 1 的个数是奇数时,就认为传输正确,否则就认为传输错误。奇偶校验方法非常简单,但并不十分可靠,所以奇偶校验一般只用于通信要求较低的环境。通常偶校验用于异步传输或低速传输,奇校验用于同步传输。

水平奇偶校验:在信息字段后加校验位使得该串信息位中 1 的总数为奇数(奇校验)或为偶数(偶校验)的方法。

信息字段 奇校验码 偶校验码
0110001 01100010 01100011

将经过奇偶校验编码的码元序列按行排成方阵,每行为一组奇偶校验码,但发送时则按列的顺序传输,接收端仍将码元排成发送时方阵形式,然后按行进行奇偶校验。在一列中不管出现几个误码,对应在每行都是一个误码位,就可以被检测出来。但对于每行,仍只能检测出序列含有奇数个错误。

【例】 数据序列 1101 1010 1110 1001…(设每4位码元为一组)

$$
\begin{array}{cccc|c}
1 & 1 & 0 & 1 & 1 \\
1 & 0 & 1 & 0 & 0 \\
1 & 1 & 1 & 0 & 1 \\
1 & 0 & 0 & 1 & 0 \\
\end{array}
$$

偶校验:发送的数据序列为:11111010011010011010…

水平奇偶校验的特点:

(1)校验字段在信息字段后,仅占1比特。
(2)可发现某一行上所有奇数个错误。
(3)能检测出所有长度不大于方阵中行数的突发错误。
(4)仅能测出奇数个错,但无法指出出错位。

通常在异步方式中用偶校验,同步方式中用奇校验。

$$编码效率 = Q/(Q+1)$$

式中,Q 为信息倍数。

垂直奇偶校验的校验码在每一列的最后一位,原理和水平奇偶校验码是一样的。

(二)二维奇偶校验

在水平校验的基础上实施垂直校验;也可以称为方阵校验或矩阵码校验。

$$编码效率 = PQ/[(1+P)(1+Q)]$$

【例】 数据序列 1100 1010 1110 1001……(设每4位码元为一组)

$$
\begin{array}{ccccc|l}
1 & 1 & 0 & 0 & 0 & \text{(以偶校验为例)} \\
1 & 0 & 1 & 0 & 0 & \\
1 & 1 & 1 & 0 & 1 & \\
1 & 0 & 0 & 1 & 0 & \\
\mathbf{0} & \mathbf{0} & \mathbf{0} & \mathbf{1} & \mathbf{1} & \text{校验码} \\
\end{array}
$$

校验码

发送的数据序列为(按列的顺序传输):11110101000110000011000101……

二维奇偶校验的检错纠错能力:可发现某行或某列上奇数个错误;能检测出所有长度不大于方阵中行数(或列数)的突发错误;能检测出偶数个错误,但若偶数个错误恰好分布在矩阵的四个顶点上时,这样的偶数个错误是检测不出来的;可以纠正一些错误,当某行某列均不满足监督关系而判定该行该列交叉位置的码元有错,从而纠正这一位上的错误。

(三)循环冗余校验码

循环冗余校验码 CRC(Cyclic Redundancy Check),是一种应用广泛的检错码,又称为多项式编码。在串行数据传输中,广泛采用循环冗余校验码(CRC)。CRC 也是给信息码加上几位校验码,以增加整个编码系统的码距和查错纠错能力。

1)CRC 的相关概念

循环冗余校验码(CRC)的基本方法:在 K 位信息码后再拼接 R 位的校验码,整个编码长度为 N 位,因此这种编码又叫(N, K)码。对于一个给定的(N, K)码,可以证明存在一个最高次幂为 $N - K = R$ 的多项式 $G(x)$,根据它可以生成 R 位的校验码,称 $G(x)$ 为 CRC 码的生成多项式。

2)多项式与二进制数码

多项式和二进制码有直接对应的关系:x 的最高幂次对应二进制码的最高位,以下各位对应多项式的各幂次,有此幂次项对应 1,无此幂次项对应 0。可以看出:x 的最高幂次为 R,转换成对应的二进制数有 $R + 1$ 位。如生成多项式为 $G(x) = x^4 + x^3 + x + 1$,可转换为二进制数码 11011。同理,信息码也可以表示为信息多项式 $C(x)$。例如,发送信息位 1111,可转换为数据多项式为 $C(x) = x^3 + x^2 + x + 1$。接受方和发送方事先约定好生成多项式,同样转换为二进制数,并在整个传输过程中,这个数始终保持不变。在发送方,利用生成多项式对信息多项式做模 2 除生成校验码。在接收方利用生成多项式对收到的编码多项式做模 2 除检测和确定错误位置。如表 3.1 所示。

3)生成的多项式应满足的条件

生成多项式的最高位和最低位必须为 1。当被传送信息(CRC 码)任何一位发生错误时,被生成多项式做模 2 除后余数必不为 0。不同位发生错误时,余数必不同。对余数继续做模 2 除,并且余数应循环。

表 3.1 常用的生成多项式

N	K	码距 d	生成多项式 $G(x)$	$G(x)$ 码
7	4	3	$x^3 + x + 1$	1011
7	4	3	$x^3 + x^2 + 1$	1101
7	3	4	$x^4 + x^3 + x^2 + 1$	11101
7	3	4	$x^4 + x^2 + x + 1$	10111
15	11	3	$x^4 + x + 1$	10011
15	7	5	$x^8 + x^7 + x^6 + x^4 + 1$	111010001
31	26	3	$x^5 + x^2 + 1$	100101
31	21	5	$x^{10} + x^9 + x^8 + x^6 + x^5 + x^3 + 1$	11101101001

63	57	3	x^6+x+1	1000011
63	51	5	$x^{12}+x^{10}+x^5+x^4+x^2+1$	1010000110101
1041	1024		$x^{16}+x^{15}+x^2+1$	11000000000000101

4）模 2 运算

模 2 运算简单地说就是取余数，二进制代码除以 2 后取余数，余数就只有 0 或 1。

模 2 加：$0+0=0$；$0+1=1$；$1+0=1$；$1+1=0$（无进位和借位）。相当于数字电子中的异或运算。

模 2 减：$0-0=0$；$0-1=1$；$1-0=1$；$1-1=0$（无进位，借位）。

模 2 乘：模 2 乘和 10 进制一样，只是相加时用模 2 加而已。

比如，1011×101：

```
      1011
　×　  101
   ───────
      1011
     0000
    1011
   ───────
    100111
```

模 2 除：模 2 除做法与算术除法类似，但每一位除（减）的结果不影响其他位，即不向上一位借位，所以实际上就是异或。然后再移位做下一位的模 2 减。步骤如下：① 用除数对被除数最高几位做模 2 减，没有借位；② 除数右移一位，若余数最高位为 1，商为 1，则对余数做模 2 减。若余数最高位为 0，商为 0，除数继续右移一位；③ 一直做到余数的位数小于除数时，该余数就是最终余数。

5）CRC 码的生成步骤

将 x 的最高幂次为 R 的生成多项式 $G(x)$ 转换成对应的 $R+1$ 位二进制数；将信息码左移 R 位；用生成多项式（二进制数）对信息码做模 2 除，得到 R 位的余数；将余数拼到信息码左移后空出的位置，得到完整的 CRC 码。

6）CRC 校验码的检错能力

CRC 校验码能检出错误包含：全部单个错；全部离散的二位错；全部奇数个错；全部长度小于或等于 K 位的突发错；$[1-2^{-(r-1)}]$ 的突发长度为 $r+1$ 的突发错；$(1-2^{-r})$ 的突发长度大于 $r+1$ 的突发错；CRC16 能检测出所有突发长度小于等于 16 的突发错以及 99.997% 的突发长度为 17 的突发错和 99.998% 的突发长度大于 17 的突发错。

7）CRC 码生成举例

【例】 假设使用的生成多项式是 $G(x)=x^3+x+1$。4 位的原始报文为 1010，求编码后的报文。

解：将生成多项式 $G(x) = x^3 + x + 1$ 转换成对应的二进制除数 1011；

把原始报文 $C(x)$ 左移 3 位（因为生成多项式最高幂次为 3）变成 1010000；

用生成多项式对应的二进制数对左移 4 位后的原始报文进行模 2 除：

```
        1001       商
   1011)1010000    被除数
        1011
         1000
         1011
          011     余数(校验位)
```

编码后的报文(CRC码)：

```
  1010000
+     011
  1010011
```

8）CRC 纠错

在接收端收到了 CRC 码后，用生成多项式为 $G(x)$ 去做模 2 除，若得到余数为 0，则码字无误。若有一位出错，则余数不为 0，而且不同位出错，其余数也不同。可以证明，余数与出错位的对应关系只与码制及生成多项式有关，而与待测码组（信息位）无关。

如表 3.2 所示，其给出了 $G(x) = 1011$，$C(x) = 1010$ 的出错模式，改变 $C(x)$（码字），只会改变表中码字内容，不改变余数与出错位的对应关系。

表 3.2 CRC 纠错举例

码位	收到的 CRC 码字							余数	出错位
	A7	A6	A5	A4	A3	A2	A1		
正确	1	0	1	0	0	1	1	000	无
错误	1	0	1	0	0	1	0	001	1
	1	0	1	0	0	0	1	010	2
	1	0	1	0	1	1	1	100	3
	1	0	1	1	0	1	1	011	4
	1	0	0	0	0	1	1	110	5
	1	1	1	0	0	1	1	111	6
	0	0	1	0	0	1	1	101	7

9）通信与网络中常用的 CRC

在数据通信与网络中，通常传输的信息位 K 的值相当大，由一千甚至数千数据位构成一帧，而后采用 CRC 码产生 r 位的校验位。它只能检测出错误，而不能纠正错误。一般取 $r = 16$，标准的 16 位生成多项式有

$$\begin{cases} \text{CRC} - 16 = x^{16} + x^{15} + x^2 + 1 \\ \text{CRC} - \text{CCITT} = x^{16} + x^{12} + x^5 + 1 \end{cases}$$

第六节　HDLC 数据链路层控制规程

一、数据链路控制规程

（一）数据链路结构

数据链路结构可以分为两种：点-点链路和点-多点链路，如图 3.36 所示。图中数据链路两端 DTE 称为计算机或终端，从链路逻辑功能的角度常称为站，从网络拓扑结构的观点则称为节点。

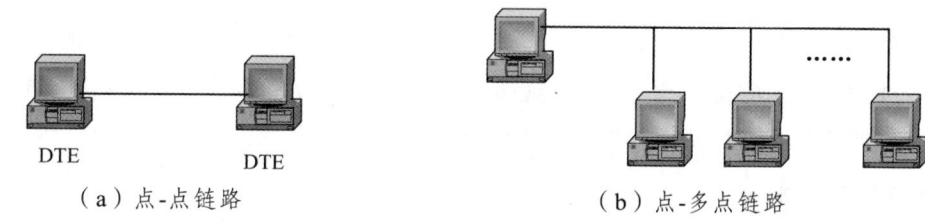

图 3.36　数据链路结构

在点-点链路中，发送信息和命令的站称为主站，接收信息和命令而发出确认信息或响应的站称为从站，兼有主、从功能可发送命令与响应的站称为复合站。在点-多点链路中，往往有一个站为控制站，主管数据链路的信息流，并处理链路上出现的不可恢复的差错情况，其余各站则为受控站。

（二）数据链路控制规程功能

数据链路层是 OSI 参考模型的第二层，它在物理层提供的通信接口与电路连接服务的基础上，将易出错的数据电路构筑成相对无差错的数据链路，以确保 DTE 与 DTE 之间、DTE 与网络之间有效、可靠地传送数据信息。为了实现这个目标，数据链路控制规程的功能应包括以下几个部分：

1）帧控制

数据链路上传输的基本单位是帧。帧控制功能要求发送站把网络送来的数据信息分成若干码组，在每个码组中加入地址字段、控制字段、校验字段以及帧的开始和结束标志，组成帧来发送；并要求接收端从收到的帧中去掉标志字段，还原成原始数据信息后送到网络层。

2）帧同步

在传输过程中必须实现帧同步，以保证对帧中各个字段的正确识别。

3）差错控制

当数据信息在物理链路中传输出现差错，数据链路控制规程要求接收端能检测出差错并予以恢复，通常采用自动请求重发 ARQ 和前向纠错两种方法。采用 ARQ 方法时，为了防止帧的重收和漏收，常对帧采用编号发送和接收的方法。当检测出无法恢复的差错时，应通知网络层做相应处理。

4）流量控制

流量控制用于克服链路的拥塞。它能对链路上的信息流量进行调节，确保发送端发送的数据速率与接收端能够接收的数据速率相容。常用的流量控制方法是滑动窗口控制法。

5）链路管理

数据链路的建立、维持和终止，控制信息的传输方向，显示站的工作状态，这些都属于链路管理的范畴。

6）透明传输

规程中采用的标志和一些字段必须独立于要传输的信息，这就意味着数据链路能够传输各种各样的数据信息，即传输的透明性。

7）寻　址

在多点链路中，帧必须能到达正确的接收站。

8）异常状态恢复

当链路发生异常情况时，如收到含义不清的序列或超时收不到响应时，能自动重新启动，恢复到正常工作状态。

（三）数据链路控制规程分类

为了适应数据通信的需要，ISO、ITU-T 以及一些国家和大型计算机制造公司，先后制定了不同类型的数据链路控制规程。根据帧控制的格式，可以分为面向字符型、面向比特型。

1）面向字符型

国际标准化组织制定的 ISO 1745、IBM 公司的二进制同步规程 BSC 以及我国国家标准 GB 3543—82 均属于面向字符型的规程，也称为基本型传输控制规程。在这类规程中，用字符编码集中的几个特定字符来控制链路的操作，监视链路的工作状态，例如，采用国际 5 号码中的 SOH、STX 作为帧的开始，ETX、ETB 作为帧的结束，ENQ、EOT、ACK、NAK 等字符控制链路操作。面向字符型的规程有一个很大的缺点就是它与所用的字符集有密切的关系，使用不同字符集的两个站之间，很难使用该规程进行通信。面向字符型规程主要适用于中低速异步或同步传输，并且很适合于通过电话网的数据通信。

2）面向比特型

ITU-T 制定的 X.25 建议的 LAPB、ISO 制定的 HDLC、美国国家标准 ADCCP、IBM 公司的 SDLC 等均属于面向比特型的规程。在这类规程中，采用特定的二进制序列 01111110 作为帧的开始和结束，以一定的比特组合所表示的命令和响应实现链路的监控功能，命令和响应可以和信息一起传送。所以它可以实现无编码限制的、高可靠和高效率的透明传输。面向比特型规程主要适用于中高速同步半双工和全双工数据通信，如分组交换方式中的链路层就采用这种规程。随着通信的发展，它的应用日益广泛。

二、HDLC 基本概念

（一）主站、从站、复合站

HDLC 涉及三种类型的站，即主站、从站和复合站。

主站的主要功能是发送命令（包括数据信息）帧、接收响应帧，并负责整个链路的控制系统的初启、流程的控制、差错检测或恢复等。

从站的主要功能是接收由主站发来的命令帧，向主站发送响应帧，并且配合主站参与差错恢复等链路控制。

复合站的主要功能是既能发送，又能接收命令帧和响应帧，并且负责整个链路的控制。

（二）HDLC 链路结构

在 HDLC 中，对主站、从站和复合站定义了三种链路结构：不平衡链路结构、对称链路结构、平衡链路结构，如图 3.37 所示。

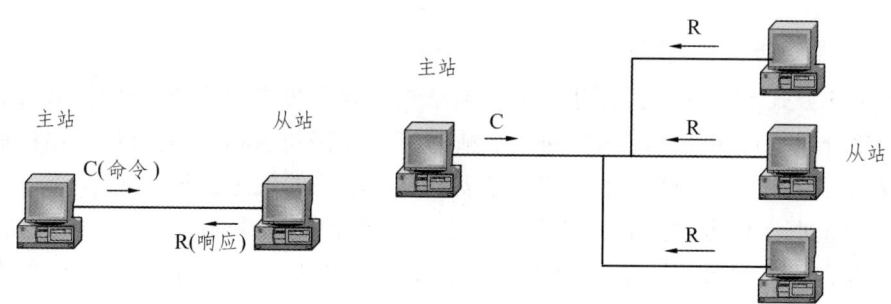

（a）不平衡链路结构

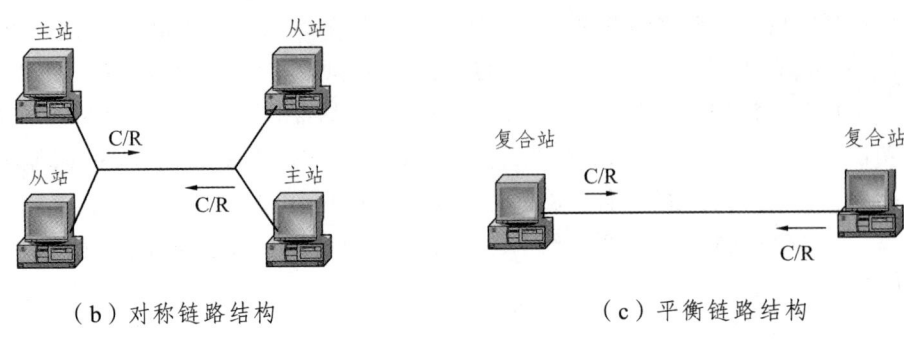

图 3.37 HDLC 链路结构类型

（三）操作方式

根据通信双方的链路结构和传输响应类型，HDLC 提供了三种操作方式：正常响应方式、异步响应方式和异步平衡方式。

1. 正常响应方式（NRM）

正常响应方式（NRM）适用于不平衡链路结构，即用于点-点和点-多点的链路结构中，特别是点-多点链路。这种方式中，由主站控制整个链路的操作，负责链路的初始化、数据流控制和链路复位等。从站的功能很简单，它只有在收到主站的明确允许后，才能发出响应。

2. 异步响应方式（ARM）

异步响应方式（ARM）也适用于不平衡链路结构。它与 NRM 不同的是：在 ARM 方式中，从站可以不必得到主站的允许就可以开始数据传输。显然它的传输效率比 NRM 有所提高。

3. 异步平衡方式（ABM）

异步平衡方式（ABM）适用于平衡链路结构。链路两端的复合站具有同等的能力，不管哪个复合站均可在任意时间发送命令帧，并且不需要收到对方复合站发出的命令帧就可以发送响应帧。ITU-T X.25 建议的数据链路层采用的就是这种方式。

除三种基本操作方式，还有三种扩充方式，即扩充正常响应方式（SNRM）、扩充异步响应方式（SARM）、扩充异步平衡方式（SABM），它们分别与基本方式相对应。

三、HDLC 帧结构

HDLC 的帧格式如图 3.38 所示，它由六个字段组成，这六个字段可以分为五种类型，即标志序列（F）、地址字段（A）、控制字段（C）、信息字段（I）、帧校验字段（FCS）。在帧结构中允许不包含信息字段 I。

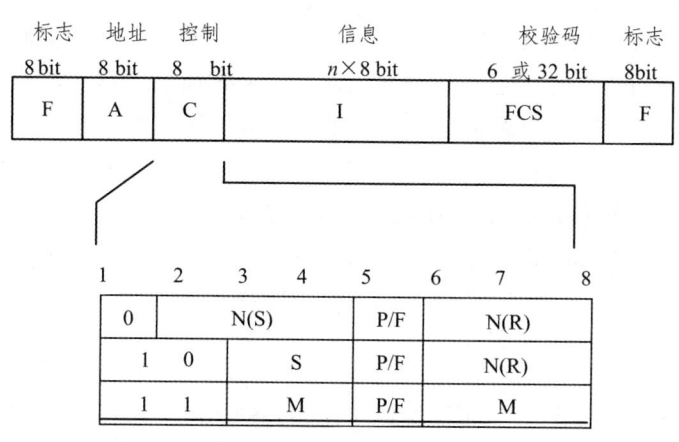

图 3.38 HDLC 帧结构

1. 标志序列（F）

HDLC 指定采用 01111110 为标志序列，称为 F 标志。所有的帧必须以 F 标志开始和结束。接收设备不断地搜寻 F 标志，以实现帧同步，从而保证接收部分对后续字段的正确识别。另外，在帧与帧的空载期间，可以连续发送 F，用来作时间填充。

在一串数据比特中，有可能产生与标志字段的码型相同的比特组合。为了防止这种情况发生，保证对数据的透明传输，采取比特填充技术。当采用比特填充技术时，在信码中连续 5 个"1"以后插入一个"0"；而在接收端，则去除 5 个"1"以后的"0"，恢复原来的数据序列，如图 3.39 所示。比特填充技术的采用排除了在信息流中出现的标志字段的可能性，保证了对数据信息的透明传输。

当连续传输两帧时，前一个帧的结束标志字段 F 可以兼作后一个帧的起始标志字段。当暂时没有信息传送时，可以连续发送标志字段，使接收端可以一直保持与发送端同步。

（a）　数据中某一段比特组合恰好出现和 F 字段一样　　0010011111110001010
　　　的情况　　　　　　　　　　　　　　　　　　　　　会误认为是F字段

（b）　发送端在连续 5 个"1"之后填入 0 比特再发　　0010011111 0 010001010
　　　送出去　　　　　　　　　　　　　　　　　　　　　填入0比特

（c）　在接收一个帧时，每当发现 5 个连续"1"后　　0010 01111110 001010
　　　是"0"，则删除以恢复比特流的原貌

图 3.39 比特填充

2. 地址字段（A）

地址字段表示链路上站的地址。在使用不平衡方式传送数据时（采用 NRM 和 ARM），地址字段总是写入从站的地址；在使用平衡方式时（采用 ABM），地址字段总是写入应答站的地址。

地址字段的长度一般为 8 bit，最多可以表示 256 个站的地址。在许多系统中规定，地址字段为"11111111"时，定义为全站地址，即通知所有的接收站接收有关的命令帧并按其动作；全"0"比特为无站地址，用于测试数据链路的状态。因此有效地址共有 254 个之多，这对一般的多点链路是足够的。但考虑在某些情况下，例如使用分组无线网，用户可能很多，可使用扩充地址字段，以字节为单位扩充。在扩充时，每个地址字段的第 1 位用作扩充指示，即当第 1 位为"0"时，后续字节为扩充地址字段；当第 1 位为"1"时，后续字节不是扩充地址字段，地址字段到此为止。

3. 控制字段（C）

控制字段用来表示帧类型、帧编号以及命令、响应等。从图 3.38 可见，由于 C 字段的构成不同，可以把 HDLC 帧分为三种类型：信息帧、监控帧、无编号帧，分别简称 I 帧（Information）、S 帧（Supervisory）、U 帧（Unnumbered）。在控制字段中，第 1 位是"0"为 I 帧，第 1、2 位是"10"为 S 帧，第 1、2 位是"11"为 U 帧，它们具体操作复杂，在后面予以介绍。另外控制字段也允许扩展。

4. 信息字段（I）

信息字段内包含了用户的数据信息和来自上层的各种控制信息。在 I 帧和某些 U 帧中，具有该字段，它可以是任意长度的比特序列。在实际应用中，其长度由收发站的缓冲器的大小和线路的差错情况决定，但必须是 8 bit 的整数倍。

5. 帧校验序列字段（FCS）

帧校验序列用于对帧进行循环冗余校验，其校验范围从地址字段的第一比特到信息字段的最后一比特的序列，并且规定为了透明传输而插入的"0"不在校验范围内。

四、控制字段和参数

控制字段是 HDLC 的关键字段，许多重要的功能都靠它来实现。控制字段规定了帧的类型，即 I 帧、S 帧、U 帧，控制字段的格式如图 3.38 所示，其中：

N（S）：发送帧序列编号；

N（R）：期望接收的帧序列编号，且是对 N(R)以前帧的确认；

S：监控功能比特；

M：无编号功能比特；

P/F：查询/结束（Poll/Final）比特，作为命令帧发送时的查询比特，以 P 位出现；作为响应帧发送时的结束比特，以 F 位出现。

下面分别对这三种不同类型的帧予以介绍：

（一）信息帧（I 帧）

I 帧用于数据传送，它包含信息字段。在 I 帧控制字段中 $b_1 \sim b_3$ 比特为 N(S)，$b_5 \sim b_7$ 比特为 N(R)。由于是全双工通信，所以通信每一方都各有一个 N(S)和 N(R)。这里要特别强调指出：N(R)带有确认的意思，它表示序号为 N(R) – 1 以及在这以前的各帧都已经正确无误地收妥了。

为了保证 HDLC 的正常工作，在收发双方都设置两个状态变量 V(S)和 V(R)。V(S)是发送状态变量，为发送 I 帧的数据站所保持，其值指示待发的一帧的编号；V(R)是接收状态变量，其值为期望所收到的下一个 I 帧的编号。可见这两个状态变量的值确定发送序号 N(S)和接收序号 N(R)。

在发送站，每发送一个 I 帧，V(S)→N(S)，然后 V(S) + 1→V(S)。在接收站，把收到的 N(S)与保留的 V(R)作比较，如果这个 I 帧可以接收，则 V(R) + 1→N(R)，回送到发送站，用于对前面所收到的 I 帧的确认。N(R)除了可以用 I 帧回送之外，还可以用 S 帧回送，在 I 帧和 S 帧的控制字段中具有 N(R)。

V(S)、V(R)和 N(S)、N(R)都各占 3 bit，即序号采用模 8 运算，使用 0～7 八个编号。在有些场合，如卫星通信模 8 已经不能满足要求了，这时可以把控制字段扩展为两个字节，N(S)、N(R)和 V(S)、V(R)都用 7 bit 来表示，即增加到模 128。

（二）监控帧（S 帧）

监控帧用于监视和控制数据链路，完成信息帧的接收确认、重发请求、暂停发送请求等功能。监控帧不具有信息字段。监控帧共有 4 种，如表 3.3 所示为这 4 种监控帧的代码、名称和功能。

表 3.3　监控帧的名称和功能

记忆符	名　称	比特 b_2	比特 b_3	功　　能
RR	接收准备好	0	0	确认，且准备接受下一帧，已收妥 N(R)以前的各帧
RNR	接收未准备好	1	0	确认，暂停接收下一帧，N(R)含义同上
REJ	拒绝接收	0	1	否认，否认 N(R)起的各帧，但 N(R)以前的帧已收妥
SREJ	选择拒绝接收	1	1	否认，只否认序号为 N(R)的帧

上面四种监控帧中，前三种用在返回 N 连续 ARQ 方法中，最后一种只用于选择重发 ARQ 方式中。

S 帧中没有包含用户的数据信息字段，它只有 48 bit 长，显然不需要 N(S)，但 S 帧中 N(R)特别有用，它的具体含义随不同的 S 帧类型而不同。其中 RR 帧和 RNR 帧相当于确认信息 ACK，REJ 帧相当于否认信息 NAK。同时应当注意到，RR 帧和 RNR 帧还具有流量控制的作用，RR 帧表示已经作好表示接收帧的准备，并希望对方继续发送，而 RNR 帧则表示希望对方停止发送（这可能是由于来不及处理到达的帧或缓冲器已存满）。

（三）无编号帧（U 帧）

无编号帧用于数据链路的控制，它本身不带编号，可以在任何需要的时刻发出，而不影响带编号的信息帧的交换顺序。它可以分为命令帧和响应帧。用 5 个比特位（即 M_1、M_2）来表示不同功能的无编号帧。HDLC 所定义的无编号帧的名称和代码见表 3.4。

表 3.4 无编号帧的名称和代码

记忆符	名称	类型		M_1		M_2		
		命令	响应	b_3	b_4	b_6	b_7	b_8
SNRM	置正常响应模式	C		0	0	0	0	1
SARM/DM	置异步响应模式/断开方式	C	R	1	1	0	0	0
SABM	置异步平衡模式	C		1	1	1	0	0
SNRME	置扩充正常响应模式	C		1	1	0	1	1
SARME	置扩充异步响应模式	C		1	1	0	1	0
SABME	置扩充异步平衡模式	C		1	1	1	1	0
DISC/RD	断链/请求断链	C	R	0	0	0	1	0
SIM/RIM	置初始化方式/请求初始化方式	C		1	0	0	0	0
UP	无编号探询	C		0	0	1	0	0
UI	无编号信息	C		0	0	0	0	0
XID	交换识别	C	R	1	1	1	0	1
RESET	复位	C		1	1	0	0	1
FRMR	帧拒绝		R	1	0	0	0	1
UA	无编号确认		R	0	0	1	1	0

（四）P/F 比特的使用

值得注意的是在 HDLC 的各类帧均带有查询/结束（P/F）比特。在不同的数据传送方式中，P/F 比特的用法是不一样的。

在 NRM 方式中，从站不能主动向主站发送信息，从站只有收到主站发出的 P 比特为 1（对从站的查询）的命令帧以后才能发送响应帧。若从站有数据发送，则在最后一个数据帧中将 F 比特置 1；若无数据发送，则应在回答的 S 帧中将 F 比特置 1。

在 ARM 或 ABM 方式中，任何一个站都可以在主动发送的 S 帧和 I 帧中将 P 比特置 1。对方站收到 P = 1 的帧后，应尽早地回答本站的状态并将 F 比特置 1。

下面结合例子图 3.40 的具体说明 P/F 比特的使用方法。图中主站 A 和从站 B、C 连成多点链路，传送帧的一些主要参数按照"地址，帧名和序号，P/F"的先后顺序标注。这里的地址是指地址字段中应填入的站地址；帧名是指帧的名称，如 RR、I；序号是指监控帧中的 N(R) 或信息帧中的 N(S)、N(R)，如 RR4、I31（第 1 个数字是 N(S)，第 2 个数字是 N(R)）。P/F 是在其为 1 时才写上 P 或 F，表明此时控制字段的第 5 比特为 1。

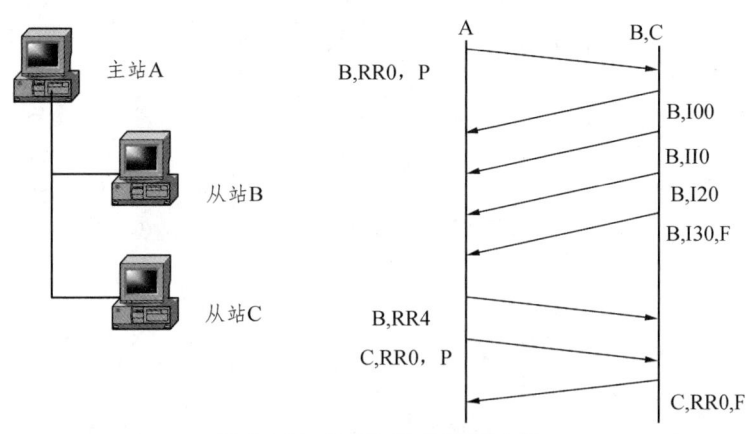

图 3.40　P/F 比特的使用方法

主站 A 先询问 B 站："B 站，若有信息，请立刻发送。"这时 A 站发送的帧是 RR 监控帧，并将 N(R) 置 0，表示期望收到对方的 0 号帧。因此在图 3.40 中将这样的帧记为"B，RR0，P"。对主站的这一命令，B 站响应连续 4 个信息帧，其序号 N(S) 从 0 到 3。最后在第 4 个信息帧中将 F 置 1，表示"我要发送的信息已发完。"这个帧记为"B，I30，F"。A 站在收到 B 站发来的 4 个信息帧后，发回确认帧 RR4[这时 N(R) = 4]。我们注意到这时 P/F 比特并未置 1，所以 B 站收到 RR4 后不必应答。接下去 A 站轮询 C 站，P = 1，虽然这时 C 站没有数据发送，但也必须立即应答。C 站应答也是 RR 帧，表示目前没有信息帧发送，F = 1 表明这是回答对方命令的一个响应。

有了 P/F 比特，使 HDLC 规程使用起来更加灵活。在两个复合站全双工通信时，任何一方都可随时使 P = 1，这时对方就要立即回答 RR 帧，并置 F = 1，这样就可以收到对方的确认了。如果不使用 P/F 比特，则收方不一定马上发出确认帧，比如收方可以在发送自己的信息帧时，利用 N(R) 把确认信息发出。

五、HDLC 操作

在图 3.39 中讨论了主站 A 和从站 B、C 交换信息的情况，这只是整个数据通信的中间阶段，在这个阶段之前还有一个数据链路的建立阶段，在数据传送完毕后，还必须有一个数据链路的释放阶段。也就是说 HDLC 执行数据传输控制功能，一般分为 3 个阶段：数据链路建立阶段、信息帧传送阶段、数据链路释放阶段。第 2 阶段的完成需要用到信息帧和监控帧，第 1、3 阶段的完成需要用到无编号帧。

如图 3.41 所示为多点链路的建立和释放过程。主站 A 先向从站 B 发出置正常响应模式 SNRM 的命令，并将 P 置 1，要求 B 站作出响应。B 站同意建立链路后，发送无编号确认 UA 的响应，将 F 置 1。A 站和 B 站在将其状态变量 V(S) 和 V(R) 进行初始化后，就完成了数据链路的建立。接着 A 站开始与 C 站建立链路。

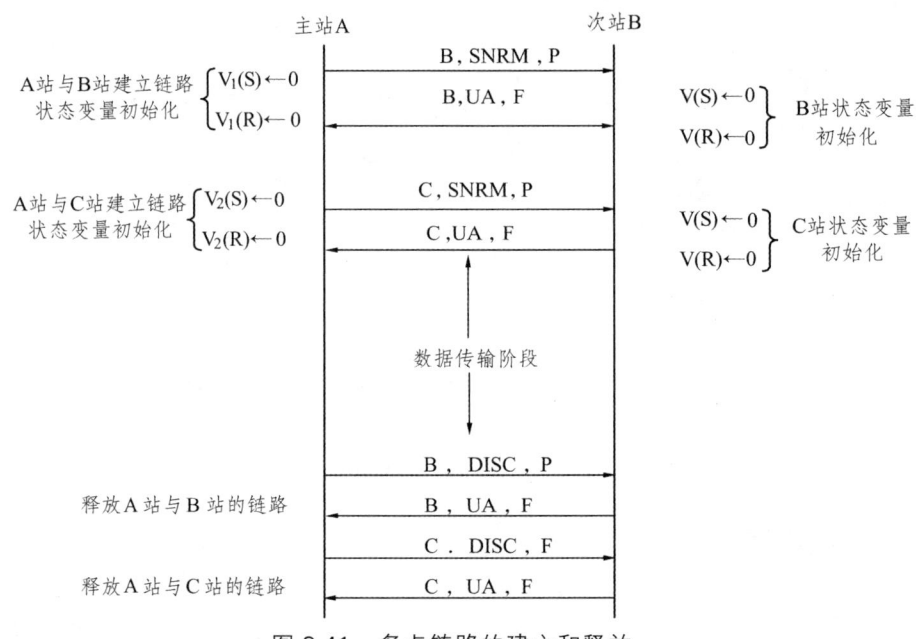

图 3.41 多点链路的建立和释放

当数据传送完毕后，A 站分别向 B 站和 C 站发出断链命令 DISC，B 站、C 站用无编号确认帧 UA 响应，数据链路就释放了。

如图 3.42 所示为点对点链路中两个站都是复合站的情况。复合站中的一个站先发出置异步平衡模式 SABM 的命令，对方回答一个无编号响应帧 UA 后，即完成了数据链路的建立。由于两个站是平等的，任何一个站均可在数据传送完毕后发出 DISC 命令提出断链的要求，对方用 UA 帧响应，完成数据链路的释放。

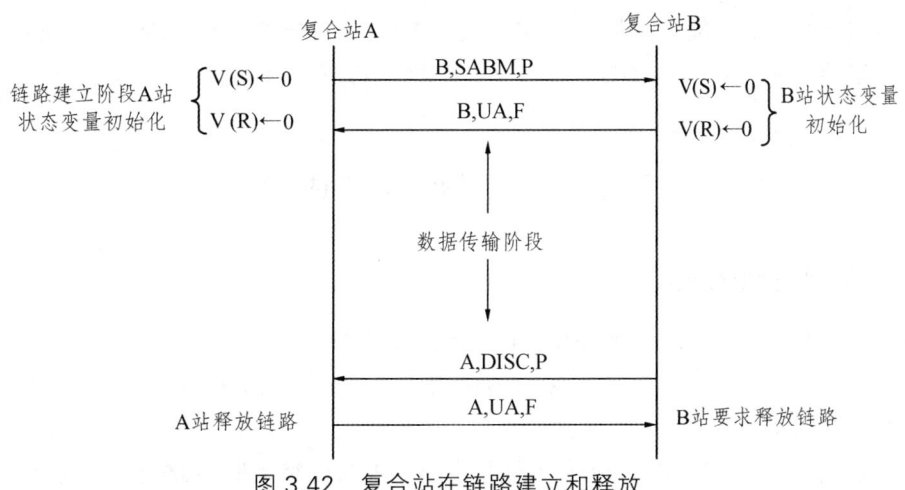

图 3.42 复合站在链路建立和释放

六、HDLC 规程的特点

与面向字符的基本型传输控制规程相比较，HDLC 具有以下特点：

1）透明传 8F93

HDLC 对任意比特组合的数据均能透明传输。"透明"是一个很重要的术语，它表示：某一个实际存在的事物看起来好像不存在一样。"透明传输"表示经实际电路传送后的数据信息没有发生变化。因此对所传送的数据信息来说，由于这个电路并没有对其产生什么影响，可以说数据信息"看不见"这个电路，或者说这个电路对该数据信息来说是透明的。这样任意组合的数据信息都可以在这个电路上传送。

2）可靠性高

在 HDLC 规程中，差错控制的范围是除了 F 标志的整个帧，而基本型传输控制规程中不包括前缀和部分控制字符。另外 HDLC 对 I 帧进行编号传输，有效地防止了帧的重收和漏收。

3）传输效率高

在 HDLC 中，额外的开销比特少，允许高效的差错控制和流量控制。

4）适应性强

HDLC 规程能适应各种比特类型的工作站和链路。

5）结构灵活

在 HDLC 中，传输控制功能和处理功能分离，层次清楚，应用非常灵活。

最后需要指出，一般的应用极少需要使用 HDLC 的全集，而多数情况会选用 HDLC 的子集。当使用某一厂商的 HDLC 时，一定要弄清该厂商所选用的子集是什么。

第七节　串行通信接口技术

一、物理层的四个特性

由第二章相关内容可知，物理层有四个重要特性：

（1）机械特性：规定了物理连接时所使用的可接插连接器的形状、尺寸、连接器中引脚的数量与排列情况等。

（2）电气特性：规定了在物理连接器上传输二进制比特流时线路上信号电平的高低、阻抗及阻抗匹配、传输速率与距离限制。早期的标准定义了物理连接边界点上的电气特性，而较新的标准定义了发送器和接收器的电气特性，同时给出互连电缆的有关规定。新的标准更有利于发送和接收电路的集成化工作。

（3）功能特性：规定了物理接口上各条信号线的功能分配和确切定义。物理接口信号线一般分为数据线、控制线、定时线和地线等几类。

（4）规程特性：定义了利用信号线进行二进制比特流传输的一组操作过程，包括各信号线的工作规则和时序。

二、RS-232 接口标准

不同物理接口标准在以上四个重要特性方面不尽相同。下面将以实际网络中广泛使用的物理接口标准 EIA-232-D 为例介绍其特性。EIA-232-D 是美国电子工业协会（Electronic Industries Association，EIA）制定的物理接口标准，也是目前数据通信与网络中应用最广泛的一种标准。它的前身是 EIA 在 1969 年制定的 RS-232-C 标准。RS 为 Recommended Standard（推荐标准）的缩写，232 是标准号。RS-232-C 是 RS-232 标准的第三版。

RS-232-C 是一种应用十分广泛的物理接口标准，经 1987 年 1 月修改后，定名为 EIA-232-D。由于两者相差不大，因此 EIA-232-D 与 EIA RS-232-C 在物理接口标准中基本成为等同的标准，人们经常简称它们为"RS-232 标准"。

RS-232 主要用来定义计算机系统的一些数据终端设备（DTE）和数据通信设备（DCE）之间接口的电气特性。例如，CRT、打印机与 CPU 的通信中大都采用 RS-232 总线。因此，在大多数微型机系统中，都带有 RS-232 接口。

1. RS-232 的机械特性

在机械特性方面，RS-232 规定使用一个 25 针（DB-25）的标准连接器，其结构及信号名称如图 3.43 所示。

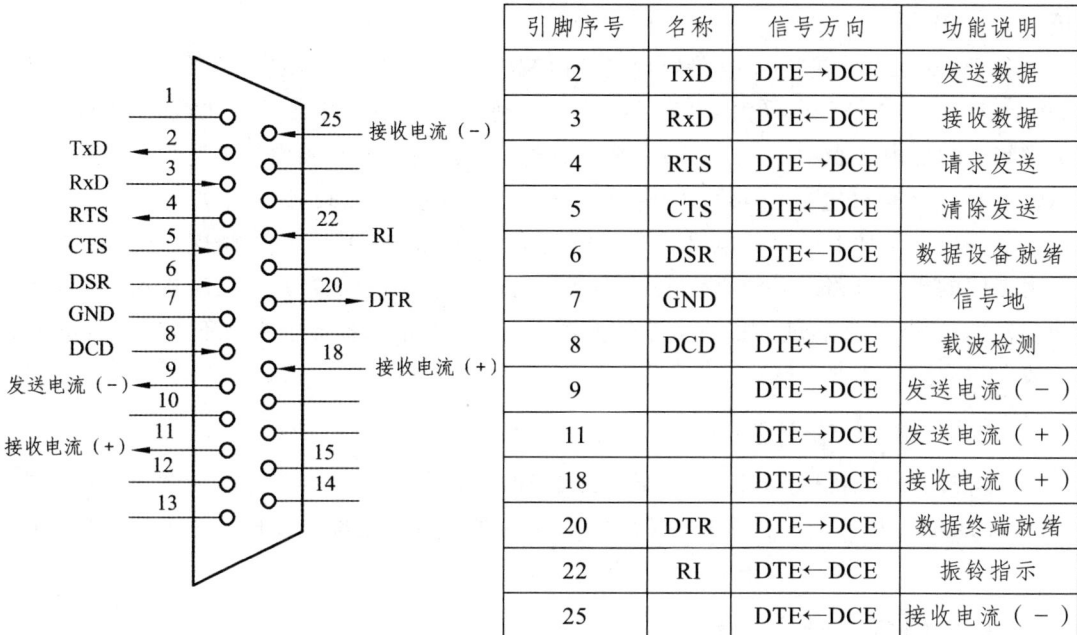

图 3.43 DB-25 型连接器结构及信号说明

此外，PC 机常使用一个 9 针（DB-9）的连接器，其结构及信号名称如图 3.44 所示。

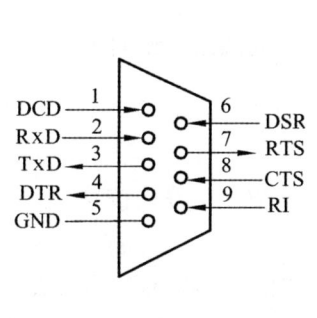

引脚序号	名称	信号方向	功能说明
1	DCD	DTE←DCE	载波检测
2	RxD	DTE←DCE	接收数据
3	TxD	DTE→DCE	发送数据
4	DTR	DTE→DCE	数据终端就绪
5	GND		信号地
6	DSR	DTE←DCE	数据设备就绪
7	RTS	DTE→DCE	请求发送
8	CTS	DTE←DCE	清除发送
9	RI	DTE←DCE	振铃指示

图 3.44 DB-9 型连接器结构及信号名称说明

2. RS-232 的电气特性

RS-232 的电气线路采用非平衡信号线路，每个非平衡型信号用一根导线，所有信号回路共用一根地线。信号速率限于 20 kb/s 之内，电缆长度限于 15 m 之内。由于是单线，所以线间干扰较大。

在数据线上：mark（传号）= -15 ~ -5 V，逻辑"1"电平；space（空号）= +5 ~ +15 V，逻辑"0"电平。

在控制线上：on（通）= +5 ~ +15 V，逻辑"0"电平；off（断）= -15 ~ -5 V，

逻辑"1"电平。

由于 RS-232 是在 TTL 电路出现之前研制的，所以它的电平是对称的，它规定高电平为 +3～+15 V，低电平为 −15～−3 V。特别指出，RS-232 数据线 TXD、RXD 使用负逻辑，其低电平表示逻辑 1，高电平表示逻辑 0，其他控制线均为正逻辑。其最高能承受 ±30 V 的信号电平。因此，使用时一定要特别注意 RS-232 不能直接与 TTL 电平连接，使用时必须加上适当的电平转换接口电路，否则将使 TTL 电路烧毁。现在已经研制出专门的集成电路，以便进行电平转换。现有成品组件 SN75188 驱动器和 SN75189 接收器即是 RS-232 通用的集成电路转换器件。并且电路电容要求数值不大于 2 500 pF，接收器输入阻抗为 3～7 kΩ。

3. RS-232 的功能特性

RS-232 连接器信号功能分配如图 3.42 和 3.43 所示。这些信号分为两类，一类是 DTE 与 DCE 交换的信息，即 TxD 和 RxD；另一类是为了正确无误地传输上述信息而设计的联络信号。下面详细介绍这两类信号：

1）传送信息信号

发送数据 TxD（Transmitting Data）：由发送终端（DTE）向接收端（DCE）发送的信息，按串行数据格式及先低位后高位的顺序发出。正信号是一个空号（space，二进制 0），负信号是一个传号（mark，二进制 1）。当没有数据发送时，DTE 应将此线路置为传号状态，包括字符或文字之间的间隔也是这样。

接收数据 RxD（Receive Data）：用来接收 DTE 发送端（或调制解调器）输出的数据。

2）联络信号

这类信号共有 6 个：

（1）请求传送信号 RTS（Request to Send）：DTE 向 DCE 发出的联络信号。当 RTS = 1 时，表示 DTE 请求向 DCE 发送数据。

（2）清除发送 CTS（Clear to Send）：DCE 向 DTE 发出的联络信号。当 CTS = 1 时，表示本地 DCE 响应 DTE 向 DCE 发出的 RTS 信号，且本地 DCE 准备向远程 DCE 发送数据。

（3）数据准备就绪 DSR（Data Set Ready）：DCE 向 DTE 发出的联络信号。DSR 将指出本地 DCE 的工作状态。当 DSR = 1 时，表示 DCE 没有处于测试通话状态，这时 DCE 可以与远程 DCE 建立通道。

（4）数据终端就绪信号 DTR（Data Terminal Ready）：DTE 向 DCE 发送的联络信号。当 DTR = 1 时，表示 DTE 处于就绪状态，本地 DCE 和远程 DCE 之间建立通信通道；当 DTR = 0 时，将迫使 DCE 终止通信工作。

（5）数据载波检测信号 DCD（Data Carrier Detect）：DCE 向 DTE 发出的状态信息。当 DCD = 1 时，表示本地 DCE 接到远程 DCE 发来的载波信号。

（6）振铃指示信号 RI（Ring Indication）：DCE 向 DTE 发出的状态信息。当 RI = 1 时，表示本地 DCE 收到远程 DCE 振铃信号。

4. RS-232 的规程特性

RS-232 的规程特性规定了 DTE 与 DCE 之间控制信号与数据信号的发送时序、应答关系与操作过程。如图 3.45 所示，图片给出了典型的 DTE（计算机）与 DCE（modem）之间按照 RS-232 规程进行数据交换的信号时序与操作过程。

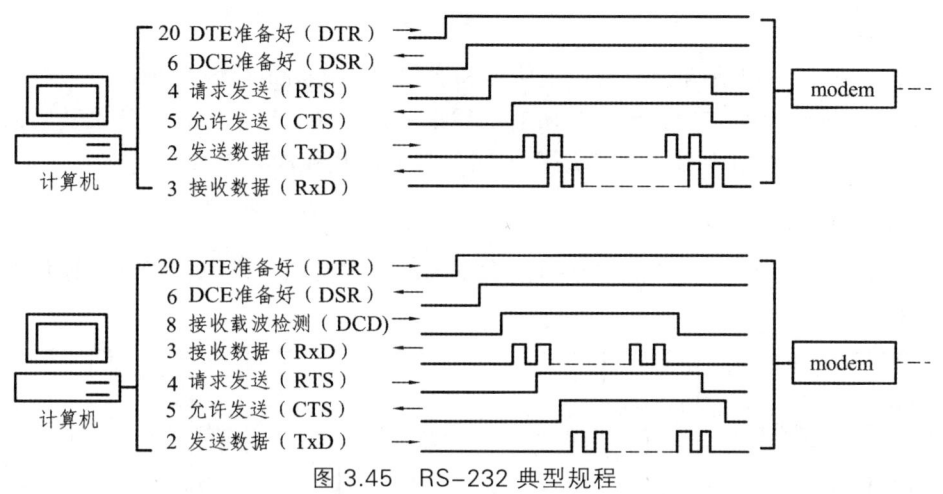

图 3.45　RS-232 典型规程

1）物理连接建立

如果主机 A 发起一次物理连接，它首先通过 RS-232 的第 20 号连接线（以下简称 20 线）向 DCE 发送数据终端准备好 DTR 信号，然后拨号呼叫对方主机 B，建立物理连接。

主机 A 连接的 modem 在拨号之后，执行 modem 内部协议。双方通过 modem 发送用于检测通信线路状态和通信质量的载波检测信号。在确定通信线路接通并可以正常工作后，modem A 通过 6 号线，向主机 A 发送设备准备好 DSR 信号。

主机 B 在接到主机 A 拨号请求建立物理连接指示后，如同意建立物理连接，应向与其连接的 modem 发送 DTR 信号。在接收到主机 B 的 modem 的 DSR 信号后，进入数据传输准备状态。

至此，双方 DTE 通过 DCE 与通信线路建立起物理连接，完成数据传输准备工作。

2）数据传输

如果主机 A 准备发送比特流，它将通过 4 号线向其 modem 传送请求发送信号 RTS。modem A 在接收到 RTS 信号后，做好发送准备，通过 5 号线向主机 A 发出允许发送信号 CTS。

主机 A 通过 2 号线向 modem A 传送准备发送数据的信号 TxD。modem A 将数字数据信号调制后，变成模拟数据信号，经通信线路传送给对方 modem B。modem B 经过解调后，还原成数字数据信号，通过 3 号线向主机 B 传送接收数据 RxD。

如果主机 B 也要向主机 A 发送数据，应采用与主机 A 相同的 RTS，此时 CTS 控制信号交互过程。

3) 物理连接释放

当主机 A 一次通信结束，通过释放 DTR 信号来通知 modem A，通过 modem 的内部协议，结束一次物理连接。

5. RS-232 的应用

RS-232 接口中包括两个信道：主信道和次信道。次信道比较少用。在一般的串行通信接口中，即使是主信道，也不是所有的线都一定要用，最常用的也就是其中的几条最基本的信号线。根据具体的应用场合不同，有下面几种连接方式：

1) 使用 modem 连接

计算机通过 modem 或其他数据通信设备（DCE）使用一条电话线进行通信的示意图如图 3.46 所示。

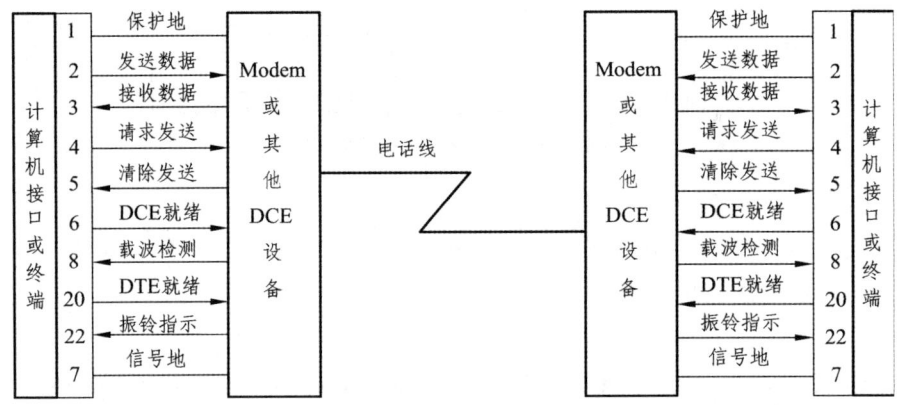

图 3.46　使用 modem 时 RS-232 引脚的连线

在图 3.46 中，计算机终端（DTE）向远程终端（DTE）发送数据的过程如下：首先 DTE 向本地 DCE（modem）发出 DTR = 1 和 RTS = 1 的信号，表示 DTE 请求发送数据，同时为本地和远程 DCE 之间建立通道开了绿灯，一旦通道建立好了，DCE 就发回应答信号 DSR = 1。当 DCE 做好发送数据准备后，又向 DTE 发回信号 CTS = 1。只有当 DTE 收到从本地 DCE 发回肯定的 DSR 和 CTS 信号后，DTE 才能由 TxD 线向 DCE 发送数据。因此，RTS、DTR、DSR 和 CTS 四个信号同时为 1 是 TxD 发送数据的条件。

当接收数据时，DTE 先向本地 DCE 发出 DTR = 1 信号，表示本地和远程 DCE 之间可以建立通道。一旦通道建立好了，DCE 就开始向 DTE 发出 DSR = 1 信号。这时，数据就可以通过 RxD 线传到 DTE。因此，RxD 信号产生的条件是 DTR 和 DSR 两个信号同时为 1。这只是 RxD 信号的产生条件，至于 RxD 线上是否有信号，取决于远程 DCE 是否发送数据。

2）直接连接

当计算机和终端之间不使用 modem 或其他通信设备（DCE）而直接通过 RS-232 接口连接时，一般只需要 5 根线（不包括保护地线以及本地 4、5 之间的连线），但其中多数应采用反馈与交叉相结合的连接法，如图 3.47 所示。

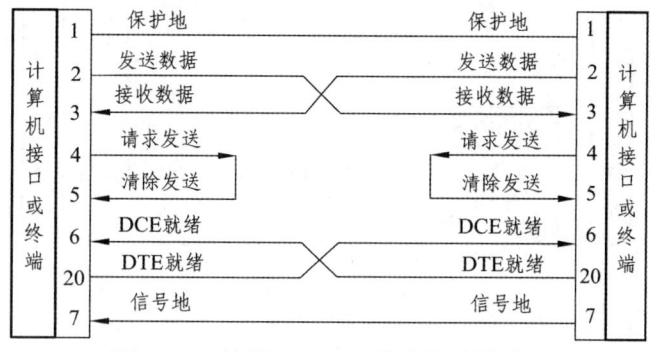

图 3.47　使用 RS-232 的直接连接法

在图 3.47 中，2、3 线交叉为最基本的连线，以保证直接连接的数据终端间能正常地进行全双工通信。20、6 也是交叉线，用于两端的通信联络，使两端能相互检测出对方"数据已就绪"的状态。4、5 为反馈线，使传送请求总是被允许的。由于是全双工通信，这根反馈线意味着任何时候都可以双向传送数据，用不着再去发"请求发送"（RTS）信号。这种没有 modem 的串行通信方式，一般只用于近程通信（不超过 15 m）。

3）三线连接法

这是一种最简单的 RS-232 连线方式，只需 2、3 交叉连接线以及信号地线，而将各自的 RTS 和 DTR 分别接到自己的 CTS 和 DSR 端，如图 3.48 所示。

在图 3.48（a）中，只要一方使自己的 RTS 和 DTR 为 1，那么它的 CTS、DSR 也就为 1，从而进入了发送和接收的就绪状态。这种接法常用于一方为主动设备，而另一方为被动设备的通信中，如计算机与打印机或绘图仪之间的通信。这样，被动的一方 RTS 与 DTR 常置 1，因而 CTS、DSR 也常置 1，因此，使其长期处于接收就绪的状态，只要发送方令线路就绪（DTR = 1）并发出发送请求（RST = 1），即可立即向接收方传送信息。

图 3.48（b）所示为更简单的连接方法。图 3.48（a）所示的连接方法在软件设计上还需要检测"清除发送（CTS）"和"数据设备就绪（DSR）"，而图 3.48（b）所示的连接方法则完全不需要检测上述信号，随时都可以发送和接收。这种连接方法无论在软件上还是硬件上，都是最简单的一种方法。

值得说明的是，以上讲的只是 RS-232 作为接口标准总线的连接方法，当然不限于这几种方式。至于计算机内部与串行接口之间并/串转换，还需视各种不同的微型机而采用不同的接口适配器（Interface Adapter）。如 Intel 8088/8086 ~ 80586 等各种 CPU，其内均没有串行接口，因此它们在进行串行通信时，都需配备适当的接口适配器，如 Intel 8250 及 Intel 8251。但对于大多数单片机来讲，本身带有串行接口，因此可直接与 RS-232 串行接口总线相连。但由于 RS-232 电平与微型机内部电平（TTL 或 CMOS）不同，所以电平转换电路是必不可少的。

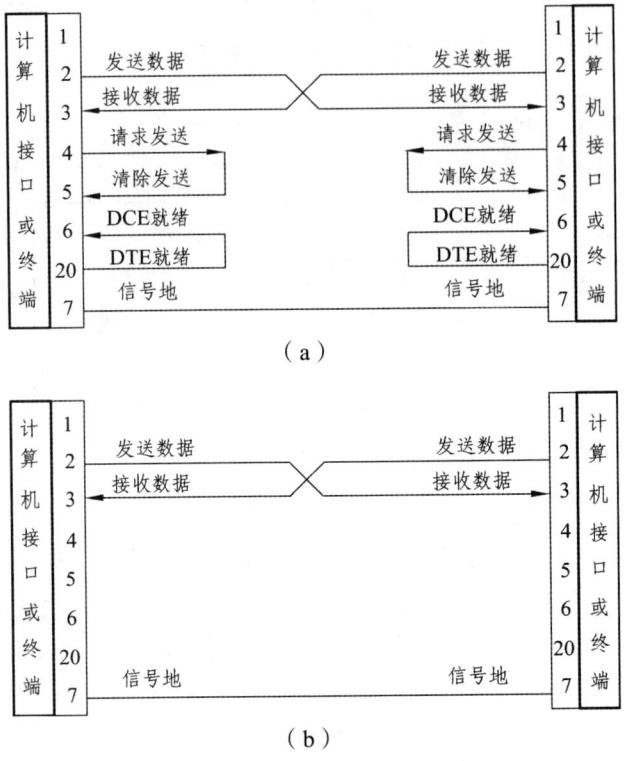

图 3.48 最简单的 RS-232 连接方式

三、RS-485/RS-422 接口标准

RS-232 虽然使用很广，但由于推出时间比较早，所以在现代通信网络中已暴露出明显的缺点，主要表现在：

（1）传送速率不够快。RS-232 规定最高速率为 20 kb/s，虽然这种传送速率与异步通信可以很好地匹配（通常异步通信限制为 19.2 kb/s 或更低），但对于某些同步系统，其传送速率却不能得到满足。

（2）传送距离不够远。根据 RS-232 标准，各装置之间电缆长度不超过 15 m，即使在较好的信号通信中，电缆长度也不超过 60 m，因此不能满足现代工业控制的要求。

（3）RS-232 未明确规定连接器，因而出现了互不兼容的 25 芯连接器。

（4）接口使用非平衡发送器和接收器，两个传输方向只有一个信号地，所以电气性能不佳。

（5）接口处各信号间容易产生串扰。

正因为 RS-232 有上述缺点，所以 EIA 于 1977 年对其做了部分改进，制定了新标准 RS-449 并于 1980 年成为美国标准。在制定新标准时，除了保留与 RS-232 兼容的特性外,还在提高传输速率、增加传输距离、改进电气特性等方面做了很多努力。它增加了 RS-232 没有的环境测试功能,明确规定了连接器,解决了机械接口问题。

与 RS-449 一起推出的还有 RS-423-A 和 RS-422-A。实际上,它们都是 RS-449 标准的子集。下边主要介绍 RS-423-A 和 RS-422-A。

1. RS-423-A/RS-422-A

与 RS-232 类似,RS-423-A 也是一个单端的、双极性电源的电路标准,但它提高了传送设备的数据传送速率。在速率为 1 kb/s 时,传输距离可达 1 200 m;在速率为 100 kb/s 时,传输距离仅达 90 m。

RS-423-A/RS-422-A 的数据线也是负逻辑且参考电平为地,不同的是 RS-232-C 规定为 $-15 \sim +15$ V,而这两个标准规定为 $-6 \sim +6$ V。

RS-422-A 规定了平衡驱动、差分接收的电气接口,它能够在较长距离上明显地提高数据传送速率;它能够在 1 200 m 距离内把速率提高到 100 kb/s,或在较近距离(12 m)内提高到 10 Mb/s。这种性能的改善是由于平衡传输的优点而产生的,这种平衡驱动、差分接收结构能从地线的干扰中分离出有效信号。实际上,差分接收器可以区分 0.2 V 以上的电位差,因此可不受参考电平波动及共模电磁干扰的影响。

如图 3.49(a)为 RS-232-C 所采用的单端驱动非差分接收电路。该电路的特点是传送信号只用一根导线,对于多路信号线,其地线是公共的。因此,它是最简单的连接结构。它的缺点是驱动电路无法区分有用信号及干扰信号。而 RS-423-A 由于采用了差分电路接收器,接收器的另一端接发送端的信号地[见图 3.49(b)],因而大大地减少了地线干扰。RS-422-A 则更进一步采用了平衡驱动和差分接收方法[见图 3.49(c)],从根本上消除了地线干扰。这种驱动器相当于两个单端驱动器,它们的输入是同一个信号,而一个驱动器的输出正好与另一个反相。当干扰信号作为共模信号出现时,接收器则接收差分输入电压。只要接收端具有足够的抗共模干扰模电压工作范围,它就能识别这两种信号并正确接收传送信号。

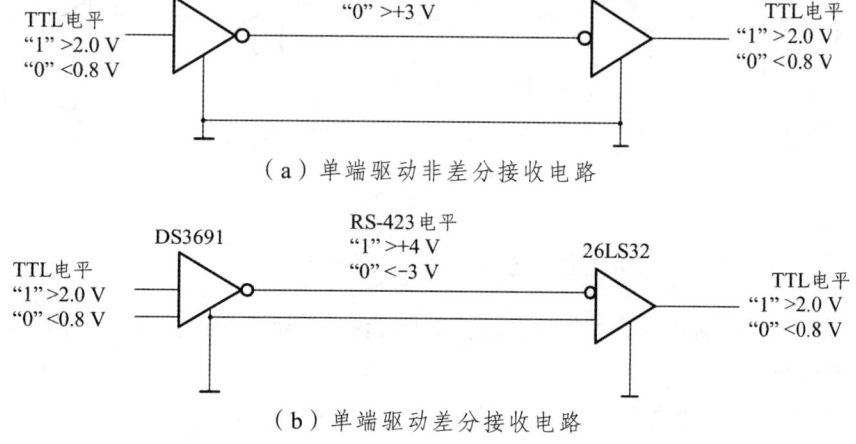

(a)单端驱动非差分接收电路

(b)单端驱动差分接收电路

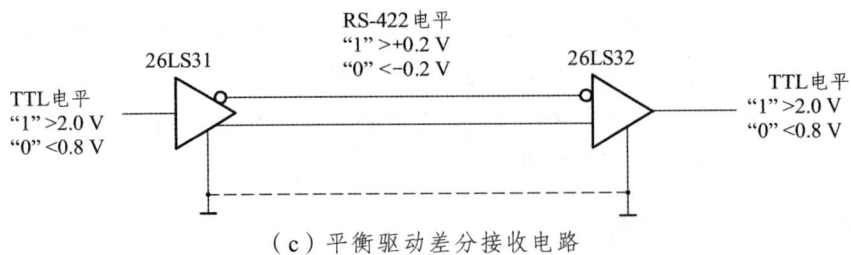

（c）平衡驱动差分接收电路

图 3.49　RS-232-C、RS-423-A、RS-422-A 接口电路

RS-423-A/RS-422-A 的另一个优点是允许传送线上连接多个接收器。虽然在 RS-232-C 系统中可以使用多个接收器循环工作，但它每一时刻只允许一个接收器工作，而 RS-423-A/RS-422-A 可允许 10 个以上接收器同时工作。关于多站连接方法将在下边 RS-485 的部分进行介绍。

2. RS-485

在许多工业过程控制中，往往要求用最少的信号线来完成通信任务。目前广泛应用的 RS-485 串行接口总线就是为了适应这种需要而产生的。它实际上就是 RS-422 总线的变形，二者之间的不同之处在于：

（1）RS-422 为全双工，而 RS-485 为半双工。

（2）RS-422 需采用两对平衡传输信号线，RS-485 只需其中的一对。RS-485 更适合于多站互连，一个发送驱动器最多可连接 32 个负载设备。负载设备可以是被动发送器、接收器和收发器。传输电缆两端有终端电阻，在平衡电缆上挂接发送器、接收器或组合收发器。

两种总线的连接方法如图 3.50 所示。图 3.50（a）所示为 RS-485 连接电路。在此电路中，某一时刻只能有一个站可以发送数据，而另一个站只能接收数据。因此，其发送电路必须由使能端加以控制。而图 3.50（b）所示电路由于是全双工连接方式，故任一时刻两站都可以同时发送和接收数据。

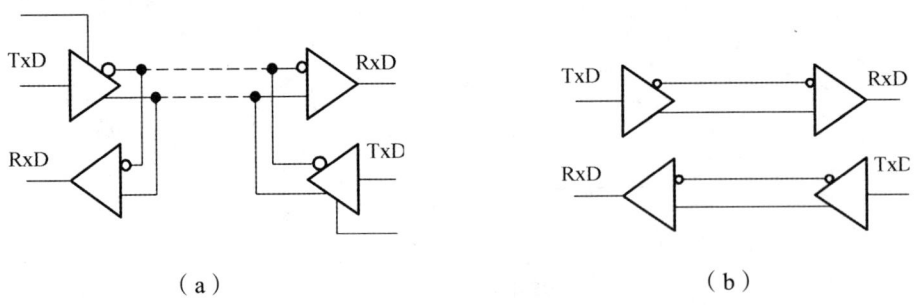

图 3.50　RS-485/RS-422 连接电路

和 RS-232-C 标准总线一样，RS-422 和 RS-485 两种总线也需要用专用的接口芯片来完成电平转换。

MAX481E/MAX488E 是低电源（只有 +5 V）RS-485/RS-422 收发器。每一个芯片

内都含有一个驱动器和一个接收器，采用 8 脚 DIP/SO 封装。除了上述两种芯片外，和 MAX481E 相同系列的芯片还有 MAX483E/485E/487E/1487E 等，和 MAX488E 相同系列的有 MAX490E。这两种芯片的主要区别是前者为半双工，后者为全双工。

MAX481E/483E/485E/487E/491E 和 MAX1487E 是为多点双向总线数据通信而设计的，也可以把它们作为线路中继站，其传送距离可超过 1 200 m。

对于一个通信子站来讲，RS-422 和 RS-485 的驱动/接收电路并没有多大差别。

四、20 mA 电流环接口标准

这是一种电流控制的串行接口标准，它的推出主要是为了满足早期的直通电报机、电传打字机等机械式外设的控制需要。这些外设的接收部分是一个电流激励线圈或驱动线圈的电流放大器，相当于一个电流检测器，工作电流一般被设计为 20 mA，所以规定有 20 mA 电流时为逻辑"1"，无电流时为逻辑"0"。当这些"0"、"1"序列被接收后，电传机便打印出相应的字符。这就是 20 mA 电流环名称的由来。尽管 20 mA 电流环接口至今未成为正式颁布的标准，但由于它在抗干扰能力和传输距离等许多方面比 RS-232 接口优越，所以在串行通信，特别是远距离通信中应用却很广泛。许多微机系统（如 PC/XT）中，大多同时提供了 RS-232 和 20 mA 电流环这样两种串行通信标准的接口电路和连接器供用户选用。

20 mA 电流环是一个全双工的 20 mA 电流环接口。实际上 20 mA 电流源并不一定要在发送端，放在接收端也同样可以，只要环路中有一个电流源即可，当然也只能有一个电流源。一般把能提供 20 mA 电流源的一端叫作有源端，而把另一端称为无源端。因此，20 mA 电流环接口的结构形式可以是有源发送器/无源接收器或无源发送器/有源接收器两种。但绝对要避免收发两端都无源或都有源（特别是两端的电源电压极性相反）的无效连接。

在 20 mA 电流环中，发送方的开关 K 是受发送数据控制的，数据为"1"时，K 合上，回路中有 20 mA 电路，数据为"0"时，K 打开，回路中没有电流。

如图 3.51 所示是 20 mA 电流环接口的基本原理。实际中的 20 mA 电流一般是由一个电压源同一定阻值的电阻串联形成的。显然，为了获得 20 mA 电流，可以使用许多不同的电压值和电阻值。加上组成开关 K 的元件和电路也很多，所以 20 mA 电流环接口的实际电路形式是多种多样的。

直通式电流环接口电路，尽管其抗干扰能力比 RS-232 接口强，但由于其两端之间是共地的，仍难免产生干扰信号。所以，在通信距离较远时，特别是在干扰源较多、干扰信号较强的工业现场应用情况下，大都在收发两端之间采用光电隔离技术。可用的光电隔离器（也叫光电耦合器）芯片种类很多，如国外的 4N33、ON3111、NJL5122A、PC507 系列、TLP521/TLP621 系列和国产的 CD 型、MG01 型系列等。各种光电隔离器基本上都是由发光二极管和光敏器件（光敏三极管、光敏二极管、光敏电阻等）两部分组成，其中以发光二极管和光敏三极管组成的隔离器件应用最多。如图 3.52 所示的是一个实际的

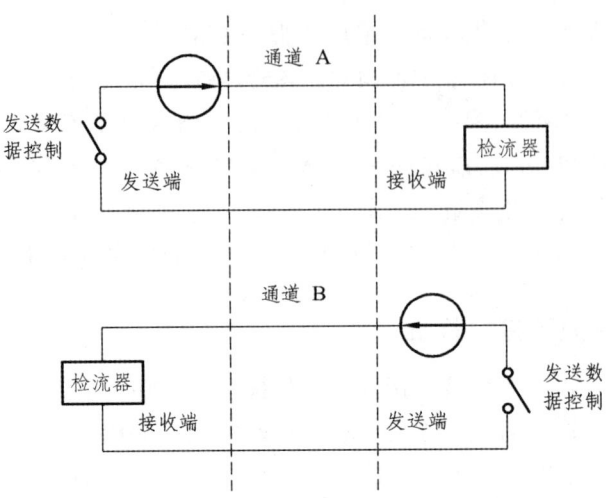

图 3.51 全双工 20 mA 电流环接口的基本原理

带光电隔离的 20 mA 电流环接口电路。通过收发两端的光电隔离器，将串行传输回路中的 20 mA 电流信号转换为接收端的 TTL 电平信号和将发送端的 TTL 信号转换为 20 mA 电流信号。从图中可看出，收发之间和收发两端与 20 mA 电流环之间没有直接的电气连接关系，而是通过光电耦合来完成信号的传送，显然这样能极大地提高系统的防噪声干扰能力。一方面，光电隔离器中发光二极管和光敏晶体管之间有间隙，使之能经受数千伏的电压，能有这样高的隔离保护电压，串行传输距离达到几千米远将不成问题；另一方面，接收端光电隔离器中的发光二极管接收器具有天然的共模抑制能力，该发光二极管响应的是接在它两端的差值电压，共模噪声将使它两端的电位提高或降低相同的值，从而使这种噪声通过二极管自行抵消。当然，为了确保上述隔离功能和共模抑制能力不失效，必须使接收器的本地信号地与远方发送器的地和 20 mA 电流源的地相互独立，之间不能有任何形式的直接电气连接。实际中，也有只在接收端使用光电隔离器的情况，而发送端直接将 TTL 电平转换为 20 mA 电流信号的情况，如在 PC/XT 异步通信适配器中就是这样。

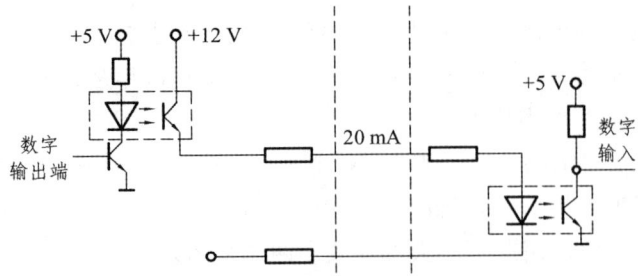

图 3.52 采用光电隔离的 20 mA 电流环接口电路

最后要说明的是，RS-232、RS-422A/423A 和 20 mA 电流环这三种接口只是在总线连接和逻辑表示上不一样，在数据传输格式这一级上并无区别，这都取决于串行接口内部的通信规程，所以在同一系统中它们可共用 I/O 端口，然后通过跳线器选用不同的总线标准连接器来达到选用不同标准接口的目的。

20 mA 电流环接口是一个非标准接口，无控制信号。在每次发送数据时必须以无电流的起始作为每一个字符的起始位，接收端检测到起始位时便开始接收字符数据。但是由于它的突出优点是传输距离比较远，所以它不仅用于具有电流环的接口设备（如电传打字机等），而且在微机的点对点通信和速率低的数据传输中应用很广。

思考题

（1）数字通信系统的有效性和可靠性指标有哪些？
（2）简要介绍信道通信的工作方式。
（3）简述数据的数字信号编码方法。
（4）什么是基带传输、频带传输和宽带传输？
（5）对电路交换、报文交换、报文分组三种交换方式进行比较。
（6）常用差错控制的编码方法有哪些？各编码方法的含义是什么？
（7）HDLC 帧规程的特点是什么？
（8）RS-485 总线的定义是什么？

第四章 列车通信网络标准

第一节 概 述

一、列车通信网络的作用

列车通信网络（TCN）是一种基于网络的分布式控制系统。其主要作用是实现各车厢内大量的可编程设备的有效连接，并将这些设备所产生的各种信息（如状态、控制、故障诊断、旅客服务等信息）转换为统一的数字信息，使这些信息能够安全、可靠、快速、准确地在网上进行交换。列车通信网络的作用归纳起来主要体现在以下三个方面：

（1）机车、车厢和列车控制。
（2）远程故障诊断和维护。
（3）旅客信息服务。

二、列车通信网络的层次结构

国内外车载网络技术的发展是随着现场总线网络技术的发展而发展起来的，先后产生了 RS-485、LonWorks、WorldFIP 等多种总线网络形式。1999 年，国际电工委员会（IEC）颁布了 IEC 61375 标准，将车载网络分为两级总线的层次结构，即用于连接各节可动态编组的车辆间的绞线式列车总线 WTB（Wire Train Bus）和用于连接车辆（或固定编组的车辆单元）内部各种设备的多功能车辆总线 MVB（Multifunction Vehicle Bus），它们之间的列车总线节点起着网关的作用。其中，MVB 网络由于较低的要求和易用性高的特点，在实际中运用很广泛。

如图 4.1 所示，列车通信网络（TCN）采用两条总线组成的三层结构，列车总线和车厢总线是两个独立的通信子网，可采用不同的网络和协议。网络的三层结构为：

（1）绞线式列车总线 WTB：连接列车各车厢，可自动配置，在双绞线上传输速率可以达到 1 Mb/s。

（2）多功能车厢总线 MVB：连接车厢内部设备，能加快响应速度，通过双绞线或光纤传输速率可以达到 1.5 Mb/s。

（3）设备级控制网。

此外，列车总线和车厢总线之间还需要通过一个列车总线节点相连，在运用层不同的总线之间通信时由此节点充当网关。有时也在车厢总线下设第三级总线，如连接传感器的总线或连接执行单元的控制总线，可把这些总线认为是车厢总线的一部分。

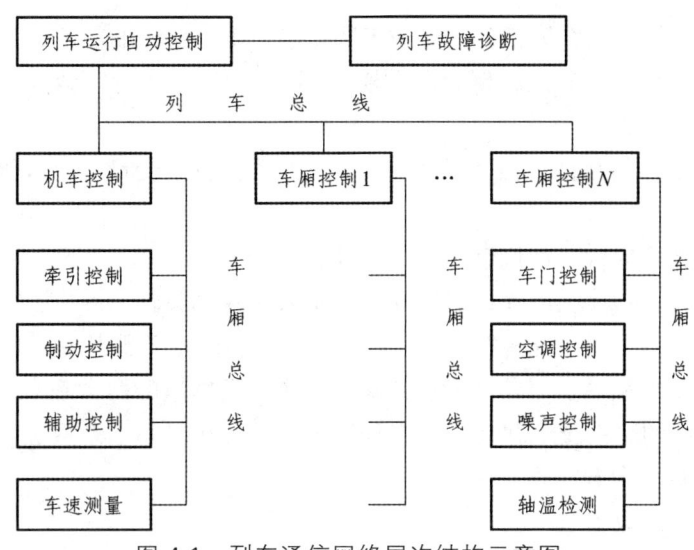

图 4.1 列车通信网络层次结构示意图

三、列车通信网络的组态

根据列车的编组情况，目前国际上运行的旅客列车有以下三种列车构成方式：

（1）开式列车：由一组车辆构成的列车，其组成在正常运行中是可以改变的，如 UIC（国际铁路联盟）列车。

（2）闭式列车：由一组车辆组成的列车，在正常运行中其组成不会改变，如地铁、城轨列车或高速列车组。

（3）多单元列车：列车由几个闭式列车单元组成，在正常运行时，组成列车的单元数量可以改变。

列车通信网络在应用于不同的领域时可以使用不同的组态。列车通信网络的组态定义如下：

（1）开式列车：包括需要频繁编组和解编的车辆，列车总线能自动再配置（初运行）。

（2）闭式列车：车辆在运行中不分离，列车总线由司机或工厂进行离线配置。

（3）多单元列车：列车由几个闭式列车单元组成，在正常运行中，组成列车的单元数量可以改变。

四、列车通信网络的特点

（1）工作环境恶劣，可靠性要求高。

系统能连续运行，且能适应恶劣的现场环境，即使在出现故障或不适当操作的情况下，列车网络也能提供相关服务，不论是硬件还是软件都需要满足相关要求。列车实时系统常考虑的是最坏情况、最后期限、最长运行时间、最长延迟等极端情况。在列车总线故障时，列车仍可满功率、全速运行，但列车控制会丧失部分功能，比如恒速控制；而车厢总线故障时，不会影响列车的运行，各车厢的主要电气部件具有故障自我保护或联锁保护功能，能够隔离某一部件、某一车厢、某一车组单元的故障。在列车网络发生严重故障时，整个列车控制系统倒向安全模式，一般不会导致整个列车停运。

（2）数据的多样性。

列车通信网络中的数据包括两类：控制类（过程数据、变量）、管理类（消息数据、消息）。

（3）控制操作实时性（时间确定性）要求高。

列车控制系统是一个实时系统，具有在线实时响应的特性。系统能实时响应外部事件，确保能够对设备运行状况进行连续监测，保证不漏采、不漏检，以便为设备工况监测和故障诊断提供准确的实时信息源。其次，它能满足用户的两个基本要求——同时性与时限，因为不同的子系统往往要求有多种输入源，且在时间上是重叠的，在同一个时间区内要对多个输入源数据作相关处理。

（4）列车组成的动态性。

五、列车通信网络的特征

列车通信网络的特征如表 4.1 所示。

表 4.1　列车通信网络特征汇总

特征	绞线式列车总线（WTB）	多功能车厢总线（MVB）
结构	结构可变，构成改变时，具有自适应性	结构及设备的地址固定不变
介质	屏蔽双绞线（860 m，32 个节点，相当于 22 个 UIC 车厢）	双绞线，RS-485（20 m，32 个设备）；变压器隔离屏蔽双绞线（200 m，32 个设备）；星型光纤网（2 000 m，2 个设备）
物理冗余	双份物理介质	双份物理介质
信号	带 16~32 位前同步码的曼彻斯特编码	带定界符的曼彻斯特编码
信号速率	1 Mb/s	1.5 Mb/s
地址空间	8 bit 地址	12 bit 地址
物理地址	点对点及广播	点对点及广播
有效的帧长度	在 4~132 个字节之间可变	量化的：16，32，64，128 或者 256 bit
完整性	每帧 FCS-16，帧校验以及曼彻斯特编码	IEC 60870 校验序列及帧尺寸校验
介质分配	由一台主设备完成	由一台主设备完成
主设备权传送	主设备，强主设备或弱主设备	总线管理器通过令牌传送成为主设备
主设备冗余	初运行后，主设备权传递给另一节点	令牌传递自动进行主设备权转换冗余校验
链路层服务	过程数据：循环、源寻址广播；消息数据：偶发、点对点或广播；监督数据：循环/偶发、管理数据	

续表

特　征	绞线式列车总线（WTB）	多功能车厢总线（MVB）
常用传输	变　数	消　息
链路层服务	源寻址广播数据（过程数据）	面向目标的，无连接的数据包（消息数据）
链路控制	带刷新监督的可重写端口	不可重写的数据包队列
网络层	应用任务将数据在总线间拷贝	数据报及路由器、目录中的源地址和宿地址
传输层	—	面向连接的，端对端流控及差错恢复
会话层	—	调用/应答消息
表示层	统一数据类型	统一数据类型
应用界面	存取过程变量的程序	处理呼叫/应答和多播消息的程序

六、列车通信网络的参数

1. 时　延

过程变量在整个网中传输的最大时延被限制在一定限值内。

（1）过程变量按周期传送。

（2）列车通信网络允许所有在车厢总线之间从应用到应用的具有最高优先级别的过程变量在 100 ms 内通过列车的总线传送。

（3）列车通信网络允许所有在同一车厢内两个设备之间的从应用到应用的具有最高优先级别的过程变量在 50 ms 内传送。

2. 拓　扑

列车通信网络基于以下两层结构：将不同车厢内的节点连接起来的列车总线；将同一车厢内的设备连接起来的车辆总线。列车总线和车辆总线通过网关节点相连。如图 4.2 所示。

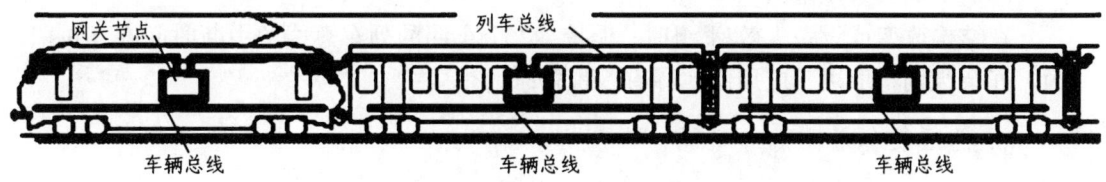

图 4.2　列车总线和车厢总线示意图

这种层次结构是概念上的，允许没有车辆总线的节点或附挂有几个车厢总线的节点。

3. 列车总线

列车总线用于连接各种组成方式的列车中的各个车厢。列车总线具有以下特点：

（1）列车总线支持 UIC 556 规定的列车组成方式，总线传输距离可达 860 m（22 个车厢）。

（2）列车总线至少可以容纳 32 个节点。

（3）分配给列车总线节点一个位置地址，使列车可以识别方向（左/右、前/后）以及其他节点的位置。

（4）多个车厢连挂时，列车总线自动运转。当车厢数目改变或在总线上添加、移除设备时，不需手动干预列车总线，它也能继续工作。

（5）列车总线可承受大约每小时一次的车厢连挂及解挂操作。

（6）为使总线在节点故障时仍可工作，事先把各节点编号和类型通知给所有的应用，以便证实列车组成的完整性。

（7）列车总线使用专用介质，满足 UIC 电缆或 EP 电缆（电气制动电缆）的要求。

4. 车厢总线

车厢总线用于将一个车厢内或不可分的车厢组内的设备连接起来。车厢总线具有以下特点：

（1）车厢总线允许设备的安装间距在 200 m 以内。

（2）车厢总线至少支持 256 个设备。

（3）车厢总线在最差情况下的响应时间低于 16 ms。

5. 有效性

一个设备上的单一故障不应影响其他无关设备的运行。这包括以下几种情况：

（1）偶发性崩溃或资料丢失。

（2）介质中断或短路。

（3）由损坏的发送器引起的连续发送。

（4）介质不可访问。

（5）配置错误。

（6）节点丢失或重组。

在结构改变或设备失效/重组时，具有 22 个车厢的列车总线的中断时间在 1.0 s 以内。冗余级别将取决于应用的实际有效性需求。

6. 总线设备编址

1）MVB 总线设备编址

MVB 总线设备按 12 bit 编址，因此原则上可以连接 4 096 个设备。

实际上总线寻址是按"端口"进行的。主设备帧与用来响应主设备帧的从设备帧之间的间隔小于 4 ms。为了使从设备能够在接到主设备帧后 4 ms 内响应，从设备帧应在发送前准备好，为此，设备将其数据放置在一个被称为端口的寄存器中。每个设备都有其一定数量的端口，分别配置为源端口或流端口。

端口分为两类：物理端口和逻辑端口，通过主设备帧中的 F_code 来区分。

2）逻辑端口（F_code = 0 ~ 4）

每个设备实现若干个逻辑端口，典型的是 256 个。在配置阶段，分别将它们设置为源端口或流端口，其尺寸规定为 16、32、64、128 或 256 bit。这些端口由 12 bit 的逻辑地址标识（F_code = 0 ~ 4）。逻辑端口为过程数据提供基础通信。

3）物理端口（F_code = 8 ~ 15）

每个设备拥有 8 个物理端口，用于监督数据和消息数据。除了消息数据端口外，其他端口的尺寸都为 16 bit。物理端口通过 12 bit 设备地址和 F_code = 8 ~ 15 寻址。

4）256 bit 消息端口（F_code = 12）

256 bit 消息端口仅用于消息数据（Message_Data）。只有主设备帧（Master_Frame）指定的设备才能作为消息数据的源。所有其他设备将监视从设备帧，若自身的设备地址在 Slave_Frame（从设备帧）的帧头中出现则接收该帧。与其他端口相反，消息端口的内容不会被改写，因为消息端口在以前内容未被取走时，拒绝接受新帧。

5）WTB 总线设备编址

WTB 采用 HDLC 数据格式，以 8 bit 目的设备地址开头。该地址也是目的节点的节点地址（或者是广播地址），并被 HDLC 控制器译码。因此，理论上可以寻址 256 个节点，实际上规定可寻址节点最多为 32 个（对应最多 22 节车厢）。列车总线节点编址的规则很有讲究，它与节点（相当于主设备）的位置、朝向等密切相关。

6）总线通信过程

过程变量没有网络地址，因此网络层对过程变量无效。过程变量被一个应用任务传输通过总线边界，车厢和列车总线因此通过网关连接。

网关与应用相关。例如，对于每个应用，它们的配置可能不同，这种配置告诉网关哪些过程数据应该在总线之间进行传输。

过程变量从一条车厢总线中读取，并通过列车总线传输到另一条车厢总线。车厢和列车总线的周期数据帧都没有携带网络地址。因此，网关同时在车厢和列车总线上观察通信以标识这些变量。

并非所有的车厢总线变量都要被输出，因为让列车总线承担所有车厢总线的通信量意义不大。网关需要对传输的过程变量进行过滤。网关充当与输出变量集相关联的车厢总线设备。这些输出变量由网关通过车厢总线接口接收。它把这些过程数据复制到列车总线端口，以便进行发布。网关采用带有源（节点）地址的广播帧格式来构造一个包含输出变量的帧。

稍后，网关获得列车总线的访问权，并把帧广播出去，该帧将被其他车厢上的网关接收。变量也将在那里被列车总线端口接收。流网关过滤出需要的输入变量，并把它们放入车厢总线端口，以便下次传输。反方向的数据传输（如停止信号）也按类似的方式进行。

这种模式不需要列车总线上的事件驱动，所有的总线会循环操作此种模式。因此，过程变量网络化的智能局限在网关调度任务中，该任务由应用程序员用两个变量列表配置，包括输入和输出变量队列（"输入"是从车厢总线的角度提出的）。这两个队列可以被管理消息加载的情况。

网关应用任务也可以处理这些数据，如检查是否所有的门都已经关闭，以便向前转发车厢总线上的结果。

第二节 多功能车辆总线（MVB）

一、概　述

MVB 是特定用于连接同一车厢或不同车厢（这些车厢在运行过程中是一个固定不变的编组）的设备到列车通信网络的总线。它既提供了可编程设备之间的互连，也提供了可编程设备与其传感器和执行机构之间的互连。

MVB 支持最多 4 096 个设备，其中有 256 个是能参与消息传送的站。如图 4.3 所示为 MVB 在机车内的应用，如图 4.4 所示为 MVB 在旅客车厢内的应用。

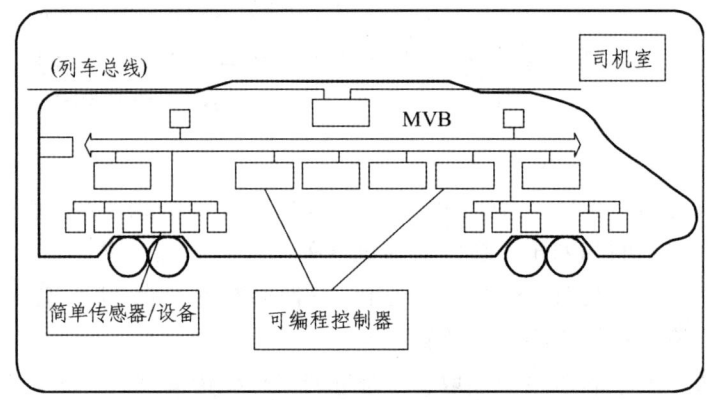

图 4.3　MVB 应用于机车

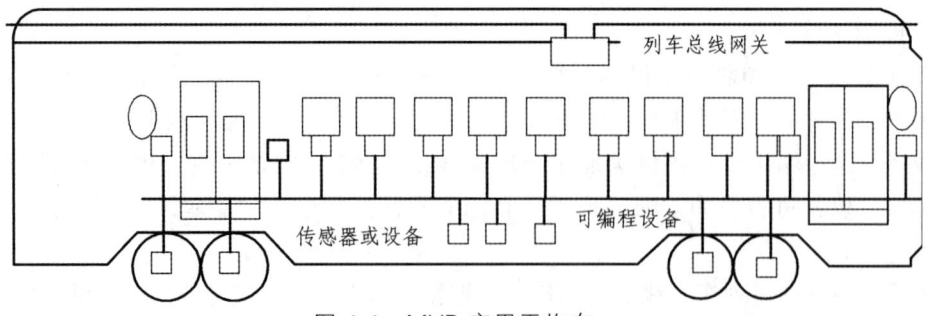

图 4.4　MVB 应用于拖车

对于运行时不解挂的列车，MVB 也可作为列车总线使用。

MVB 传送三类数据介绍如下：

（1）过程数据（Process_Data）：周期小于 1 ms 的源寻址数据的周期性广播。

（2）消息数据（Message_Data）：按需求、目标寻址的单播或广播。

（3）监督数据（Supervisory_Data）：传输事件分解、主设备权传送、设备状态等数据。

二、MVB 物理层

MVB 允许采用电短距离、电中距离和光纤三种不同的物理介质。这三种物理介质的特性如下：

（1）电短距离介质传送距离≤20 m，使用标准的 RS-485 收发器，每段最多支持 32 个设备。这种介质基于采用 RS-485 用于传送的差动收发器，在发送器和接收器之间无须电气隔离，并且具有附加的偏置电压。

（2）电中距离介质传送距离≤200 m，每段最多支持 32 个设备，屏蔽双绞线，变压器隔离。

（3）光学玻璃纤维介质，星型连接或点到点方式下最大距离为 2 000 m。

三种介质以相同速率运行。

1. 电气短距离介质

这种介质基于采用 RS-485 用于传送的差动收发器，在发送器和接收器之间无须电隔离，采用背板总线因而它适用于封闭的小室内。如图 4.5 所示为电气短距离介质连接示意图。

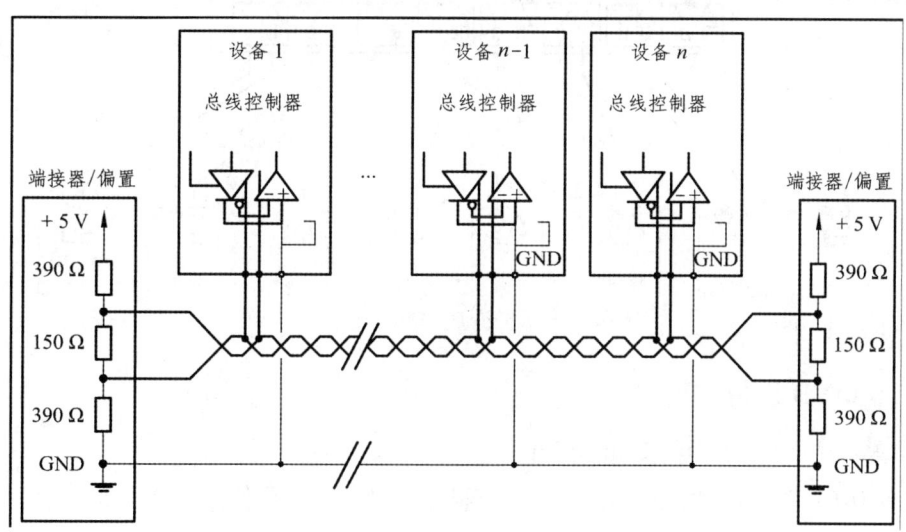

图 4.5　电气短距离介质连接示意图

2. 电气中距离介质

在封闭的列车系统中，MVB 可以跨越几个车厢。在这种应用中可采用电中距离介质，每段最大可以达到 200 m，相当于 4 节车辆而无须中继器。这种介质也推荐连接运行中经常连挂和解连的车。MVB 的设备地址在组态时分配，运行中它不会改变。一个车辆中可以有不同的车辆总线,各有自己的总线管理器,它们通过列车总线网关互连。如图 4.6 所示为电气中距离介质连接示意图。

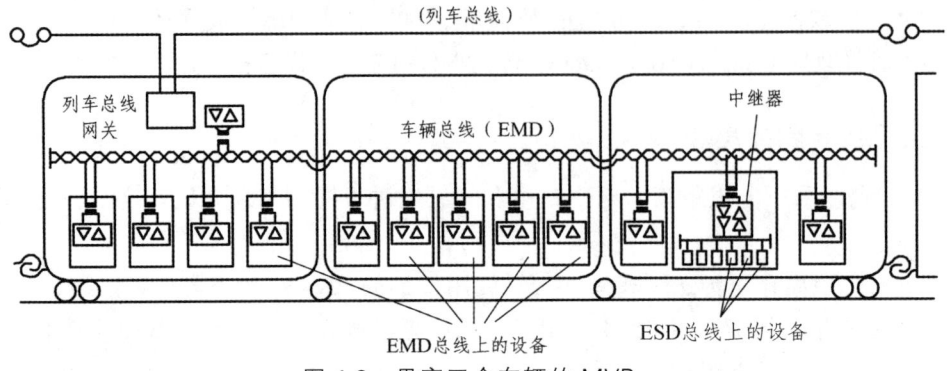

图 4.6 贯穿三个车辆的 MVB

3. 光纤介质

光纤介质推荐用于有高电磁噪声的区域,如机车或动车组上。和电气介质有总线拓扑一样,光纤介质通常有一个以有源或无源的星形耦合器为中心的星形拓扑,如图 4.7 所示。

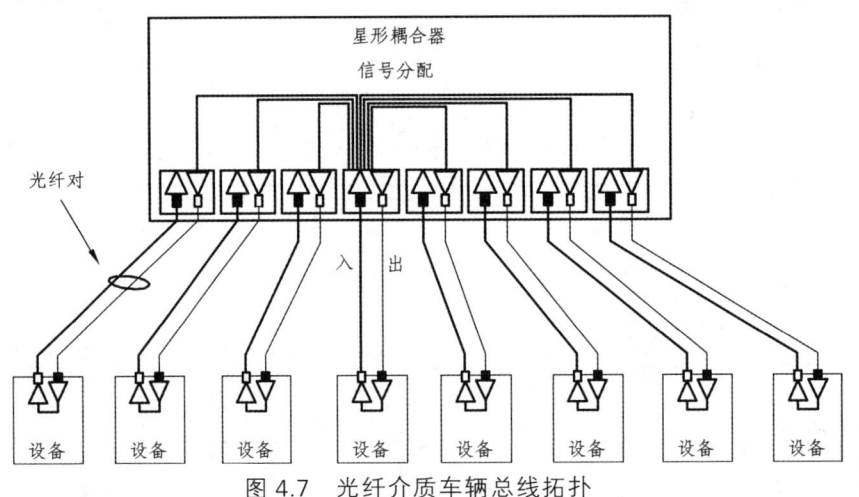

图 4.7 光纤介质车辆总线拓扑

三、MVB 设备

1. 总线控制器(Bus_Controller)

总线访问每个设备时由专用的总线控制器控制,其工作原理如图 4.8 所示。总线控制器通过发送器和接收器附挂到两个冗余的线路上。MVB 总线控制器包含编码器和译码器,以及控制通信存储器(Traffic_Store)的控制逻辑。总线通信控制器对到达的帧进行译码并寻址相应的通信存储器,也能读取设备状态寄存器。

2. MVB 设备分类

MVB 总线上的设备,根据其控制与通信能力分为以下 5 类:

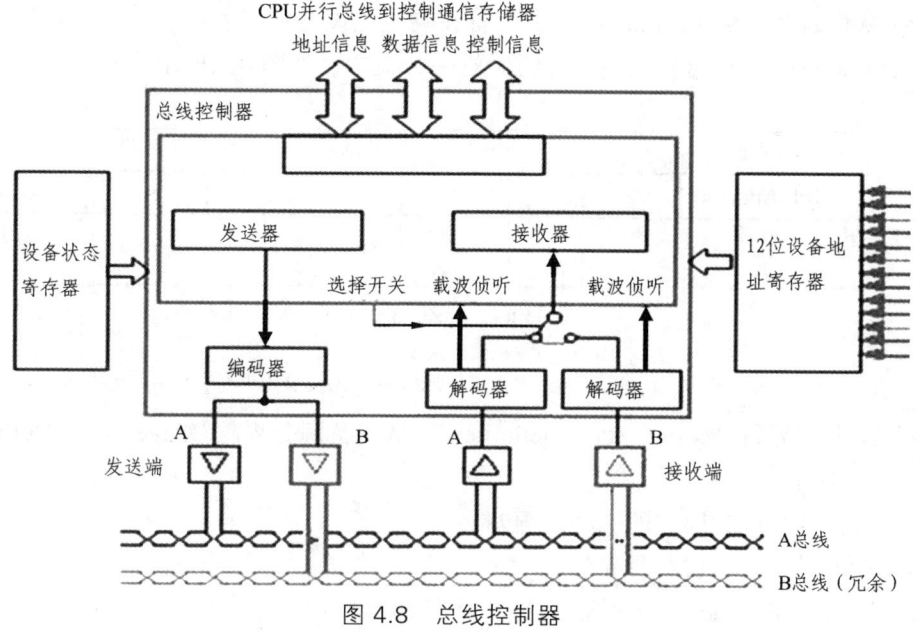

图 4.8　总线控制器

（1）0 类设备：不参与通信。中继器和星型光耦合器属于这类。

（2）1 类设备：连接简单的传感器或执行机构，不可远程配置，无应用处理器，不参与消息通信。

（3）2 类设备：自带应用处理器，可配置，能预处理信息，但处理程序固定，参与消息通信。

（4）3 类设备：是可编程逻辑控制器（PLC）的完全站。此类设备有许多端口，典型的是有 256 个。

（5）4 类设备：与 2、3 类设备相同，但能提供更多服务，参与总线的管理与控制。典型的 4 类设备有：

① 控制总线的总线管理器。

② 网络管理器。

③ 连接车厢总线和列车总线的网关。

四、MVB 的信号表示

MVB 的速率为 1.5 Mb/s。数据采用曼彻斯特编码，每一数据位码元中间都有跳变，从高到低的跳变（负跳变）表示为"1"，正跳变则表示为"0"。帧数据以 9 bit 帧源定界符开头，以 8 bit 校验序列结束。

五、MVB 帧结构

MVB 帧有两种类型：

（1）主设备帧（Master_Frame），只由主设备[Bus_Administrator（总线管理器）之一]生成。

（2）从设备帧（Slave_Frame），从设备在响应主设备帧时发送。

一个主设备帧及相应从设备帧共同形成一个报文，如图4.9所示。

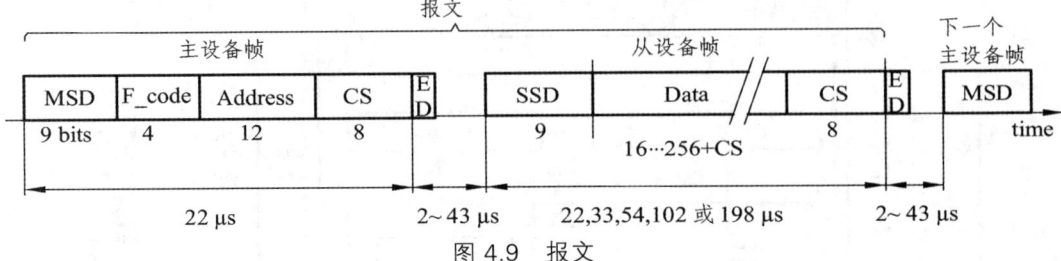

图 4.9　报文

MSD—主设备源分界符；ED—帧结束定界符；SSD—从设备源分界符；CS—校验序列

主设备源分界符（Master_Start_Delimiter）和从设备源分界符（Slave_Start_Delimiter）不同，以防止同步失败。

主设备帧的长度为固定的 33 bit，包括：

（1）9 bit 的主设备源分界符。

（2）4 bit 的 F_code，指明期望的从设备帧的类型和尺寸。

（3）12 bit 的域用于地址或参数。

（4）8 bit 的校验序列（Check_Sequence）。

所有的设备都对主设备帧译码。被寻址源设备用其从设备帧回答，该从设备帧可被多个其他设备接收。

从设备帧可以有 5 种尺寸，分别为 33、49、81、153 和 297 bit，包括：

（1）9 bit 的从设备源分界符。

（2）16～256 bit 的数据。

（3）对应各 64 bit 序列的 8 bit 的校验序列。

主设备帧和从设备帧的格式如图 4.10 所示。

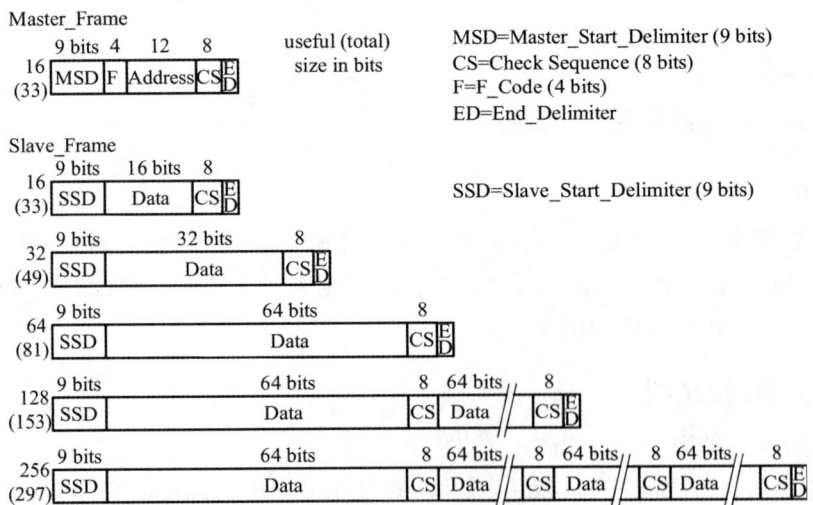

图 4.10　主设备帧和从设备帧格式

六、MVB 报文

1. 报文类型

MVB 的报文类型一共有 16 种，由主设备帧中的 F_code 区分，如表 4.2 所示。

表 4.2 MVB 的报文类型

F_code	报文类型
0	16 bit Process_Data_Request（过程数据请求帧）
1	32 bit Process_Data_Request（过程数据请求帧）
2	64 bit Process_Data_Request（过程数据请求帧）
3	128 bit Process_Data_Request（过程数据请求帧）
4	256 bit Process_Data_Request（过程数据请求帧）
5	（保留）
6	（保留）
7	（保留）
8	Mastership_Transfer_Request（主设备权传送请求帧）
9	General_Event_Request（常规事件请求帧）
10	（保留）
11	（保留）
12	256 bit Message_Data_Request（消息数据请求帧）
13	Group_Event_Request（组事件请求帧）
14	Single_Event_Request（单事件请求帧）
15	Device_Status_Request（设备状态请求帧）

2. Process_Data（过程数据）报文

过程数据报文是对含有 F 代码为 0～4 及逻辑地址的主帧的响应，如图 4.11 所示。过程数据帧由一个设备发送，由其他所有设备接收。

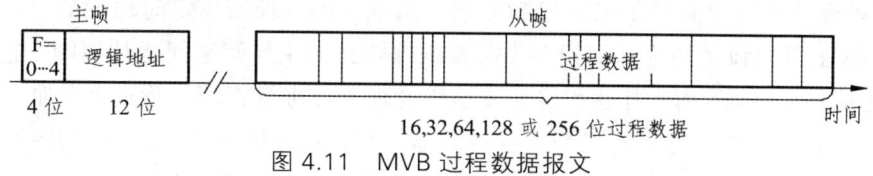

图 4.11 MVB 过程数据报文

3. MVB 消息数据报文

消息数据是对 F 代码等于 12 并含有一个设备地址的主帧的响应，报文长度固定为 256 位，如图 4.12 所示。消息数据包含有 12 位的目标地址，所有设备都对目标地址译码，但仅是被选择的目标设备才接收该帧。

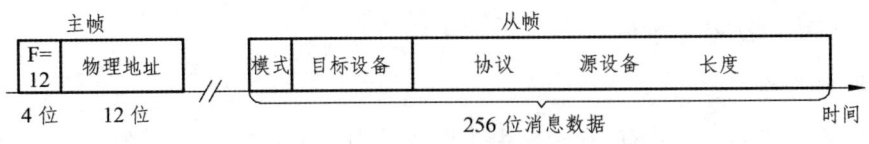

图 4.12 MVB 消息数据报文

4. MVB 监视数据报文

监视数据是对 F 代码为 8、9、13、14 和 15 的主帧的响应,它的长度为 16 位,如图 4.13 所示。特例:F 代码等于 15 为读设备状态,总线主可以轮询以检查各设备的状态。

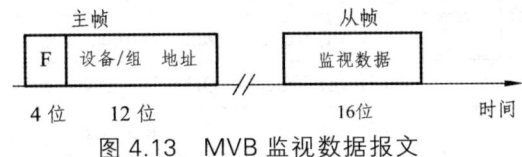

图 4.13 MVB 监视数据报文

七、MVB 端口

主帧与响应它的从帧间的间隔小于 4 ms,为了能在这样短的时间内作出响应,设备应事先准备好从帧以备发送。为此,设备把它的数据放在称为端口的寄存器中,每个设备可有几个端口,分别为源端口和宿端口。

端口有两种类型:物理端口和逻辑端口。它们由主帧中的 F 代码来区分。

(1)逻辑端口(F 代码为 0~4):每个设备都有许多逻辑端口,典型的为 256 个。组态时这些逻辑端口或是作为源端口,或是作为宿端口。它们的长度可以为 16、32、64、128 或 256 位。逻辑端口为过程数据提供了基本通信。

(2)物理端口(F 代码 8~15):每个设备都有 8 个物理端口,供监视数据和消息数据用。除了消息数据端口外其他端口的长度都固定为 16 位。256 位的消息端口(F 代码 =12)仅用于消息数据。仅是主帧中规定的设备才能发出消息数据。端口位于通信存储器中,共享存储器由应用处理器及总线控制器共同访问。

八、MVB 介质访问控制(介质分配)

MVB 介质访问控制采用主从控制方式,由唯一的主控器以定时轮询的方式发送主控帧。总线上其他设备均为从属设备,需要根据收到的主控帧来回送从属帧。它们不能同时发送信息。MVB 由专用主设备——总线管理器,进行管理。管理器是唯一的主设备。为增加其可用性,可能有多个总线管理器,它们以令牌方式传递主设备控制权。

在列车运行时,通信网上传送的只有过程数据和消息数据,这两种数据用周期传送和非周期传送来区分。周期性和偶发性数据通信共享同一总线,但在各设备中被分别处理。周期性和偶发性数据发送由充当主节点的一个设备控制。

如图 4.14 所示为 MVB 通信,总线主控设备可位于总线的任何部分,它按预定的顺序周期性地轮询各个端口。

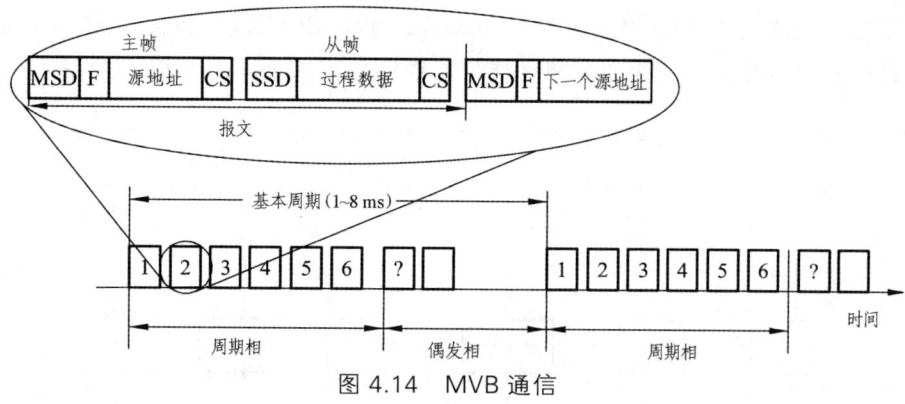

图 4.14 MVB 通信

在常规运行前,要建立主设备读端口的顺序。对每个端口,应用定义了特征轮询周期。特征轮询周期总是基本周期(Basic_Period)的 2^N 倍($N=1\sim10$)。具有相同特征周期(Individual_Period)的端口属于同一个循环。

周期 1 在每个基本周期中予以轮询,周期 2 指每 2 个周期轮询 1 次,周期 4 指每 4 个周期才轮询 1 次,依此类推。如图 4.15 所示。大的周期可以分为子周期,延伸到多个周期里。

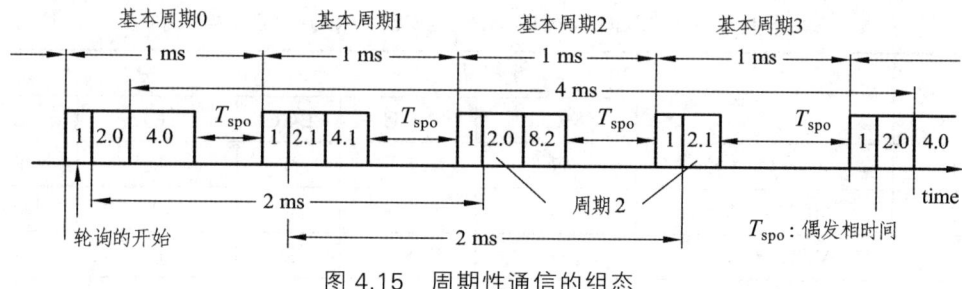

图 4.15 周期性通信的组态

九、MVB 的容错

MVB 的容错设计达到了以下要求:传送的完整性;故障的独立性;传送的可用性;组态的能力。主要从以下几个方面来考虑:

(1)介质冗余。

(2)总线管理器冗余。

(3)令牌传递算法。

十、MVB 的实现

如图 4.16 所示是一个动力分散(动车组)的列车通信网络原理框图。

该动车组的列车通信网络分为 WTB 和 MVB 两级。WTB 上的节点包括司机所在动力车的中央控制单元 CCU、无司机动力车控制单元 MCU、拖车控制单元 VCU 共 3 类(各 2 个)6 个节点。每个 WTB 节点之下采用 MVB 车厢总线连接牵引控制单元 TCU(只有动车上才有)、辅助系统控制单元 ACU、制动控制单元 BCU、轴温及车门控制单元 XDU 等计算机控制检测设备。其各个车厢总线上传输的数据如表 4.3 和表 4.4 所示。

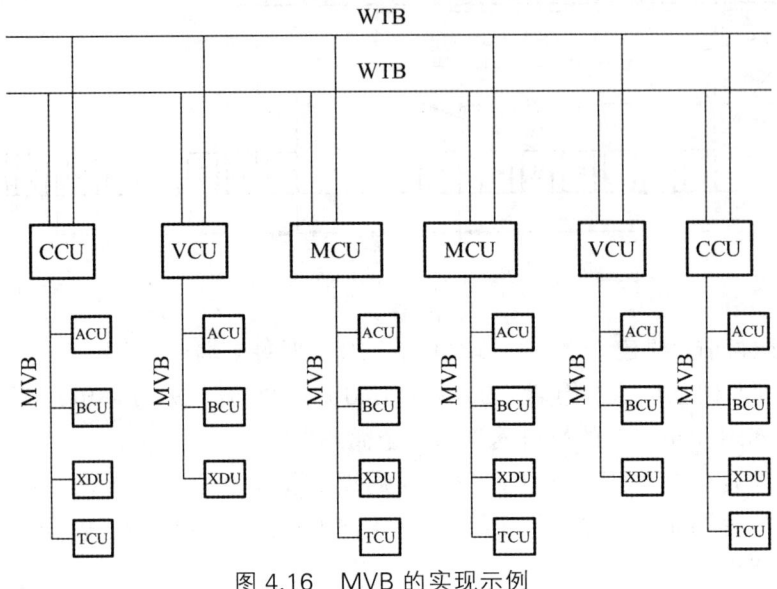

图 4.16 MVB 的实现示例

表 4.3 车厢总线上 MCU、VCU 发送，BCU、ACU、XDU 接收的信息

序号	信号名	发送者		接收者		
		MCU	VCU	BCU	ACU	XDU
1	自检命令字	S	S	R	R	R
2	MCU 状态字	S	—	R	R	R
3	VCU 状态字	—	S	R	R	R
4	机车速度	S	S	R	R	R
5	隧道信号	S	S	—	—	R

表 4.4 车厢总线上 BCU、ACU、XDU 发送，MCU、VCU 接收的信息

序号	信号名	发送者			接收者	
		BCU	ACU	XDU	MCU	VCU
1	自检应答字	S	S	S	R	R
2	BCU 状态字	S	—	—	R	R
3	制动缸压力	S	—	—	R	R
4	ACU 状态字	—	S	—	R	R
5	总风缸压力	—	S（仅头车）	—	R（仅头车）	—
6	XDU 状态字	—	—	S	R	R

第三节 绞线式列车总线（WTB）

一、概 述

WTB 总线主要应用于列车级的通信，其传输速率为 1 Mb/s，可以实现过程数据和消息数据的传输。其最大的特点就是具有列车初运行功能（列车初运行功能就是当列车车辆的配置发生变化后，能够自动地对车辆进行编址，构成新的列车拓扑结构，而不需要人为的参与）。WTB 总线特别适用于需要动态编组的列车车辆，如国际 UIC 列车。

WTB 能够周期性地传输过程数据，其传输周期为基本周期（25 ms）的整数倍，传输数据的最大长度为 128 个字节。过程数据采取广播方式，总线上一个节点可以接收到其他节点的过程数据。对于非周期性数据的传输，可以采用消息数据方式，其传输速度较慢。消息数据需要相应的实时协议栈支持，用于实现网络层及以上各层协议。

WTB 是以德国 DINV3322 和意大利 CD450 高速列车的数据通信经验为基础而制定的，WTB 的特性如表 4.5 所示。WTB 使用专用屏蔽双绞线电缆。电线的布置采用冗余原则，在各车辆的每一侧各有一根电缆。为适应频繁改变其组成的列车组，WTB 被设计成通过手插式跨接电缆或自动连接器来实现车辆之间互连的设备。考虑到严酷的环境、连接器的存在以及总线的非连接性，TCN 标准建议采用数字信号处理器对曼彻斯特信号译码。

作为通用的现场总线，WTB 属于总线仲裁型网络，其链路层使用 HDLC 高级数据链路控制，数据交换采用报文传送的方式，适用于列车网，并适用于经常解挂和连挂的列车。

表 4.5 WTB 的特性

构 形	形成总线的电缆节的链
介 质	屏蔽双绞线，STP-120
长 度	长 860 m，带有 32 个节点的特定电缆；可以有更长的长度和更多的节点（最大节点数 62）
物理层冗余	双电缆物理层介质
信 号	带有 16～32 bit 前同步码的曼彻斯特编码
信号数据传输率	1.0 Mb/s
寻 址	单播（初运行时分配 6 bit 地址）；广播
帧尺寸	有效数据：每个 HDLC 帧（HDLC_Frame）4～132 字节
完整性	每帧 16 bit 的帧检测序列，帧尺寸监督和曼彻斯特编码
介质分配	由一个主设备决定
通 信	循环（周期 25 ms），用于过程数据（Process_Data）；偶发，用于 Message_Data（消息数据）和 Supervisory_Data（监督数据）

续表

构 形	形成总线的电缆节的链
主设备权	每个节点可以在初运行中通过应用命令或初始化时的争论或失效后成为主设备
主设备冗余	初运行时主设备权传到其他节点
Link_Layer（链路层）服务	过程数据（Process_Data）源寻址变量的广播； 消息数据（Message_Data）报文； 监督数据（Supervisory）总线监督
层管理	链路层管理接口
可选项	用于清理连接器的清除电路

二、WTB 的拓扑

WTB 采用总线拓扑，如图 4.17 所示。它采用屏蔽双绞线，要求有较高的机械连接性能。使用该种介质可以达到 1 Mb/s 通信速率，长度为 860 m，对应 22 节 26 m 长的 UIC 列车。一般可连接至少 32 个节点，更长的距离和更多的节点（最多 62 个）也可以实现。

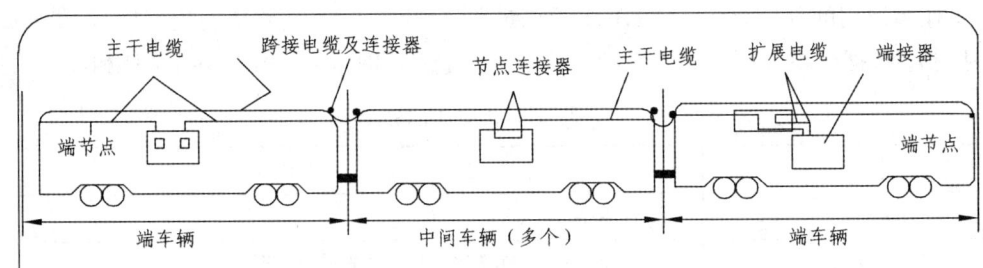

图 4.17 WTB 总线拓扑

WTB 介质是由不同车辆上的电缆节连接而成的。在总线主控制下，WTB 周期性地广播牵引和列车控制使用的过程数据。它也按需发送比较长但不太紧迫的消息数据，如旅客信息、诊断和维护信息。在列车组成发生改变或节点出现故障时总线主权可以转移。当列车组成改变时，例如车辆连挂时，WTB 自动重新组态，给各节点指定地址和取向及分发新的拓扑。

三、WTB 介质

1. WTB 介质的机械稳定性

WTB 运行在屏蔽双绞线上，该介质提供了连接分开的车厢所需的高机械稳定性。

2. WTB 长度

特定的电缆允许在 860 m 的距离上以 1 Mb/s 的速率传输，相当于 22 个 26 m 长的车厢的 UIC 组成,加上 50%用于弯曲处长度。

3. WTB 节点数

最多有 32 个节点能附挂到该类双绞线上,因为每个车厢可以有不止一个节点。

4. WTB 在车厢间的连接方式

为了连接不同的车厢,WTB 可以使用自动耦合器接触(如对市郊列车的)或手插电缆接触。

因为车厢的朝向不可预测,配电线(如空气管道)通常在车厢端接处分开并穿过两个连接器。连接器中至少有一个是已插入的,UIC 线缆就是如此。

由于开放电缆残段(一个连接器已插入,而另一个在摇摆)或者两条电缆并联(两个连接器都被插入)将引起电气中断,因此 WTB 电缆不能分开穿过两个并行的连接器。

因此,两条跳线电缆均应插入,但是每一条线缆需要连接不同的 WTB 电缆。这自然产生了如图 4.18 所示的冗余线路。

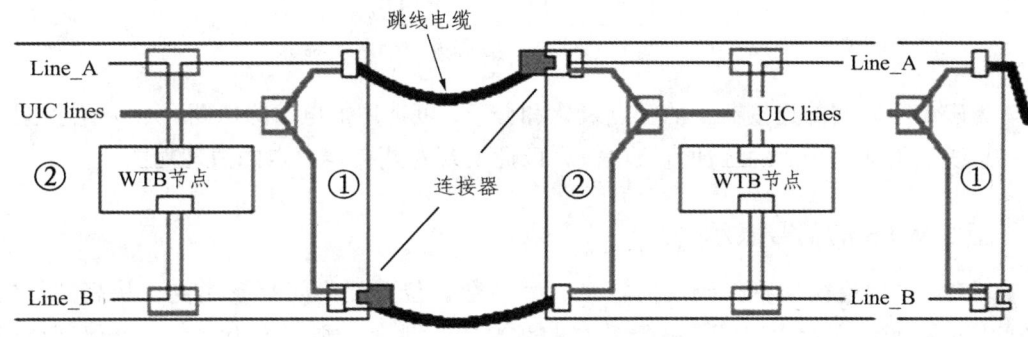

图 4.18　WTB 电缆安排(顶视图)
①—方向 1;②—方向 2

四、WTB 介质附挂单元

介质附挂单元(Medium_Attachment_Unit)有两个收发器,每个方向上各一个。收发器使用变压器实现与外部导线的电隔离,并附挂到曼彻斯特编码/译码器上。

较长的总线上,信号的动态范围对于标准的零交叉检测器来说太大,基于统计数字信号处理器(SDSP)的曼彻斯特译码器允许的范围超过 30 dB。

每个收发器被附挂到能收发帧的信道上,连接的可能是主信道(Main_Channel),也可能是辅助信道(Auxiliary_Channel)。在构成上,两个收发器是相同的。

如图 4.19 所示为端节点(End_Node)的开关位置。总线开关(Bus_Switch)打开时,总线节间的连接断开。端接器开关(Terminator_Switches)关闭时,插入端接器。方向开关(Direction_switch)的一个方向连接主信道,另一个方向连接辅助信道。

一个中间节点(Intermediate_Node)(列车中部)连接总线节,并去除端接器。该节点仅使用主信道而辅助信道被禁用。

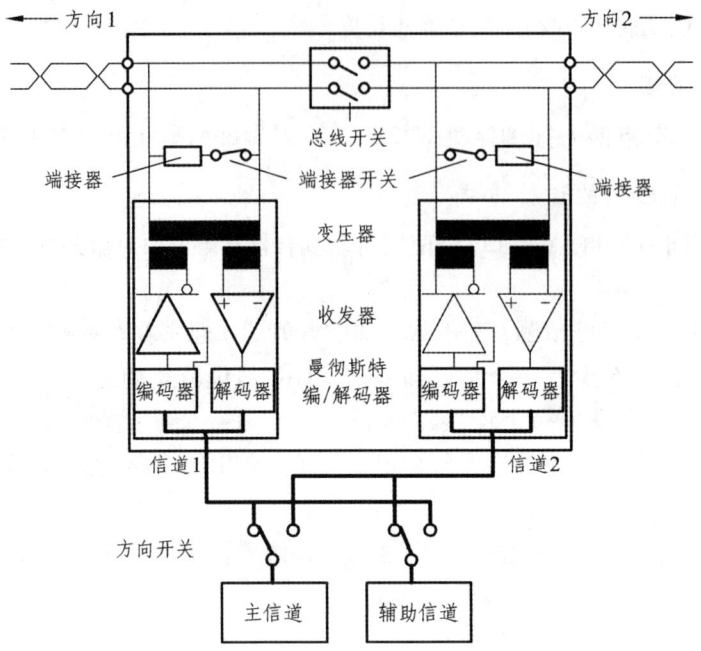

图 4.19 介质附挂单元（端节点）的开关显示

为避免车厢间的连接器上的触点氧化和分叉，可选用加电清除电路。加电清除电路是在总线上附加一个大的脉冲直流电流，以此实现对连接器触点的清理功能。

五、WTB 的信号表示

WTB 采用曼彻斯特编码反向定义，每一数据位码元中间都有跳变，从高到低的跳变（负跳变）表示为"0"，从低到高的跳变（正跳变）则表示为"1"。为保证译码器正确同步，每帧以 16 至 32 位的帧头开始。

六、WTB 帧格式

所有的 WTB 帧都具有同样的编码，遵循 HDLC（ISO/IEC 3309）规范，如图 4.20 所示。

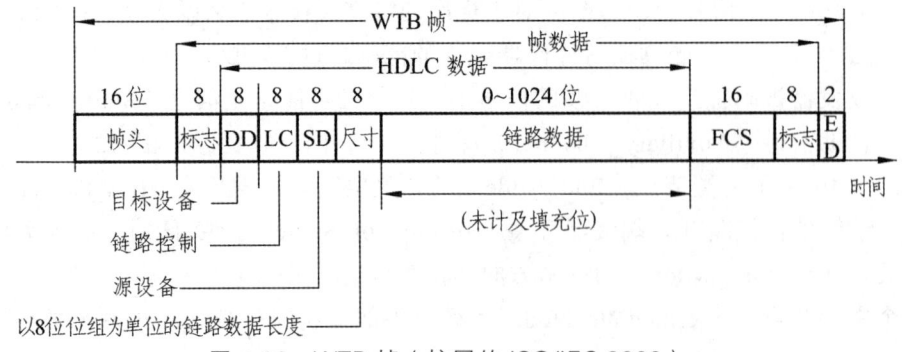

图 4.20 WTB 帧（扩展的 ISO/IEC 3309）

每帧开始的帧头由曼彻斯特编码器产生,并由曼彻斯特译码器去掉。它不属于帧数据的一部分。它的长度为 16~32 位,但默认值是 16 位。并且帧数据用两个 8 位的标志分界(01111110)。

HDLC 数据以 8 位目标设备的地址开始,它是目标节点的节点地址(或广播地址),由 HDLC 控制器译码。接下来是 8 位链路控制字段,这是 WTB 特定的。再下来是 8 位源节点的设备地址。"长度" 8 位位组指明后随的链路数据 8 位位组的总数。链路数据后接 16 位帧校验序列,它与 HDLC 一致,能检测出几种类型的出错。8 位结束标志后是终止分界符,它由曼彻斯特编码器产生,并由曼彻斯特译码器去掉。

两个标志间的帧数据为 134 字节或 1 072 位。由于 HDLC 的位填充机制,最坏情况下帧数据为 1 289 位时间,加上帧头、标志及终止分界符的 34 位时间,总数为 1 323 位时间。

七、WTB 报文

总线主设备通过发出主设备帧在源设备和一个或多个目的从设备之间建立通信。被选中的从设备发出从设备帧作为响应。主设备帧和从设备帧都进行广播,即被所有设备接收。

如图 4.21 所示为 WTB 报文的格式。该报文包括一个主设备帧以及用来响应该主设备帧的从设备帧。

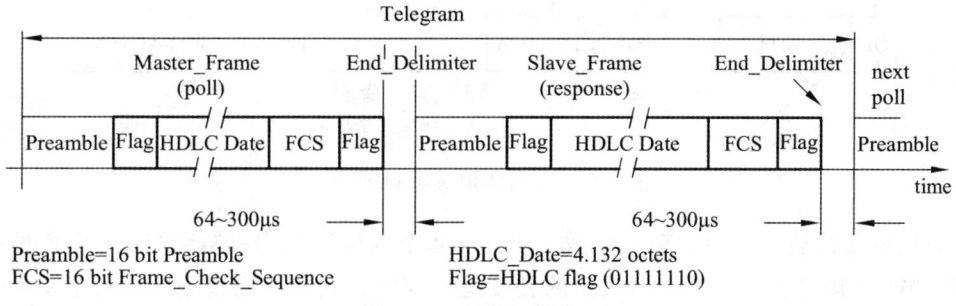

图 4.21 WTB 报文

WTB 报文存在三种:
(1)过程数据(Process_Data)报文。
(2)消息数据(Message_Data)报文。
(3)监督数据(Supervisory_Data)报文。
在收到主设备帧后,从设备总是答以同种类型的帧。

1. 过程数据报文

当总线主轮询一个节点的过程数据时,被轮询的节点广播一个从帧,如图 4.22 所示。该帧被所有其他节点接收,因为 WTB 上的所有节点都是用户,是所有其他节点过程数据的宿。节点以固定格式的过程数据帧响应,这种固定格式在每次组成改变时建立。为增加组成改变时的完整性,过程数据帧的开头两个 8 位位组留给帧内容的标识。

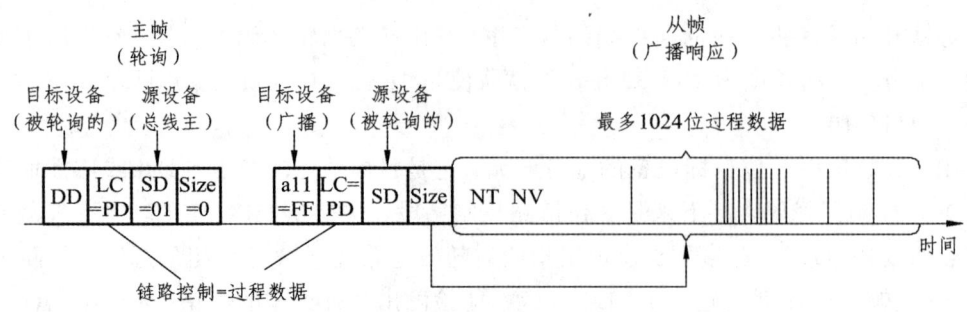

图 4.22　WTB 过程数据报文

当总线主自己发送过程数据时，它先发送一个轮询帧，然后按与从设备相同的定时发送一个从帧，这称为自轮询。

2. 消息数据报文

当总线主轮询一个节点的消息数据时，节点用包含一个消息包的从帧来响应，这样就形成了一个消息数据报文，如图 4.23 所示。

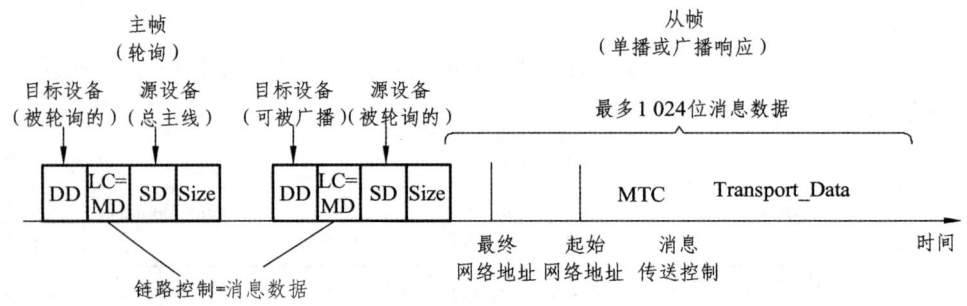

图 4.23　WTB 消息数据报文

消息报文帧被一个目标节点接收。开头的 4 个八位位组构成链路报头，它们的格式对所有 WTB 帧是相同的。消息数据的长度是可变的，它也可以是空的（长度 = 0），这发生在被轮询的节点无消息数据需要发送时。

3. 监视数据报文

除了过程数据帧和消息数据帧外，WTB 为初运行及组态控制还发送监视数据报文，如图 4.24 所示。

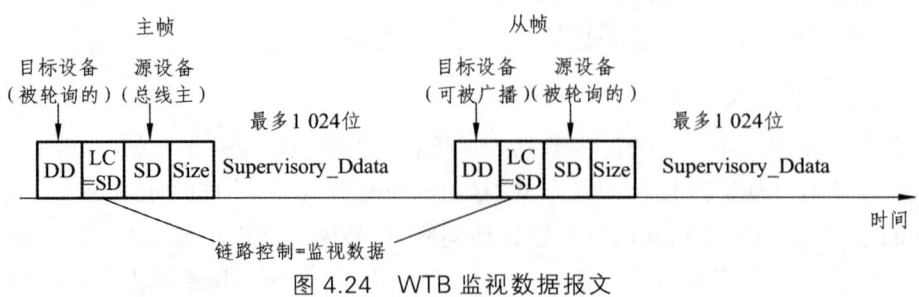

图 4.24　WTB 监视数据报文

一个监视主帧可以有一个广播的目标设备,这种情况下没有从帧,但总线主等待超时,好像在期待从帧的到来。

八、WTB 介质访问

主设备节点负责介质访问,其他所有节点都是从设备,只在被主设备轮询时响应。

常规操作中,主设备的操作循环进行。它把总线动作分配到若干基本周期(Basic_Periods)中。基本周期由一个周期相(Periodic_Phase)和一个偶发相(Sporadic_Phase)组成,如图 4.25 所示。

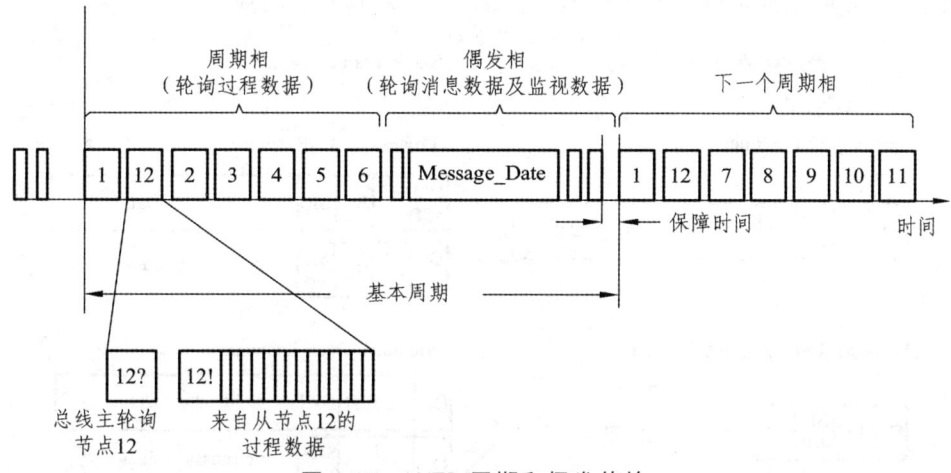

图 4.25　WTB 周期和偶发传输

为保证过程数据确定、及时地发送,主设备按事先定义的间隔(即节点的特征周期)轮询各节点以获取周期性数据(Periodic_Data)。在两个周期相之间的固定时间内,主设备轮询从设备以获取偶发性数据:消息数据和监督数据。

组成改变时,每个节点向主设备声明自己要求在哪个周期被轮询,主设备据此为节点建立了轮询策略。

基本周期固定为 25 ms,带有紧急过程数据的节点可以请求每个基本周期被轮询一次(图 4.25 中给出了牵引车厢的节点 1 和节点 12),不带紧急过程数据的节点(如车厢)以特征周期被轮询。特征周期的长度是基本周期的整数倍。

车厢数量增加时,周期相延长而偶发相缩短,这样做可以使周期性数据的发送时延与车厢的数目无关,消息数据则相反。

应用负责确保足够的时间用于偶发数据。例如,如果主设备每 25 ms 轮询 10 个节点,轮询一个设备的时间是 1 ms,那么剩余的 15 ms 用于偶发数据。如果节点的数量增加到 20 个,仅剩下 5 ms 用于偶发数据,这可能太短。

对于偶发数据,主设备只能顺序轮询从设备。为了缩短搜索时间,从设备在被轮询时发出有偶发数据要发送的信号。主设备接着在周期相后再次轮询该从设备,获取偶发数据。

注：只要节点的数量少，那么WTB轮询节点偶发数据的方法是可行的。在支持最多4 096个设备的MVB上，这种方法被仲裁机制替代。

在每个基本周期中，主设备为检测组成部分的完整性（列车缩短或失效）和附加节点（列车变长）的轮询端节点之一。

如果端节点本身就是主设备，主设备仍然轮询自己并响应自己，以便让其他节点检查到它的存在。

九、常规操作中的WTB帧

如图4.26所示为常规操作中所有可能的主设备帧和从设备帧。

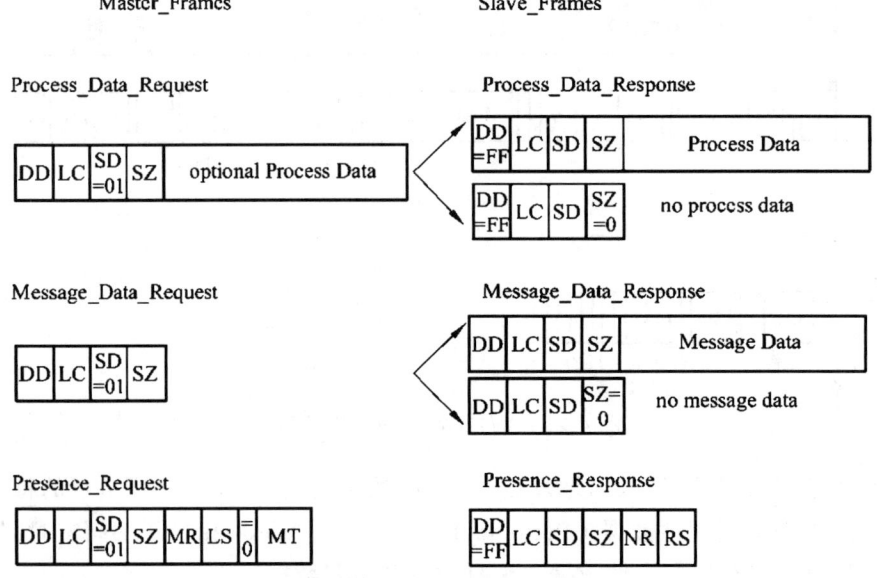

图4.26 常规操作中的WTB帧

DD—Destination Device； LS—Local Strength； SZ—Link_Data size in octets； MR—Master Report；
LC—Link_Control； Mt—Master Topo_Counter； SD—Source Device； RS—Remote Strength；
FF—broadcast address； NR—Node Report

第四节 WTB初运行

一、初运行的目的

当列车的组成改变时，特别是车厢被连挂或解挂时，主设备会重新配置总线，这个过程被称为初运行。初运行中：

（1）节点连接电缆节形成一个两端带端接器的单段。

（2）每个节点接收一个标明其位置和相对于主设备方向的唯一地址，并通知主设备它需要的特征周期和节点描述符（Node_Descriptor）。

(3)每个节点收到一个称为构形的描述符,该描述符显示其他节点的地址、位置和描述符。

二、节点地址分配

根据下面的惯例,初运行过程为每个节点分配一个位置地址如图 4.27 所示。

(1)主设备(执行初运行的主设备)收到地址 01。

(2)不管实际运行方向,主设备定义"底部"为方向 1(Direction_1),"顶部"为方向 2(Direction_2)。

(3)在方向 1 上降序排列的主设备节点以地址 63 开始,该方向最后命名的节点是底部节点。

(4)在方向 2 上升序排列的主设备节点以地址 02 开始,该方向最后命名的节点是顶部节点。

(5)主设备最多可以命名 62 个节点。

(6)未命名节点在自己的主信道和辅助信道(两种信道都可以被认为是辅助信道)上响应"unnamed"地址。

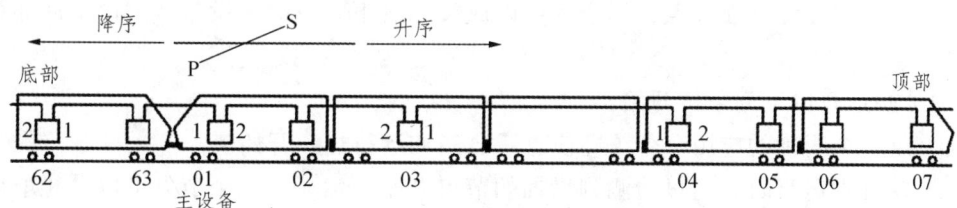

图 4.27 节点位置寻址方案

初运行使每个节点都知道:

(1)自己的地址。

(2)节点的线 A(Line_A)和线 B(Line_B)中哪一条对应主设备的线 A。该线被命名为"P",另一条为"S"。

(3)节点的地址以升序还是降序命名。

(4)显示所有节点位置、地址和类型的构形。

这个方案要求所有车厢已经被线缆连接好,也就是节点的方向 1 应指向每个车厢的 1 端。

三、强节点和弱节点

应用可以指定仅一个节点为主设备,这个节点称为强节点(Strong_Node)。如果没有其他强节点,它将控制总线。在这种组成中,不应有其他强节点。

为了使 WTB 没有指定的主设备也能运行,应用也可以允许多个节点成为主设备:弱节点(Weak_Node)。一个弱节点在一定时间内没有诊测到总线活动后,就成为弱主设备(Weak_Master),并开始命名其相邻的节点。

在应用的控制下,作为主设备的节点可以改变。例如,在终点站可逆向(推-拉)改变列车运行方向时,司机从司机室中取下钥匙,走到列车的另一头,把钥匙插在反方向的司机室中。在取下钥匙时,主设备还像以前一样控制列车,但这时作为弱主设备(Weak_Master)。它仅仅通知其他节点自己被降级。总线保持可运行状态,但是应用被告知强度改变,并采取行动,例如禁止牵引。

在另一个节点插入钥匙后,这个设备便升为强节点。当弱主设备检测到有一个节点已经升级时,它取消它所控制的所有节点的命名,并回到从设备状态。然后新的主设备重将会新命名所有的节点。

全部用弱节点操作总线也是可能的。弱节点机制也用于避免主设备失效。

四、初运行要求

(1)初运行过程确保在下面情况下,总线被且仅被一个主设备控制:

① 如果有多个弱节点,一个仲裁过程确保其中恰好有一个收到总线控制,而其他弱节点将成为它的从设备。

② 如果存在一个强节点,那么这个节点成为主设备并命名其他所有节点(从设备)。

③ 如果存在几个强节点,每个都可以成为总线不同段的主设备,主设备冲突被告知应用。

(2)初运行以下列条件开始:

① 以一个明确的应用命令(即使总线已经初运行过)开始。

② 在日常运行时,通过检测到增加的节点开始。然而,一个节点可以禁止取消命名或重命名它的段。

③ 通过在常规操作中将一个弱节点(从设备)提升为强节点开始(如果该弱节点还不是主设备)。

④ 如果所有的节点都允许,那么通过节点再次插入自己时启动初运行。

⑤ 一定时间内若没有总线活动,则开始初运行。这可能是启动时的正常状态或者由于总线干扰(节点重入)、总线变短或主设备失效而产生的异常状态。

(3)一个节点可以在任何时候作为从设备参与初运行,除非它被置于睡眠或非激活状态,因为恢复操作取决于这种状态。

(4)对于32个节点,初运行过程在超过25 ms但少于1.0 s的时间内完成。需要最小时间确保日常运行开始前所有节点能向它们的应用报告初运行。

(5)除了偶尔无意中进入睡眠模式外,中间节点(Intermediate_Node)的失效仅影响节点本身。

(6)帧出现丢失时初运行宿。如果节点对三个连续的请求都不响应,主设备认为节点失效。

(7)节点重复尝试成为主设备(例如一个聋节点)的现象不会阻止总线的正常运行,但可能会引起偶然干扰。

（8）不管节点是按升序还是按降序命名，所有节点都能收到它们的位置编号、相对主设备的方位和构形。

（9）每次任何已命名节点的节点描述符的改变或其强度的改变都会使主设备发布构形。

五、初运行中的 MAU 单元

初运行的实现，与下面的 MAU 单元相关，每个节点采用端设置或中间设置，如图 4.28 所示。

（1）端设置：总线开关打开，两个端接器都被插入。主信道和辅助信道被连到相反的方向。

（2）中间设置：总线开关关闭，两个端接器都被去除，辅助信道被禁用。应用提供节点控制并接收节点状态。

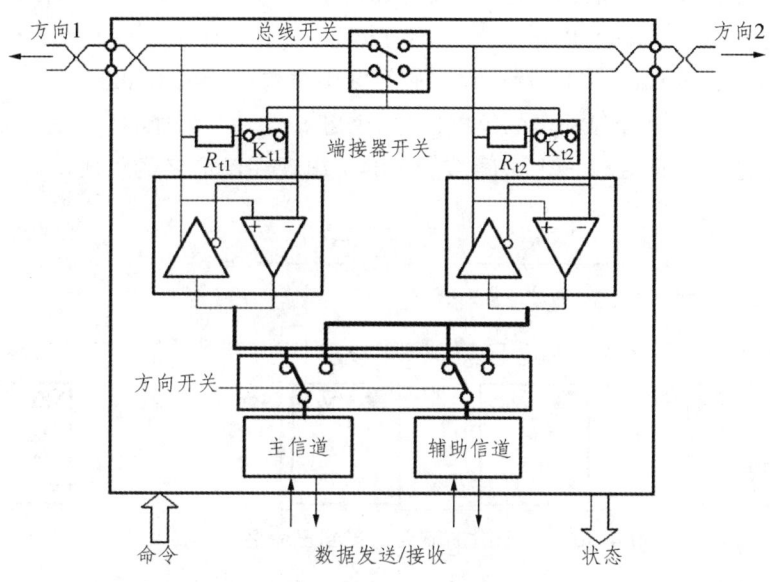

图 4.28 初运行时 MAU 单元（单线附挂）

六、常规运行中已命名的组成

如图 4.29 所示为一个典型的初运行总线：所有总线均被命名，节点 01 是主设备。主设备作为端节点（End_Node）被画出，但是它也可以是一个中间节点（Intermediate_Node）。

两个端节点采用端设置，总线开关打开，端接器被插入并且辅助信道被激活。中间节点采用中间设置，总线开关关闭，端接器被去除，辅助信道被禁用（图 4.29 中白色三角形）。它们的主信道（图 4.29 中的黑色三角形）指向主设备。主设备在主信道上为过程数据和消息数据轮询节点。

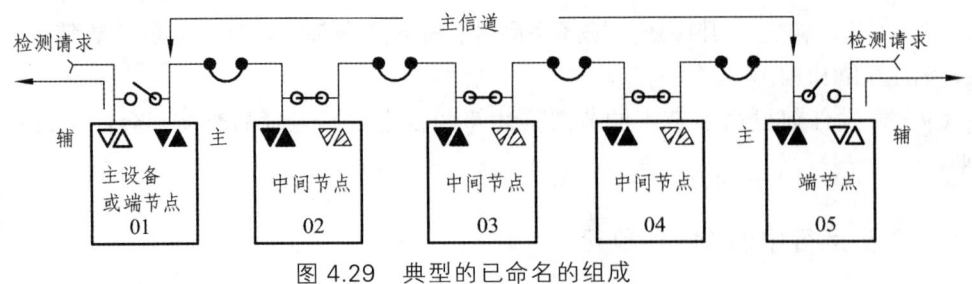

图 4.29 典型的已命名的组成

▼—主信道工作中；▽—辅助信道工作中；▽—辅助信道被断开

七、未命名节点的检测

主设备在每个基本周期用存在请求帧（Presence_Request）轮询一个端节点，端节点用存在应答帧（Presence_Response）响应。另一个端节点在下一个基本周期被轮询。

如果主设备自身是端节点，那么它仍发送存在请求帧给自己，并以存在应答帧响应，因此其他所有节点都可以监控它的存在。存在请求帧的接收引起端节点在辅助信道上发送一个检测请求帧（Detect_Request）。只要没有其他节点连接，一个端节点接收不到检测应答帧（Detect_Response），就在存在应答帧中报告"none found"。

如图 4.30 所示为一个已命名的组成，对于该组成，一个附加的、未命名的节点 7F 被连接。为简化绘图，此处仅一个中间节点（04）出现在已命名的组成中。

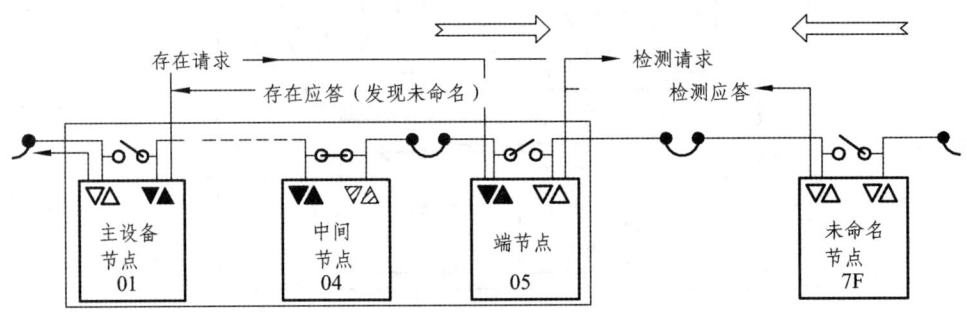

图 4.30 一个附加节点连接到已命名的组成中

当两个端节点实现电连接后，通信就被建立起来了。未命名的节点 7F 收到一个来自端节点 05 的检测请求，它以一个检测应答帧回应，表示它是一个未命名节点。端节点 05 接收到这个检测应答帧后用存在应答帧发送一个表明未命名节点出现的信号给主设备。

八、初运行的决定

端节点向主设备报告一个附加节点时，主设备将决定初运行是否可能。例如，列车速度高于 5 km/h 时，应用可能禁止初运行。

为此所有节点被轮询过程数据时要声明它们的应用的决定，只要一个节点不同意，初运行就会被禁止，并且主设备在存在请求帧中重发节点的决定。如果所有节点都允许初运行，主设备停止日常运行，执行初运行。

九、取消命名

为在明确基础上开始，主设备取消所有它控制的节点的命名，重命名这些节点和附加节点。为此，主设备连续三次对其组成中的其他所有节点广播一个取消命名请求（Unname_Request）。已被取消命名请求明确取消命名的节点通过进入端设置在打断总线前等待一定时间，并采用更长的超时时间以防止命名期间它们被认为是弱主设备出现。

在端设置中，主设备设置自己为独立主设备状态。所有节点发送取消命名信号给各自的应用。

注：日常运行时包含闲置（on-the-fly）的附加节点是危险的。

十、开　始

未命名节点、主设备在每个方向上均发出一个检测请求帧。未命名节点如图 4.31 所示。

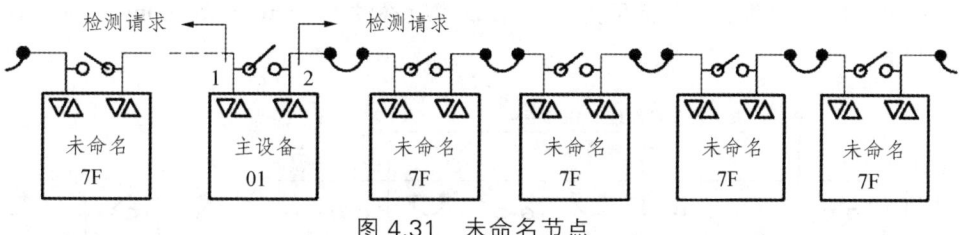

图 4.31　未命名节点

主设备将在方向 1 和方向 2 上命名节点，从首先用检测应答帧响应检测请求帧的方向开始。主设备以降序（63，62 等）命名在方向 1 上的节点，以升序（2，3，4 等）命名在方向 2 上的节点。

十一、命　名

每个节点命名的方案都一样。图 4.32 给出了一个未命名节点如何进入一个已命名的组成的方法。

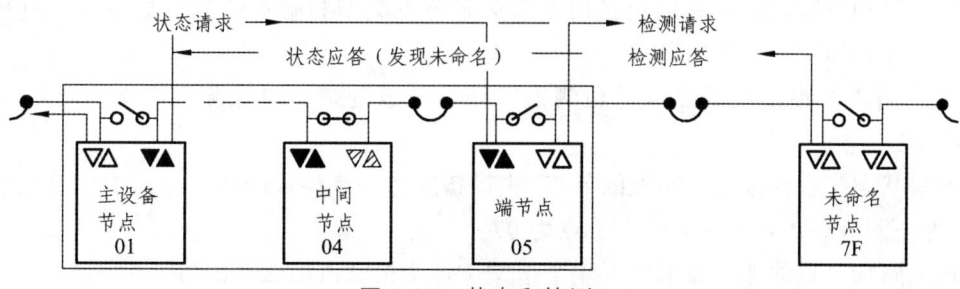

图 4.32　状态和检测

主设备发送一个状态请求帧（Status_Request）给节点 05，使该节点发送一个检测请求帧,未命名节点以检测应答帧响应。在状态应答帧(Status_Response)中,端节点 05 向主设备报告一个未命名节点的存在。

然后主设备用设置中间节点请求帧(SetInt_Request)切换节点 05 为中间节点,端节点 05 靠一个设置中间节点应答帧(SetInt_Response)以及关闭总线开关来回复请求帧,如图 4.33 所示。

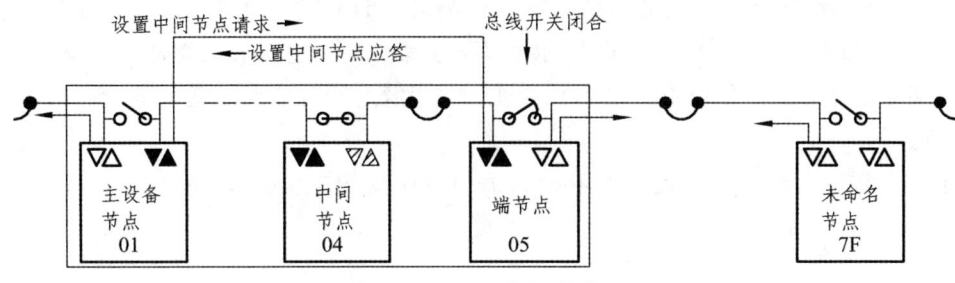

图 4.33 设置中间节点

主设备现在能直接访问未命名节点,并发送一个命名请求帧(Naming_Request),以分配地址"06"给新节点,该节点以一个命名应答帧(Naming_Response)确认命名,如图 4.34 所示。

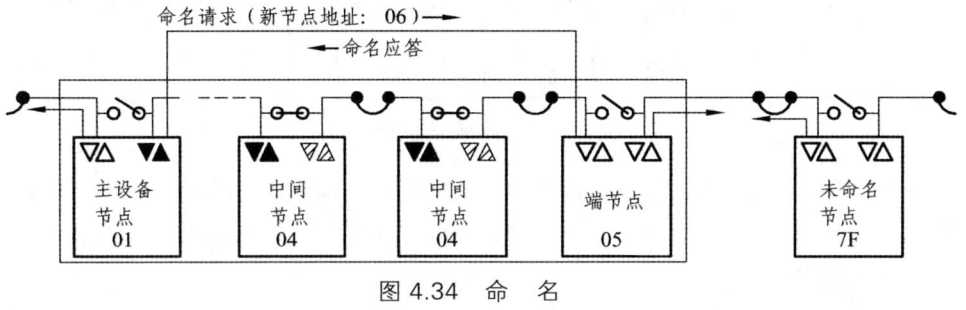

图 4.34 命 名

先前未命名的节点成为组成中新的端节点,它关闭自己的辅助信道,并在主设备方向上接通主信道。

在允许信道交换的时间段后,主设备发送一个状态请求帧给节点 06,新的端节点以状态应答帧应答。该应答帧包含给出新命名节点类型和版本的节点描述符、过程数据的帧尺寸和期望的轮询周期。

状态请求帧也使端节点发送检测请求帧给开放的端,以检测更多节点,如节点 05 的情况。

如果状态应答帧报告有额外的节点,主设备发送一个设置中间节点请求以设置端节点 06 为中间节点,并命名下一个节点为 07。

每个附加节点的加入要求以下 4 个报文(每个报文占用 250 μs):

(1)Status_Request / Status_Response。

（2）Detect_Request/ Detect_Response。
（3）SetInt_Request / SetInt_Response。
（4）Naming_Request / Naming_Response。

从端设置到中间设置的切换要求等待 10 ms，在这期间总线不能使用。继电器关闭时间决定着命名间隔时间。

因为主设备每 25 ms 命名一个节点，因此命名 32 个节点需 800 ms。

每次在一个方向上命名一个节点后，主设备在相反方向上用状态请求帧与它命名的许多节点通信。状态请求帧可能又向主设备报告反方向上更多的节点。

十二、构形发布

端节点在收到连续三个状态请求帧时没有报告有更多的节点，主设备将关闭初运行。

主设备计算新的周期列表（Periodic_List），并基于各节点期望的周期（Node_Period，节点周期）和帧尺寸（Node_Frame_Size，节点帧尺寸）来计算各节点的特征周期。

主设备建立构形，即包含所有节点、地址、节点类型和版本以及唯一标识初运行的主设备拓扑（Master_Topo）的数据结构，如图 4.35 所示。

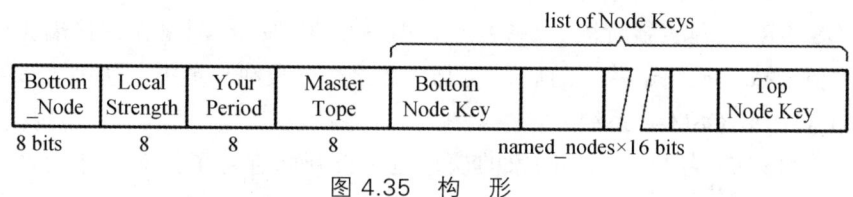

图 4.35　构　形

然后，主设备通过构形请求帧（Topography_Request）给每个从设备发布构形，每个从设备以构形应答帧（Topograph_Response）答复请求帧。所有从设备确认收到新构形后，主设备等待一个基本周期，以允许所有节点更新它们对过程数据的翻译，然后主设备进入日常运行开始为过程数据轮询节点。

第五节　GSM-R

一、GSM-R 无线通信技术

GSM-R（GSM for Railways）系统属于专用移动通信系统的一种，专用于铁路的日常运营管理，是非常有效的调度指挥通信工具。GSM-R 系统是专门为铁路通信设计的综合专用数字移动通信系统。它在 GSM Phase2＋的规范协议的高级语音呼叫功能的基础上，加入了基于位置寻址和功能寻址等功能，适用于铁路通信特别是铁路专用调度通信的需要，主要提供无线列调、编组调车通信、区段养护维修作业通信、应急通信、隧道通信等语音通信功能，可为列车自动控制与检测信息提供数据传输通道，并可提供列车自动寻址和旅客服务。GSM-R 不仅是铁路各种专门用途的无线通信平台，也是构成 CTCS 3 级、CTCS 4 级设备的技术基础。

（一）GSM-R 的发展

GSM-R 通信技术起源于欧洲，目前在德国、瑞士、荷兰、意大利等国家均已进入商业应用。GSM-R 具有适应铁路运输特点的功能优势，更符合通信信号一体化技术发展的需要。GSM-R 的发展大致可分为以下几个阶段：

（1）GSM-R 标准制定阶段：1993 年，国际铁路联盟（UIC）与欧洲电信标准组织协商，提出欧洲各国铁路下一代无线通信以 GSM Phase2＋为标准的 GSM-R 技术，这一提议在 1995 年经 UIC 评估并最终确认。

（2）GSM-R 系统实验阶段：1997 年，24 个国家的 32 个铁路组织签署了 GSM-R 谅解备忘录，签字的铁路组织至少要将 GSM-R 用于过境通信。同年，为了验证 GSM-R 系统的可靠性、兼容性等指标，UIC 还成立另一个专门组织 MORANE（欧洲铁路移动无线系统），它的主要成员包括铁路运营商、GSM-R 制造商的研究机构。1997—2000 年，MORANE 分别在法国、意大利、德国的高速线上开展了三个项目试验，对 GSM-R 系统进行了严格的测试。

（3）GSM-R 工程实施阶段：1999 年，第一个 GSM-R 网络在连接瑞典到丹麦的 Oresund 大桥建成并投入运营。随后，瑞士、德国、意大利、英国、法国、俄罗斯等国相继建设了自己的 GSM-R 系统。

早在 20 世纪 20 年代，一些国家的铁路组织就开始进行了机车与地面之间的无线通信试验。40 年代，许多国家相继在列车上装设电子管无线电话，采用中、短波段。50 年代，一般采用短波段的点对点无线通信。60 年代，随着晶体管和集成电路的发展和应用，铁路移动通信大量采用甚高频（VHF）和超高频（UHF）的频段，采取选址、双工、多用户进行组网的通信，在设备方面体积减小，重量减轻，功耗降低，可靠性增高，并能适应各种气候条件。70 年代以后，微处理机与收发信机相结合，使设备信令更加完善灵活，具有频道自动搜索、用户自动存取、功率自动控制和自动监测设备故障等功能。一些国家的铁路开始使用能与有线电话网连通的列车旅客无线电话。80 年代，铁路移动通信除了应用于铁路列车调度指挥外，还广泛使用在各个铁路业务部门。

20 世纪 50 年代，我国铁路车站值班员和编组场内线路值班员开始使用列车无线调度电话和站内无线电话，采用工作频率为 2 MHz 和 40 MHz 的电子管设备。70 年代初，全部改用 150 MHz 和 450 MHz 频段的晶体管设备。80 年代初，在编组场上推广应用携带小型的 150 MHz、450 MHz 的站内无线电话。同时，铁路沿线维护作业人员的无线电话也相继推广使用。养路、施工的报警无线装置也得到迅速的发展和应用，并进行了山区隧道区段的列车无线调度电话试验。

由于 GSM-R 具有适应铁路运输特点的功能优势，以及更符合通信信号一体化技术发展的需要，因此我国从 1994 年就开始对专用移动通信技术进行跟踪研究。原铁道部于 2000 年底正式确定将 GSM-R 作为我国铁路专用通信的发展方向。2004 年 3 月，原铁道部与北电网络公司（加拿大）签署协议，在世界最高的铁路——青藏铁路建设 GSM-R 试验网。现在已经采用 GSM-R 的线路有大秦重载铁路、武广、郑西、京沪等客运专线。

（二）GSM-R 的特点

GSM-R 有以下特点：

（1）GSM-R 采用 GSM 标准无线数字技术，专为铁路运作提供附加功能。

（2）我国铁路 GSM-R 的频带为：上行为 885～889 MHz，下行为 930～934 MHz。

（3）GSM-R 无线网络是由铁路沿线的无线小区组成的。传输基站由网络中为小区服务的无线设备（收发器和天线）组成。

（4）一组基站与基站控制器相连。基站控制器控制一些与它相连的小区。

（5）基站控制器与控制网络的移动转接中心（MSC）相连，还连接着公共交换电话网络和监控列车位置的铁路智能网络。

（6）期望的基站的覆盖区域为：高速发送时是周围 4 km，其余的为周围 7 km。在平原国家这个覆盖的距离可能更广。在山区或者火车不能直行的地区（比如英国西海岸沿线）覆盖区域需要达到方圆 2 km。

（7）通信点分散成线性结构，局部集中。

（8）在隧道和车站需要 Leaky Feeders 或者 Micro-Cellular 的基站来提供覆盖。

（9）移动交换中心和基站控制器之间的通信很可能用铁路专用的网络来提供。混合利用光纤和电缆的 DSL 技术将被用来完成基站和铁路沿线的当地设备之间的最后连接，包括信号传输，沿线的电话等。

GSM-R 的优点有：可以用在跨越国界的高速列车和一般列车上；可将现有的通信系统融入单一的网络中，减少集成和运行费用；GSM 在全球范围内使用，功能丰富，成熟可靠，引入铁路时改动很少；能灵活提供用户语音和数据服务以及其他功能；在多个国家作为共同的标准使用；可以由现有设备改进为 GSM-R，价格低廉、运行可靠；GSM-R 可以与 ATC 很好地结合。

（三）GSM-R 的体系

GSM-R 系统以 GSM 系统结构为基础，并引入 GPRS 和智能网设备，对相关硬件和软件进行了功能适配，能够为铁路用户提供各种基本业务和补充业务。GPRS 也是 GSM-R 的主要组成部分，可支持数据传输应用和面向无线局域网（WLAN）等全新的特定服务和应用。GSM-R 还能提高网络性能，改进服务质量和可靠性，向高速列车提供清晰的语音和数据通信服务，把它建成综合业务的移动通信系统，最大限度地为铁路运输生产提供服务。

我国铁路采用的 GSM-R 系统主要由以下几部分组成：

1）GSM-R 终端

GSM-R 终端包括固定终端和移动终端。固定终端包括调度终端、车站终端和用户电话等。移动终端包括各类车载台和手持台。

2）基站子系统（BSS）

基站子系统包括基站收发信机（BTS）、基站控制器（BSC）、编译码和速率适配单元（TRAU）等设备。

3）网络交换子系统（NSS）

网络交换子系统包括移动交换中心（MSC）、网关移动交换中心（GMSC）、访问位置寄存器（VLR）、归属位置寄存器（HLR）、组呼叫寄存器（GCR）、签权中心（AuC）、短消息服务中心（SMSC）、确认中心（AC）等设备。

4）智能网子系统（IN）

智能网子系统包括业务控制点（SCP）、业务交换点（SSP）、业务管理系统（SMS）等设备。此外，HLR、MSC 也是重要的智能网业务节点。

5）通用分组无线业务子系统（GPRS）

通用分组无线业务子系统包括网关支持节点（GGSN）、业务支撑节点（SGSN）、分组控制单元（PCU）、域名服务器（DNS）、认证服务器（RADIUS）等设备。

6）运行和维护子系统（OSS）

运行和维护子系统包括交换网络管理子系统（OMC-S）、无线网络管理子系统（OMC-R）、GPRS 网络管理子系统（OMC-D）等。

（四）GSM-R 系统技术的应用

1. GSM-R 业务模型

GSM-R 是专门为铁路通信设计的综合专用数字移动通信系统，它基于 GSM 的基础设施及其提供的高级语音呼叫业务（ASCI），其中包含增强多优先级与强拆（eMLPP）、语音组呼（VGCS）和语音广播（VBS），并提供铁路特有的调度业务，包括功能寻址、功能号表示、接入矩阵和基于位置的寻址，并以此作为信息化平台，使铁路部门用户可以在此信息平台上开发各种铁路应用。如图 4.36 所示为 GSM-R 系统的业务模型层次结构。因此，GSM-R 的业务模型可以概括为：GSM-R 业务 = GSM 业务 + 语音调度业务 + 铁路应用。

2. GSM-R 的终端

GSM-R 系统的终端包括移动终端和固定终端，适应于铁路运输指挥通信、铁路运输管理通信及数据传输通信的不同用户，如表 4.6 所示。

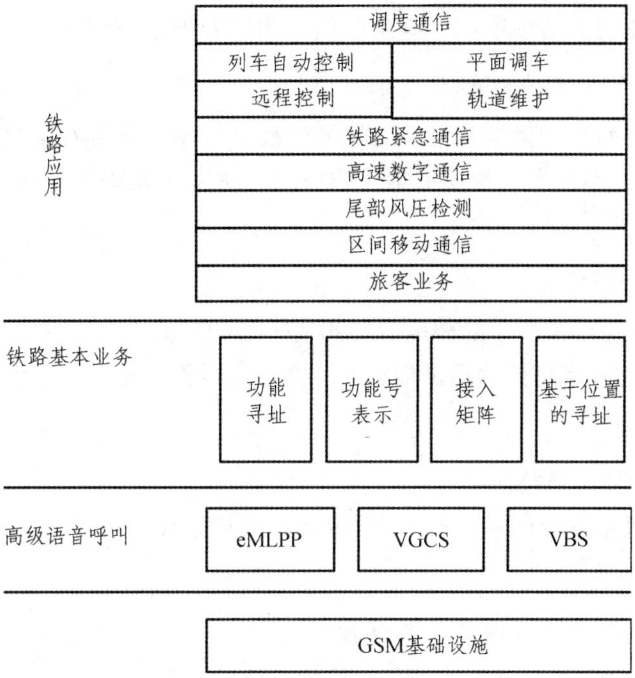

图 4.36　GSM-R 系统业务模型示意图

表 4.6　GSM-R 系统终端及用户类型

终端类型		用户类别及范围
移动终端	作业手持台（OPH）	列车上以及车站、编组场、沿线区间及其他铁路作业区的各工种地面工作人员进行话音和数据通信
	通用手持台（GPH）	铁路公务人员、铁路业务相关人员进行话音和数据通信
	调车手持台（OPS）	编组场调车作业进行话音和数据通信
	机车综合通信设备	运营机车、维修检测机车、编组场调车机车、轨道车等机车司机之间的话音通信和通用数据传输
	列控机车台	运营机车、维修检测机车、编组场调车机车、轨道车等机车与地面控制中心之间的安全信息传输
	汽车车载台	各工种维护维修用车辆的话音和数据通信
	列尾通信设备	列车尾部风压、GPS 机控制信息传输
固定终端	调度终端	各种调度所调度员、值班室值班员的话音和数据通信
	车站终端	车站值班员、其他工种值班员的话音和数据通信
	固定无线台	区间、站场各类信息点、业务点通用数据传输
	有线电话	需要纳入 GSM-R 网络的固定电话用户

3. GSM-R 系统的业务

1）调度通信

调度通信系统的业务包括列车调度通信、货运调度通信、牵引变电调度通信、其他调度通信及专用通信、站场通信、应急通信、施工养护通信和道口通信等。

2）车次号传输与列车停稳信息的传送

车次号传输与列车停稳信息对铁路运输管理和行车安全具有重要的意义，它可通过基于 GSM-R 电路交换技术的数据采集传输应用系统来实现数据传输，也可以采用 GPRS 方式来实现传输。

3）调度命令传送

铁路调度命令是调度所里的调度员向司机下达的书面命令，它是列车行车安全的重要保障。采用 GSM-R 系统传输通道传输调度命令无疑将加速调度命令的传递过程，提高工作效率。

4）列尾装置信息传送

将尾部风压数据反馈传输通道纳入 GSM-R 通信系统，可以方便地解决尾部风压数据的传输问题。

5）调车机车信号和监控信息系统传输

GSM-R 系统提供调车机车信号和监控信息传输通道，实现地面设备和多台车载设备间的数据传输，并能够存储进入和退出调车模式的有关信息。

6）列车控制数据传输功能

GSM-R 系统提供车地之间双向安全数据传输通道，可实现车地间双向的无线数据传输。

7）区间移动公务通信

在区间作业的水电、工务、信号、通信、供电、桥梁守护等部门内部的通信，均可以使用 GSM-R 作业手持台，作业人员在需要时可与车站值班员、各部门调度员或自动电话与用户联系。紧急情况下，作业人员还可以呼叫司机，与司机建立通话联络。

8）应急指挥通信话音和数据业务

应急通信系统是当发生自然灾害或突发事件等影响铁路运输的紧急情况时，在突发事件现场与救援中心之间，以及现场内部采用 GSM-R 通信系统，建立语音、图像、数据通信系统。

9）旅客列车移动信息服务通道

旅客列车移动信息服务可包括移动售票、列车时刻表和移动互联网等服务。可靠车地数据传输系统（基于 GSM-R 电路交换）的出现，使在列车上完成移动售票成为可能。在列车上乘客可以通过售票终端完成客票查询、订票、购票或者补票业务，再通过车地数据传输系统将客票信息实时传送到地面票务中心，以及时更新客票信息。列车旅客信息服务系统是为列车上具有一定接入条件（如笔记本计算机、PDA、手机等）的旅客提

供互联网的业务。然而当今互联网的业务日新月异,而列车是一个高速的移动体,所以在此前提下,应该优先开展如下业务:

(1) 电子邮件;

(2) 基于 web 的新闻浏览;

(3) 铁路相关信息服务(如列车运行时刻表查询);

(4) 旅客移动位置业务;

(5) 在线电影;

(6) 网络游戏;

(7) 网上聊天。

10) 列车自动控制 CTCS 3 级/CTCS 4 级

中国列车控制系统(CTCS)是在采用传统的闭塞系统或移动闭塞系统的条件下,增强列车自动控制功能的超速防护系统。同时,它也是一个驾驶辅助系统,能帮助司机以安全的方式驾驶列车。从国情、路情实际出发,CTCS 共划分为 5 级。其中 CTCS 3 级(基于轨道电路和无线通信的固定闭塞系统)和 CTCS 4 级(完全基于无线通信的移动闭塞系统)与 GSM-R 有着密切关联。

CTCS 3 级系统是一个基于轨道电路和无线通信系统(GSM-R)的列车运行控制系统。在 CTCS 3 级系统中,车载设备应与地面设备配合工作,列车按固定闭塞方式运行,由无线闭塞中心(RBC)控制,利用无线通信系统(GSM-R)在车地之间双向传输信息,车载设备配备无线通信模块,应答器作为定标设备。机车信号为主体信号,可以取消地面信号。另外,利用轨道电路或计轴设备来进行对轨道占用及列车完整性的检查,但它们不属于 CTCS 3 级的设备。

CTCS 4 级是一个完全基于无线通信(GSM-R)的列车运行控制系统。该系统具有移动自动闭塞的特征。区间占用靠 GPS 和 GSM-R 实时数据传输解决(站内仍需轨道电路)。列车完整性检查、定位校核分别靠车载设备和点式设备实现,可以使室外设备减少到最低程度。

(五) 无线列调通信原理

列车调度通信系统是重要的铁路行车通信系统,负责列车的位置和运行方向,其主要用户包括列车调度员、车站(场)值班员、机车司机、运转车长、助理值班员、机务段(折返段)调度员、列车段(车务段、客运段)值班员、机车调度员、电力牵引变电所值班员、救援列车主任以及其他相关人员。

列车调度通信系统的主要问题是解决"大三角"和"小三角"通信的问题。"大三角"通信是指列车调度员、车站值班员和机车司机之间的通信。"小三角"通信是指车站值班员、机车司机和运转车长之间的通信。

利用 GSM-R 进行调度通信系统组网,既可以完全利用无线方式,也可以将天线同有线方式结合起来,共同完成调度通信任务。

1. GSM-R 增加的铁路特有功能

GSM-R 除了支持所有的 GSM 电信业务和承载业务外，为了满足铁路指挥调度的需求，GSM-R 增加了集群通信功能，在 GSM 标准中定义为高级语音呼叫项目，即 ASCI（Advanced Speech Call Item）功能。它包括三种业务：

（1）优先级业务 eMLPP（Enhanced Multi-Level Precedence and Pre-eruption），即增强多优先级与强拆，它是一种补充业务。

（2）语音组呼业务 VGCS（Voice Group Call Service）。

（3）语音广播业务 VBS（Voice Broadcast Service）。

除了包含这三种业务外，为了实现铁路运营应用，GSM-R 还包含另外一些铁路所特有的功能，即功能寻址、基于位置的寻址等。

1）优先级业务 eMLPP

eMLPP 业务规定了在呼叫建立或越区切换时呼叫接续的不同优先级，以及资源不足时的资源抢占能力。这种业务提供了一种强制能力，符合列车调度通信的调度特点。

（1）eMLPP 概述。

eMLPP 业务主要由三个元素构成：优先级、呼叫建立时间和资源抢占能力。

优先级是指在呼叫建立时给该呼叫指配一个优先级别，并和该呼叫的建立时间类型一起参与网络资源的竞争与调配。eMLPP 业务定义了 7 个优先等级：A—最高，网络内部使用；B—网络内部使用；0—预定；1—预定；2—预定；3—预定；4—最低，预定。

呼叫建立时间是指从用户按下"发送"键开始，到被叫用户能够接收信息为止，不包含用户反应时间。对于多方呼叫、VGCS 或 VBS，呼叫建立时间是指至少有一个被叫用户能够接收信息为止。eMLPP 业务规定的呼叫建立时间有 3 个等级：1 级，快速呼叫建立，1~2 s；2 级，正常呼叫建立，2~5 s；3 级，慢速呼叫建立，5~10 s。

资源抢占是指当网络没有空闲资源可用时，具有较高优先级的呼叫将抢占正在被较低优先级呼叫占用的信道资源，还可以表现为被叫用户断开正在进行的低优先级呼叫而接听高优先级的呼入呼叫。

资源抢占有两种情况。网络资源抢占：呼叫建立或切换时，没有空闲的网络资源，则终止低优先级呼叫，将资源给高优先级呼叫使用的过程。用户接口资源抢占：具有较高优先级的呼叫请求与正在进行较低优先级通话的用户建立通信时，网络终止被叫用户的当前呼叫，并将其接入高优先级呼叫的过程。

（2）eMLPP 的实现。

优先级选择：用户每次发起呼叫时，都可以选择一个呼叫优先级。对于一个呼叫的优先级，分以下情况讨论：移动台呼叫固网用户，取决于移动台选择的优先级。固网用户呼叫移动台，取决于主叫方。如果固网用户是 ISDN 的 MLPP 业务用户，则由接口网络对 MLPP 和 eMLPP 优先级进行映射；否则，由移动网指配一个缺省优先级。ISDN MLPP

与 GSM-R eMLPP 优先级有对应关系。移动台呼叫移动台，取决于主叫方选择的优先级。如果两个移动台处于不同的 MSC 区域，则 eMLPP 的 A、B 优先级需要映射为 0 优先级。

优先级处理和操作：eMLPP 用户可以自己定义对某些高优先级呼叫进行自动应答。如果被叫用户忙，则可能需要强拆当前的呼叫而接受较高优先级的呼叫，即用户接口资源抢占；新的点对点呼叫，其优先级高于当前呼叫并具有资源抢占能力，被叫用户收到呼叫等待提示以及新呼叫的优先级信息，移动台自动退出当前呼叫而接入新的呼叫；如不具有资源抢占能力，由用户决定是否接受新的呼叫。新的 VGCS 或 VBS 的优先级高于当前 VGCS 或 VBS 的优先级，并具有资源抢占能力，移动台自动退出当前 VGCS 或 VBS 而加入新的呼叫。

网络和终端需求：eMLPP 业务的实现需要 GSM-R 网络的支持，对于每个用户，需要在 HLR、VLR、GCR 和 MSC 中存储相关的优先级信息。eMLPP 业务的实现也需要移动台的支持，这类移动台被称作兼容移动台，在 SIM 卡中存储优先级信息；相反，不支持 eMLPP 业务的移动台可被称作非兼容移动台。如果用户没有签约 eMLPP 业务，则无论使用的是兼容移动台还是非兼容移动台，呼叫均采用网络定义的缺省优先级。

（3）eMLPP 基本过程。

签约：当用户在 HLR 中创建了用户记录时，用户就可以由自己来设置优先级，此优先级需要小于或等于最高授权优先级。业务提供商能在任何时候改变任何一个 eMLPP 用户的最高优先级，但用户不能通过移动台的人机界面改变最高优先级。

优先级呼叫：移动台发起呼叫的过程中可能会经历指出优先级、核对签约情况、鉴权和加密、将优先级指示发送给 BSC、选择无线信道和将优先级指示发送给移动台六个过程。移动用户终止呼叫的过程中可能会经历指出优先级、将优先级指示发送给 BSC、鉴权和加密、在空闲模式、专用模式或组接收模式下被叫用户终止呼叫这四个过程。在语音组呼叫或语音广播呼叫的过程中可能会经历将优先级指示发送给相关的 MSC、鉴权和加密、将优先级指示发送给移动台这三个过程。

强拆：对于所有能够强拆的资源，MSC 内的业务配置可以用来决定是否需要发生资源强拆以及哪一个通话需要被强拆掉。强拆后释放信道的消息要在强拆发生的地方传送给受影响的另一方。

越区切换：当正在进行的通话切换到一个满负荷的小区上时，如果有必要的话，BSC 会根据从分配请求上接收到的优先级和强拆信息执行排队等待和强拆操作。对于 BSS 间的越区切换，优先级和强拆的信息包含在越区切换请求中。

2）语音组呼业务（VGCS）

语音组呼业务（VGCS）是指一种由多方参加（GSM-R 移动台或固网电话）的语音通信方式，其中一人讲话、多方聆听，工作于半双工模式下。发起 VGCS 呼叫时，可用一个组功能码（组 ID）来呼叫所有的该组成员。一个特定的 VGCS 通信由组功能码（简称组 ID）和组呼区域唯一确定。组 ID 标识该组的功能，即由哪些身份的成员参加。

组呼区域是指 VGCS 通信所覆盖的地理范围，以无线蜂窝小区为基本单位。组 ID 与组呼区域的结合被称作组呼参考，即组呼参考唯一地确定一个 VGCS 通信。呼叫建立之后，讲话人可以改变，一旦 VGCS 发起人停止讲话，系统示意其释放上行信道，所有的组内成员都能接到通知，如果其他人想成为下一个讲话人，可使用 PTT 功能来申请上行信道。VGCS 业务突破了 GSM 网络点对点通信的局限性，能够以简捷的方式建立组呼叫，实现调度指挥、紧急通知等特定功能，尤其适用于铁路的行车指挥调度部门。

3）语音广播呼叫（VBS）

语音广播呼叫允许一个业务用户，将话音或者其他用话音编码传输的信号发送到某一个预先定义的地理区域内的所有用户或者用户组。显然，它工作于单工模式下。

VBS 中的讲话者没有像 VGCS 中的角色转换，就是说，讲话者（发起者）只能讲，听话者（接收者）只能听，因而可以看作 VGCS 的最简单形式。它也是用组功能码（组 ID）来呼叫所有的该组成员。同 VGCS 一样，语音广播呼叫也提供了点对多点呼叫的功能，适用于铁路的行车调度。

4）功能寻址（FA）

功能寻址是指用户可以由它们当时所担当的功能角色，而不是它们所使用的终端设备的号码进行寻址。在同一时刻，至少可以为一个用户分配若干功能地址，但只能将一个功能地址分配给一个用户。用户可以向网络注册和注销功能地址。

例如，可以给每列正在运行的列车司机分配一个功能号，结构为车次号 + 司机功能代码（设为 01）。于是，T13 次列车司机的功能号为 T1301。当某位司机驾驶 T13 次列车从起点站出发时，他都必须向网络注册该功能号，网络负责将该功能号与他当时所使用的机车电台的真实号码对应起来。当调度员或是车站值班员要呼叫 T13 次列车的司机时，可以不必知道该司机姓名，也不必知道该司机所使用的机车台的号码，只要向网络请求"我要呼叫 T1301"，网络查询其数据库，将 T1301 对应到一个真实的电话号码，并建立该呼叫。这种功能简化了呼叫的操作，能够提高铁路工作人员的工作效率。

5）基于位置的寻址（LDA）

基于位置的寻址是指网络将移动用户发起的用于特定功能的呼叫，路由到一个与该用户当前所处位置相关的目的地址，正确的调度员或车站值班员由主叫移动用户当时所处的位置来确定。如列车调度中的"大三角"通信，移动台要呼叫的调度员取决于移动用户当前所处的位置。以北京调度所为例，当列车运行到北京调度所管辖车站范围内的时候，司机需要呼叫北京站调度员时，他并不需要知道调度员的完整的电话号码，只需要呼叫代表调度员身份的短号码如 1200 并向网络发起呼叫请求。网络识别该短号码，并将其路由到北京调度所的调度员。这种功能用于移动用户呼叫特定的固定用户（调度员和车站值班员）的情况。

列车调度的语音通信需求可以归结为：点对点通信，多方通信，语音组呼，语音广播呼叫。点对点通信,移动台呼叫固定台,即从移动台到固定台的寻址,由于固定台位置是不动的,故可以采用基于位置的寻址;固定台到移动台,移动台处于不断移动的状态,故不能采用基于位置的寻址,而采用功能寻址。如表 4.7 所示为所有语音通信应用到的 GSM-R 业务功能,具体细节需要结合我国铁路实际功能定义和编号方式。

对于数据通信,采用 ISDN 的电路数据交换。ISDN 和 GSM-R 网络都具有数据传输的能力,ISDN 终端可以提供低于 128 kb/s 的传输能力,GSM-R 可以提供 2.4、4.8 和 9.6 kb/s 的传输能力,可以用在调度所、车站和机车三者之间传送数据。ISDN 的 UUSI 补充业务,也能够在呼叫建立之前提供一定能力的数据传输功能。另外也可以利用 GPRS 实现分组数据传输。

表 4.7 GSM-R 列车调度系统语音通信功能

主叫	通信范围	被叫	实现方法
行车调度员	调度范围	某一司机	车次功能号
		某一运转车长	车次功能号
		司机和运转车长（广播形式）	VGCS
		司机和运转车	VBS
		车站值班员、助理值班员、司机、运转车长	VGCS
		所有运转车长	VGCS
	车站范围	车站值班员、助理值班员、司机、运转车长	VGCS
列车司机	调度范围	行车调度员	基于位置寻址
	车站范围	车站值班员、助理值班员	语音组呼
	本列车内	运转车长	完整电话号码
	动态范围	区域内其他司机	语音组呼
运转车长	调度范围	行车调度员	基于位置寻址
	车站范围	车站值班员、助理值班员	语音组呼
	本列车内	列车司机	完整电话号码
车站值班员	调度范围	行车调度员	完整电话号码
	车站范围	某一司机	车次功能号
		所有司机	语音组呼
		某一运转车长	车次功能号
		所有运转车长	语音纵呼
		所有助理值班员	语音组呼
		所有助理值班员、所有司机、所有运转车长	语音组呼
		某一助理值班员、某一车次的司机、运转车长	ISDN 多方通信/GSM-R 多方通信
	相邻车站	相邻车站值班员	完整电话号码
车站值班员	车站范围	某一司机	车次功能号
		某一运转车长	车次功能号
		所有司机、所有运转车长	语音组呼
		助理值班员、其他助理值班员	语音组呼

对于基于位置的寻址，涉及小区规划的问题。由于GSM-R网络的最小定位范围是小区，即当列车呼叫车站值班员的时候，如果一个小区覆盖多个车站，那么呼叫将被路由到多个车站值班员，因此，GSM-R小区最大设置为覆盖一个车站。

而对于车次功能号，由于GSM-R的标准中，只包含有数字0~9的车次号，而我国的车次号中包含字母，所以需要建立一个从字母到数字的映射表，使得移动台的MMI可以将用户输入的含有字母的车次号转换为只包含数字的车次功能号，反之也是如此。

2. GSM-R调度通信网络的通信过程

有线调度网络内的调度通信业务和要求包括：调度员对辖区范围内的调度分机进行单呼、组呼、全呼、会议呼（临时组呼）；调度分机呼叫调度员及组织辖区范围内的组呼；调度分机之间不允许呼叫；区段调度网络为一个相对独立的封闭网络，其他用户不能呼入网络，调度分机不能呼出网络，以确保行车调度指挥的安全畅通。这些由网络特性和操作台的操作过程来保证实施。

GSM-R调度通信网络内的用户，除原有的有线用户之外，还包含了移动终端，具体的用户有机车台、运转车长手持台、车站助理值班员手持台等。而移动终端处于不断移动状态，除了车站助理值班员之外其他移动终端的位置随时变更，不仅地理位置变化，由一个调度区段到另一个调度区段，接受调度指挥的对象也发生变化，因此对移动终端的电话号码，除了用户的真实号码MSISDN号之外，还要赋予一个功能号。所谓功能号就是能表明用户身份特征的号码，有车次功能号、机车功能号、车号功能号之分，每个功能号都有统一规定的号码结构。例如车次功能号，除了表明某趟列车的车次之外，还要表明使用者的身份（职务）。车次功能号的号码结构为"CTCH××××××FC"，举例如表4.8所示。

表4.8　车次功能号码结构举例

CT	CH	××××××	PC
呼叫类型	车次号字母	车次号中的数字位	功能码
呼叫车次 CT=2	如：Z=90 T=84 K=75 N=78 * 无字母为00	不是6位时，高位填0补齐	如：本务机司机=01 运转车长=08 列车长1=10 列检人员=29 乘车长=31 *

用户呼叫Z19次列车司机，可直接拨打车次功能码221901，由终端（或FAS）翻译成11位的车次功能号为29000001901。

3. 调度通信业务通信过程

调度通信业务可归纳为四类，即点对点个别呼叫、组呼、会议呼（临时组呼）、广播呼叫。

1）点对点个别呼叫

（1）固定终端呼叫移动终端。

方式一：按 MSISDN 号码呼叫。FAS 收到 MSISDN 号码，进行号码分析后，判断是移动终端 MSISDN 号码，把呼叫路由到 GSM-R 网络，并把 MSISDN 号码发给 GSM-R 网络。GSM-R 网络根据 MSISDN 号码呼叫移动终端，双方建立通信。通话完毕，任意一方挂机，呼叫拆除。

方式二：基于功能寻址呼叫移动终端。用户直接拨打功能码（如 221901），由终端（或 FAS）翻译成 11 位的车次功能号 29000001901。FAS 收到呼叫，进行号码分析（翻译），判断是移动终端功能号时，会把呼叫路由到 GSM-R 网络。GSM-R 网络将移动终端功能号转换成被叫移动终端的 MSISDN 号，并以 MSISDN 号呼叫移动终端，双方建立通信。通话完毕，任意一方挂机，呼叫拆除。

（2）移动终端呼叫固定终端。

方式一：按 ISDN 号码呼叫。GSM-R 网络收到 ISDN 号码，进行号码分析后，把呼叫路由到相应的 FAS，并向 FAS 发送被叫固定终端 ISDN 号码。FAS 根据 ISDN 号码呼叫固定终端，双方建立通信。通话完毕，任意一方挂机，呼叫拆除。

方式二：基于位置寻址呼叫固定终端。移动终端使用标准短号码发起呼叫。短号码由 4 位数组成，并有统一的定义，例如 1200 为连接到最适当的列车调度员、1300 为连接到最适当的车站值班员等。GSM-R 网络收到呼叫，对短号码进行分析，根据移动终端所在位置把短号码转换为被叫固定终端的 ISDN 号码，并将呼叫路由到相应的 FAS。FAS 根据 ISDN 号码呼叫固定终端，双方建立通信。通话完毕，任意一方挂机，呼叫拆除。

2）组呼（VGCS）和广播呼叫（VBS）

有线调度通信的组呼是在工程开局时，根据调度台（车站台）组呼通信业务的要求，编制数据时事先设定好组呼群，操作者只要按组呼键，便可完成组呼通信过程。如果需要临时组织组呼群，操作者先按会议键，再按组呼成员的呼叫键，最后按确认键，便可完成会议呼的通信过程。

在 GSM-R 调度通信网络内的组呼，由于移动用户的位置随时处于动态范围，在操作台上没有固定的键位，所以必须以组地址发起组呼。

组地址包括了业务区号 SA 和功能代码 FC（或组 ID）。

业务区号 SA（5 位数字）用以确定组呼和广播的有效区域，各个服务区域按调度区号、车站位置号全路统一分配。

功能代码 FC（又称为组 ID），由三位数字组成，在编号方案中全路统一规定，每个组 ID 代码都表示了呼叫优先级别、组呼区域、组呼发起方和组呼成员。

（1）移动终端发起组呼。

移动终端根据组呼区域和组呼成员，选择组 ID 的代码，以组 ID 向 GSM-R 网络发起组呼。GSM-R 网络根据主叫移动终端所在小区选择相应的组呼区域，并按组 ID 定义好的组呼成员中移动终端发起 GSM-R 组呼，使处于组呼区域内的移动终端进入 GSM-R 组呼状态。

对于组呼成员中的固定用户，GSM-R 网络同时把呼叫路由到 FAS，并把组呼参考号（虚拟组呼号）发送到 FAS。FAS 根据组呼参考号（虚拟组呼号）组织有线组呼，各固定终端进入有线组呼状态。移动终端越出 GSM-R 组呼区域，自动退出组呼。移动终端进入组呼区域，自动加入组呼。

通话完毕，组呼发起方挂机，组呼拆除。

（2）固定终端发起组呼。

固定终端根据组呼区域和组呼成员，选择组地址，以组地址向 FAS 发起组呼。FAS 收到组地址，进行号码分析后，组织组呼成员中的各固定终端进入有线组呼状态。对组呼成员中的移动终端，FAS 将呼叫路由到 MSC，并以对应的虚拟组呼号码作为主叫号，以组地址作为被叫号码发送给 MSC。MSC 根据组地址预定义组呼成员中的移动终端发起 GSM-R 组呼，使处于区域内的移动终端进入组呼状态。

移动终端越出 GSM-R 组呼区域，自动退出 GSM-R 组呼。

通话完毕，发起组呼的固定终端挂机，组呼拆除，不允许其他组成员拆除组呼。

（3）GSM-R 广播呼叫（VBS）。

GSM-R 广播呼叫（VBS）与 VGCS 类同，只是呼叫类型 CT 不同：GSM-R 组呼，CT = 50；GSM-R 广播，CT = 51。另外，所不同的只是组呼成员中只能听，不能讲话。

3）会议呼（临时组呼）

会议呼是由一方发起多方参加的会议型的通信方式，在 GSM-R 网络内提供多方通信的补充业务，实现会议呼。

思考题

（1）列车通信网络的主要作用有哪些？

（2）简述列车通信网络的两线三层结构。

（3）根据旅客列车的三种不同组态，简述列车通信网络的组态。

（4）多功能车辆总线的定义是什么？

（5）多功能车辆总线的物理介质有哪几种？

（6）线控制器在列车通信网络的什么位置？起什么作用？

（7）试画出一个典型的动力分散型列车通信网络的原理框图。

（8）绞线式列车总线的定义是什么？

（9）WTB 介质附挂单元在列车通信网络的什么位置？起什么作用？

（10）WTB 介质附挂单元有哪几种状态？各有什么特征？

（11）WTB 节点的命名包括哪些过程？

（12）目前运用于铁道机车车辆上的计算机网络有哪些？各有什么特点？

（13）GSM 接口协议是什么？

（14）简述 GSM-R 系统技术的应用。

第五章 HX$_D$3 型电力机车微机网络监控与故障诊断系统

第一节 概 述

HX$_D$3 型电力机车的控制系统是以机车微机控制监视系统（TCMS）为核心，结合目前国内现有的机车行车安全综合信息监控系统和 CCB-Ⅱ空气制动系统，配以机车外围电路来进行设计的。TCMS 包括 1 个主控制装置和 2 个显示单元。其中主控装置采用冗余设计，设有两套控制环节：一套为主控制环节（master），一套为热备控制环节（slave）。当主控制环节发生故障时，备用控制环节立即自动投入工作。

机车的控制电路系统主要完成下列功能：

（1）顺序逻辑控制：如升、降受电弓，分、合主断路器，司机控制器的换向、牵引、制动的转换，主、辅变流器的启停控制，机车库内动车逻辑控制，辅助变流器库内试验逻辑控制等。

（2）机车特性控制：采用恒牵引力/制动力和准恒速特性控制，实现对机车的控制要求。

（3）定速控制：根据机车运行速度，可以实现牵引工况下机车的恒定速度控制。

（4）辅助电动机的控制：除空气压缩机外，机车各辅助电动机根据机车准备情况，在外部条件具备的前提下，由 TCMS 发出指令，与辅助变流器同时启动、运行。空气压缩机则根据总风缸压力情况，通过控制接触器的分合来实现控制。

（5）CCB-Ⅱ制动机的空气制动控制和机车防滑行保护。

（6）机车黏着控制：包括防空转、防滑行控制，以及轴重转移补偿控制。

（7）故障诊断、显示与保护：通过设在司机室的微机屏显示机车正常运行的状态信息（如网压、原边电流、机车工况、级位、机车牵引力、机车速度等）、设备工作状态（如主变流器、辅助变流器等）、设备开关状态（如主断路器、辅助接触器、各种故障转换开关），同时即时显示机车的故障信息，包括发生故障的设备、故障处理的方法等，并记录故障发生时的有关数据。

TCMS 柜由上下两层构成，如图 5.1 所示：

（1）上层：打开上半部分的平开门后，可以看到 TCMS 装置的控制单元主体和继电器盘。

（2）下层：打开下半部分的平开门后，可以看到 LKJ2000 监控装置、机车安全监控装置 TAX2、主体化机车信号车载系统 JT1-CZ2000。

TCMS 柜背面是螺钉固定式的罩，打开这个罩后，接口盘在上下两层配置。TCMS 装置配线用的连接端子在装置背面上部，全部采用 27 芯连接器。

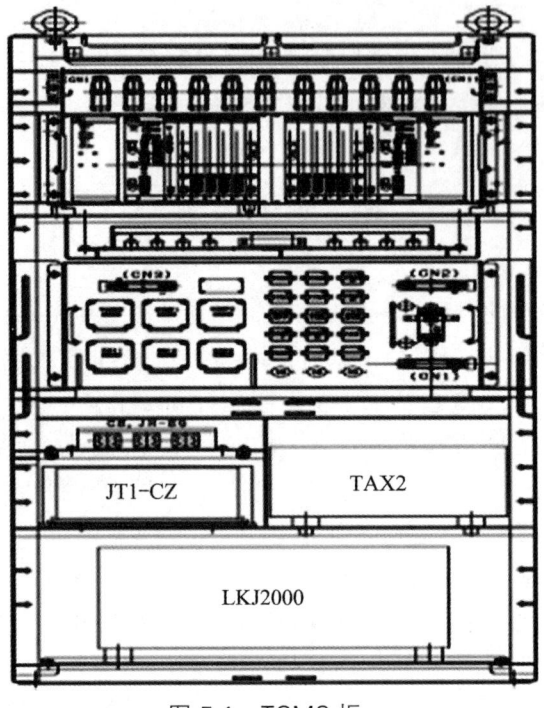

图 5.1 TCMS 柜

一、HX$_D$3 型机车 TCMS 概要

HX$_D$3 型电力机车共设置 2 套辅助变流器（APU1、APU2）。辅助变流器是辅助电动机供电电路的核心，分别同 2 套主变流器安装在一起。辅助变流器都有 VVVF 和 CVCF 两种工作方式，可以自动依据连接的辅助电动机的情况进行设置。机车正常运行时，APU1 以 VVVF 方式工作，APU2 以 CVCF 方式工作，分别为机车辅助电动机供电。正常情况下，APU1、APU2 以额定 50%的容量工作。当某一套辅助变流器发生故障时，不需要切除任何辅助电动机，另一套辅助变流器由 TCMS 系统自动转换控制，可以承担机车全部的辅助电动机负载。此时 APU 按照 CVCF 方式工作，辅助电动机系统按全功率运行。在两台压缩机中仅可投入操纵端压缩机。APU1 通过工作接触器 KM11 输出的负载有：牵引风机电动机 MA11、MA12、MA13、MA14、MA15、MA16 和冷却塔风机电动机 MA17、MA18。APU2 通过工作接触器 KM12 输出的负载有：空气压缩机电动机 MA19、MA20，主变压器油泵 MA21、MA22，司机室空调 EV11、EV12，水泵 WP1、WP2，辅助变流器风机 APBM1、APBM2，司机室辅助加热设备，卫生间及压缩机加热设备。

（一）控制与保护功能

TCMS 将完成机车下列方面的控制和保护功能：主断路器（VCB）控制、机车控制系统的输入/输出、机车的逻辑控制、机车的牵引特性控制、机车的制动特性控制、定速控制、冗余控制、自动过分相控制、主变流器控制、辅助变流器的控制、自动警惕控制及重联控制、智能故障诊断及显示、机车保护控制。

（二）信息显示

显示部分的设计原则是显示简洁、明了醒目，但又兼顾现有的习惯。画面的上部为常显的信息：显示时间、速度、工况、重联状态等；中间区域为主信息显示区，根据不同的工况、按键的选择，显示牵引/制动的有关参数、机器的状态、开关信息；底部为功能键区，由于采用触摸显示屏，因此它将根据不同的工况和选择，显示出不同的功能键。通过显示屏亦可显示出机车重联与否以及重联机车的故障信息。

显示模式在开机后根据不同工况来转换。模式转换部分框图如图5.2所示，牵引制动主画面、变流器、开关状态、辅助电源、故障履历显示画面示例如图5.3~5.7所示。

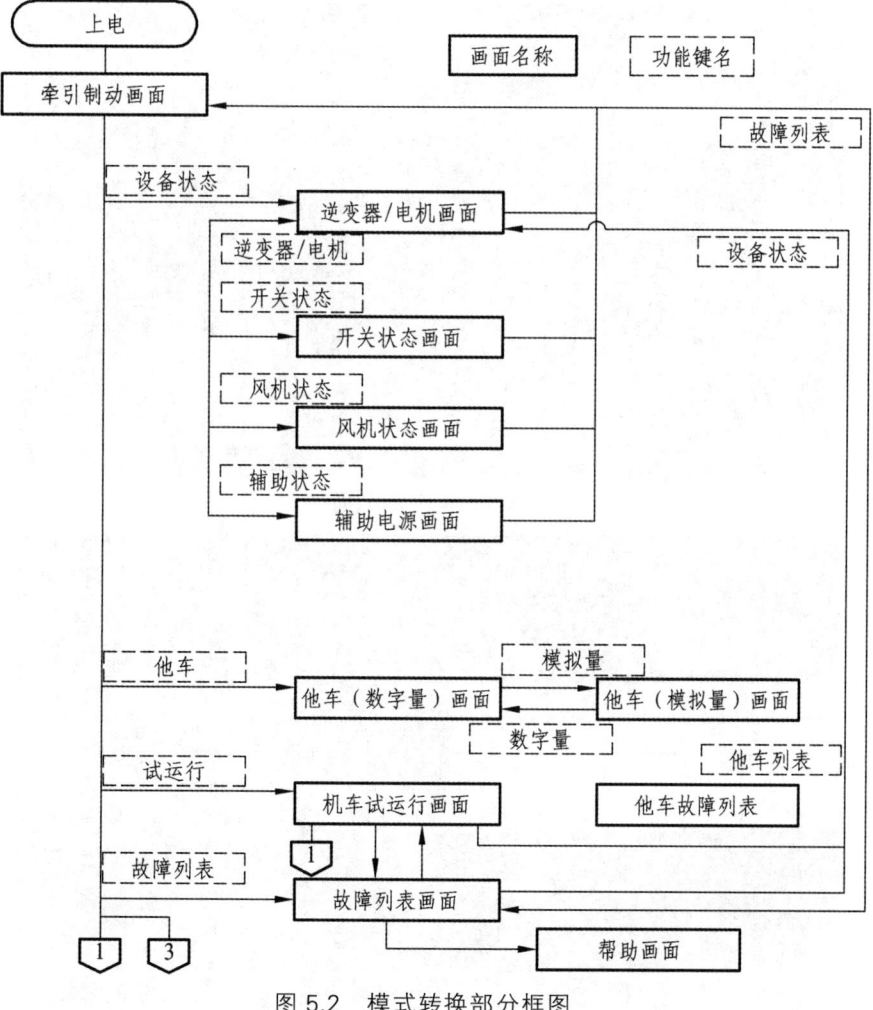

图5.2 模式转换部分框图

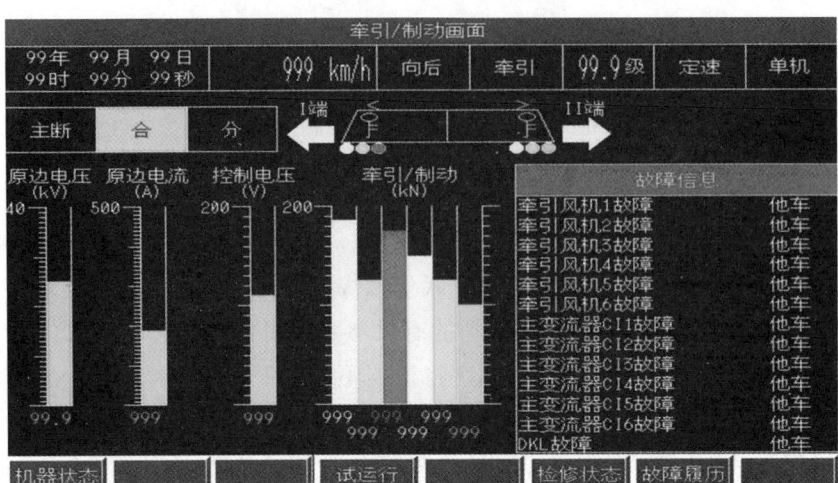

图 5.3 牵引/制动主画面

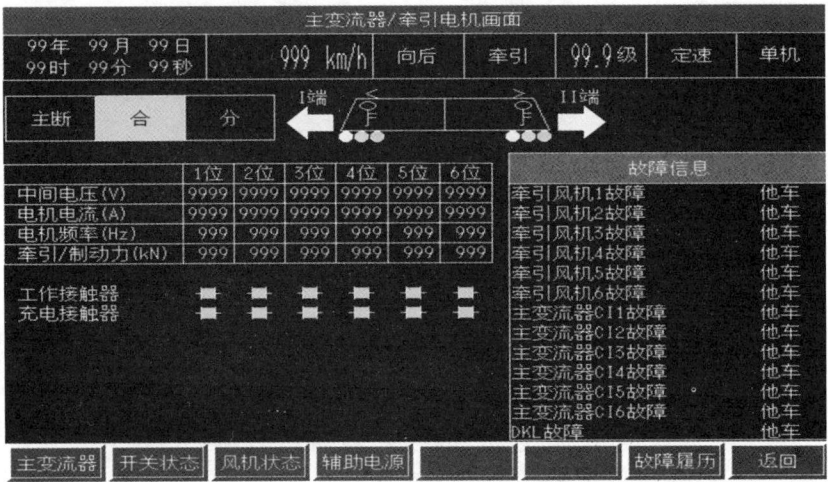

图 5.4 变流器画面

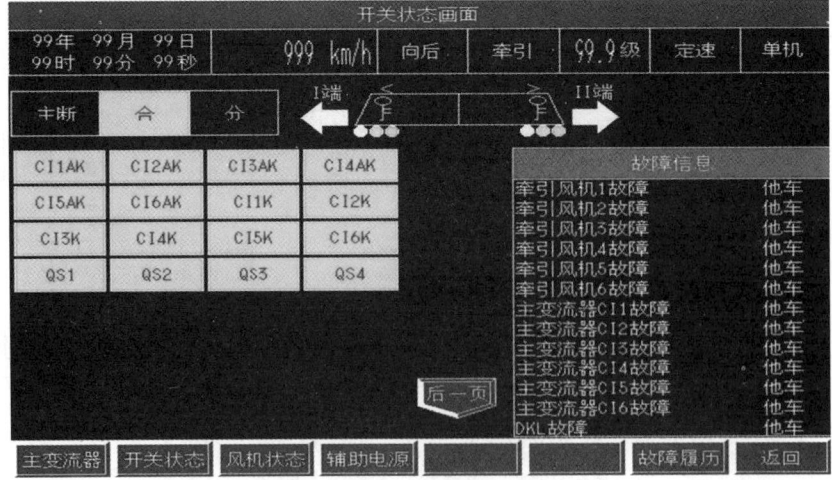

图 5.5 开关状态画面

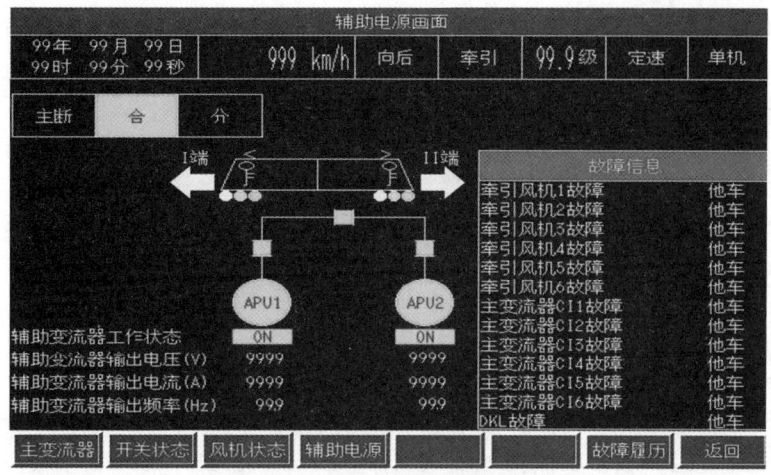

图 5.6 辅助电源画面

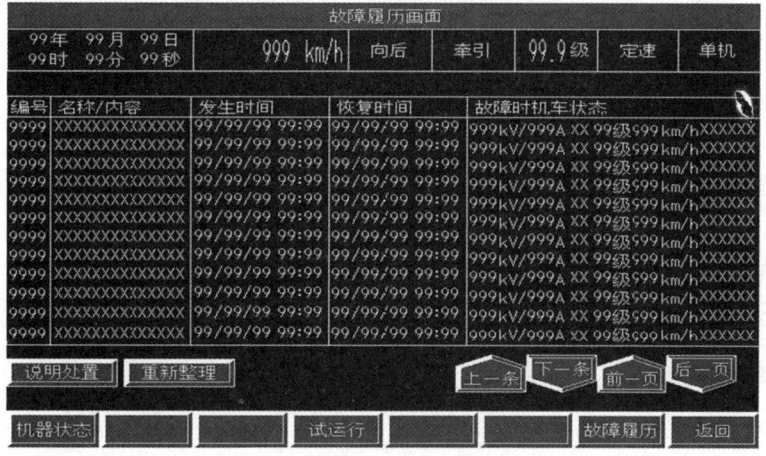

图 5.7 故障履历画面

（三）微机显示屏

HX_D3 电力机车采用集中式微机控制系统，微机控制柜将机车主变流器、辅助变流器、控制电器柜、司机室控制开关等电器的信息汇总，通过分设在 I、II 端司机室的微机显示屏进行各种信息显示。显示模式主要可以分为运行模式和维护模式两大类。

1. 运行模式（主显示画面）

运行模式主要显示机车的运行工况：电钥匙位置、受电弓状态、主断路器状态、机车运行方向、牵引/制动工况、机车速度、司机控制器级位、是否定速、是否重联、接触网电压、主变压器原边电流、蓄电池电压以及 6 台牵引电动机牵引/制动力。

机车故障信息：主变压器 MT，6 组主变流器单元 CI1、CI2、CI3、CI4、CI5、CI6，2 组辅助变流器单元 UA11、UA12，6 台牵引通风机 MA11、MA12、MA13、MA14、MA15、MA16，2 台复合冷却器通风机 MA17、MA18，2 台空气压缩机 MA19、MA20，

2台变压器油泵MA21、MA22,2台辅助变流器通风机MA29、MA30,2台主变流器水泵 MA27、MA28。机车自身出现故障时,在故障信息区显示相应故障信息,同时蜂鸣器将发出警报。机车自身无故障时,故障信息区无任何显示。

1) 主变流器、牵列电机状态画面

该画面主要显示6组主变流器单元CI1、CI2、CI3、CI4、CI5、CI6的充电接触器AK和工作接触器K的闭合状态,中间电压,对应的牵引电动机电流、转子频率,电机牵引/制动力。

2) 开关状态画面

该画面可以显示的开关有:主变流器各单元的充电接触器CI1AK、CI2AK、CI3AK、CI4AK、CI5AK、CI6AK,工作接触器CI1K、CI2K、CI3K、CI4K、CI5K、CI6K,受电弓高压隔离开关QS1、QS2,主电路入库转换开关QS3、QS4。

3) 风机状态画面

该画面可以显示的风机有:牵引电动机通风机MA11、MA12、MA13、MA14、MA15、MA16,油泵MA21、MA22,水泵MA27、MA28。

4) 辅助电源画面

该画面可以显示辅助变流器的工作情况,2套辅助变流器的输出电压、输出电流、输出频率。同时,以图形显示故障切换接触器KM11、KM12、KM20的工作状态和充电单元PSU1、PSU2的工作状态。

5) 故障履历画面

进入故障履历画面,可以查看机车近期发生的300个故障的情况,包括故障编号、故障名称、故障发生时间、故障恢复时间、发生故障时的机车状态(有接触网电压、主变压器原边电流、机车牵引/制动、级位、机车速度)以及故障处理说明。在故障履历画面上有一个"故障处理说明"的触摸键,使用者可以通过触摸进入故障处理画面,机车微机控制系统将会给出针对该故障的几种故障处理建议。

2. 维护模式(辅助显示画面)

进入维护模式(辅助显示画面)必须由专门人员操作,因此设有密码。

1) 密码输入画面

通过触摸屏,操作人员输入三位数的密码,按确定后可以进入维护模式。

2) 设定菜单画面

在该画面中,可以进行时钟设定、距离设定、车轮直径设定和动作次数设定。

(1) 时钟设定画面:可以设定年、月、日、时、分。

(2) 距离设定画面:可以设定累计行走距离。

（3）车轮直径设定画面：可以设定车轮直径。设定值必须在 1 150～1 250 mm，否则，车轮直径默认为 1 250 mm。

（4）动作次数设定画面：可以设定主断路器 QF1，受电弓 PA1、PA2，辅助变流器输出接触器 KM11、KM12、KM20，空气压缩机接触器 KM13、KM14，主变流器各单元的充电接触器 CI1AK、CI2AK、CI3AK、CI4AK、CI5AK、CI6AK，工作接触器 CI1K、CI2K、CI3K、CI4K、CI5K、CI6K 的动作次数。

3. 状态菜单画面

该画面可以用来查看机车的累计行车距离、电器动作次数、传送信息和信号信息。

1）累计行车距离画面

该画面可以用来查看机车累计行车距离。

2）电器动作次数画面

该画面可以用来查看机车主断路器 QF1，受电弓 PA1、PA2，辅助变流器输出接触器 KM11、KM12、KM20，空气压缩机接触器 KM13、KM14，主变流器各单元的充电接触器 CI1AK、CI2AK、CI3AK、CI4AK、CI5AK、CI6AK，工作接触器 CI1K、CI2K、CI3K、CI4K、CI5K、CI6K 的动作次数。

3）传送信息画面

该画面可以用来查看机车主变流器各单元 CI1、CI2、CI3、CI4、CI5、CI6 和辅助变流器 APU1、APU2 与 TCMS 之间通过通信发送和接收的信息。

需要查看信息时可以通过触摸显示屏上的 CI1、C12、CI3、CI4、CI5、CI6、APU1-1、APU1-2、APU2-1、APU2-2 等十个触摸键进行显示切换。

4）信号信息画面

该画面可以用来查看机车各主要设备同 TCMS 之间通过硬导线发出和接收的信息。在显示屏上有 AUX1、AUX2、DI1、DI2 四个触摸键，查看时，可以进行显示切换。

触摸 AUX1，第 1 页中显示的是输出信息：操纵台辅助显示模块信号灯的输出线 472、473、474、475、476、477、478、479、480、481、482、483、484、485、486、487、489、490、494 的信息；撒砂阀控制信号 810、820 的信息；受电弓控制信号 451、452 的信息。第 2 页中显示的是模拟量输入信息：主变压器的原边电流和控制电压。

触摸 AUX2，第 1 页中显示的是输出信息：制动控制单元 CCBII 的控制信号 831、832、833、495、496 的信息，行车安全综合信息系统的控制信号 963、964、965、966、967 的信息，辅助接触器控制信号 461、462、463、464、465 的信息。第 2 页中显示的是输入信息：主司机控制器的级位信息和机车速度传感器 BV47、BV48 的信息。

触摸 DI1，第 1 页中显示的是输出信息：主变流器 UM1 的信号线 577、578、579、580、581、582、583、584、585 的信息，主变流器 UM2 的信号线 677、678、679、680、681、682、683、684、685 的信息，辅助变流器 APU1 的信号线 590、591 的信息，辅助变流器 APU2 的信号线 690、691 的信息，机车行车安全综合信息系统的信号线 962 的信息，制动控制单元 CCBII 的信号线 821、822、823、824、825、801、802、803、805 的信息，各牵引通风机自动开关的信号线 401、402、403、404、405、406 的信息，受电弓隔离信号线 421、422 的信息。第 2 页中显示的是输入信息：复合冷却器通风机自动开关的信号线 407、408 的信息，空气压缩机 1 的信号线 419 的信息，空气压缩机 2 的信号线 420 的信息，主变压器油泵自动开关的信号线 411、412 的信息，高压隔离开关的信号线 427、428 的信息，空气压缩机自动开关的信号线 409、410 的信息，空调机组自动开关的信号线 413、414 的信息，空气压缩机接触的信号线 429、430 的信息，主断路器的信号线 431 的信息，辅助电路库内试验转换开关的信号线 432 的信息，主变流器试验开关的信号线 434 的信息，原边过流继电器的信号线 435 的信息，压力继电器 440 的信息。

触摸 DI2，第 1 页中显示的是输入信息：Ⅰ 端司机室给定 501、502、503、504、506、507、508、514、515、516、517、518、519、520、523、524 的信息，警惕装置开关信号线 521 的信息，主变压器温度继电器信号线 438 的信息。Ⅱ 端司机室给定 601、602、603、604、606、607、608 的信息，紧急制动信号 804 的信息，蓄电池充电器的信号线 423、424 的信息，接地开关信号线 425 的信息。第 2 页中显示的是输入信息：Ⅱ 端司机室给定 614、615、616、617、618、619、623、624 的信息。

4. 试验状态画面

该画面可以用来进行机车主司机控制器的试验、启动试验、零级位试验、辅助电源试验。首先进行试验选择，然后根据显示屏的提示操作有关开关，进行试验，并通过显示屏的提示，确认机车有关控制、逻辑环节是否工作正常。该功能主要用于机车出车前或故障修复后的控制、逻辑试验检查。

1）主司机控制器的试验画面

在该画面可以进行调速手柄零位确认、制动 1 级手柄确认试验。

2）启动试验画面

在该画面可以进行主变流器各单元 CI1、CI2、CI3、CI4、CI5、CI6 的控制单元试验，检查其输出电流。

3）零级位试验画面

在该画面可以进行主变流器 CI1、CI2、CI3、CI4、CI5、CI6 的工作情况的试验检查。

4）辅助电源试验画面

该画面可以进行试验，检查辅助变流器 1、2 的输出电流、输出电压、输出频率。

二、故障现象及判断处理

1. 故障现象

（1）机车在运行中发生主断路器跳闸、受电弓降落，伴随产生列车管减压。

（2）机车状态显示屏、LCDM 制动屏黑屏。

（3）TCMS 屏主界面故障栏提示：受电弓 1、2 故障，空气压缩机 1、2 故障，牵引通风机 1~6 故障，空调机组 1、2 故障等。主断路器状态栏提示：主断气路压力低。

2. 原因分析

辅助变流器 APU 的工作接触器 KM11 或 KM12 的接触器线圈的整流桥短路，在线圈得电瞬间，355 线过流导致 LV 柜的 QA45 自动开关（机车控制）跳开，造成机车 TCMS 系统的信号输入电源失电。

3. 判断处理

（1）检查 LV 柜 QA45（机车控制）自动开关的闭合状态。

（2）如 QA45 自动开关跳开，则闭合 QA45 自动开关。正常升弓，闭合主断路器，在辅助变流器启动过程中，如同样故障现象再次发生，判断为 KM11 或 KM12 故障。

（3）在 TCMS 屏主界面点击下方"开放状态"，分别进行 APU1、APU2 切除操作，并升弓试验。如隔离一组 APU 后机车正常，则使用单台 APU 维持运行。

4. 故障处理与记录

TCMS 在机车出现故障时，以显示屏显示和报警灯指示两种方式通知操作人员，并自动完成相应的保护动作，记录发生故障时的相关信息，为后期诊断提供有用且必要的信息，而且还可以通过便携式计算机将故障履历下载，以便于分析和保存。

第二节　HX$_D$3 型电力机车微机网络控制系统及信息流向

一、网络控制系统

（一）网络控制系统结构

HX$_D$3 型电力机车网络控制系统为分布式计算机体系结构，按功能可划分为列车控制级、车辆控制级和传动控制级。网络系统拓扑结构如图 5.8 所示。

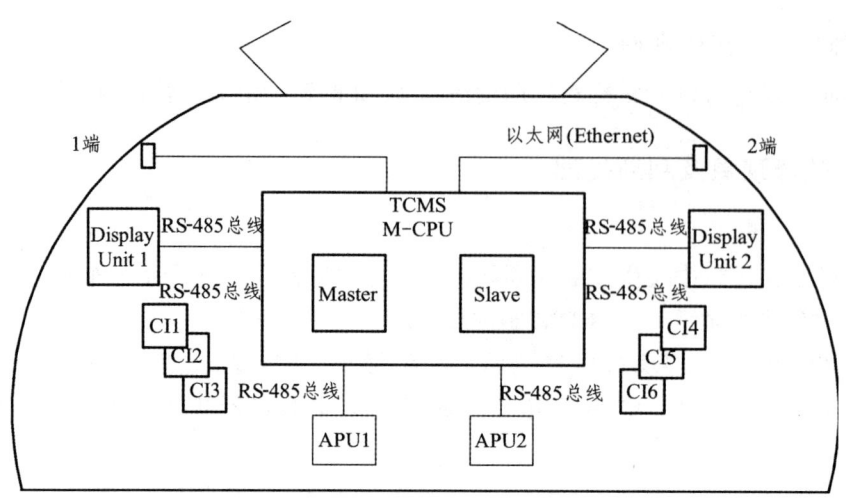

图 5.8　HX_D3 型电力机车网络系统拓扑结构

TCMS—控制监视系统装置；Display Unit1、Display Unit2—显示单元 1，2；CI1-CI6—主变流器；APU1、APU2—辅变流器；M-CPU—主控制单元；Master—主系统；Slave—辅系统

每台车为 1 个基本运转单元，车内以 TCMS 为中心，分别与显示单元、主变流器、辅变流器通过 RS-485 接口进行通信，构成星形网络。车与车之间采用总线式 10 Mb/s 以太网进行信息传输。TCMS 同时完成列车级信息与车辆级信息的转换。

(二) 系统特点

(1) HX_D3 网络控制系统是包含列车级功能、车辆级功能和传动控制级功能的多计算机系统。列车及车辆级功能由 TCMS 实现，传动控制级功能由 CI 来实现。

(2) 系统具有功能强大的多处理器体系，能进行设备的自诊断。系统配置与编程基于强大的软件工具。

(3) 车辆级控制设备构成星形网络，通过 RS-485 接口进行点对点通信。中心结点 TCMS 具有 master、slave 两套系统，采用双机热备的机制，保证了网络系统的可靠性。

(4) 机车与机车之间采用总线式 10 Mb/s 实时以太网传输信息，传输速度快，传送数据量大。传统的以太网是一种非集中控制的、基于总线的广播式网络，采用 1-坚持的 CSMA/CD（载波监听与多路访问/冲突检测）工作机制，即总线上的每个节点如果监听到信道空闲就可以传送数据帧，并继续监听下去；一旦监听到发生冲突，就立即放弃该数据帧的发送，并等待一段随机的时间，然后再次尝试发送数据帧。这种机制容易造成数据传输时延，在重载情况下，甚至会使网络崩溃、瘫痪。因此，传统的以太网无法满足列车通信实时性、可靠性的要求。HX_D3 机车采用的实时以太网是基于 UDP/IP 协议开发的半双工通信网络。总线上各个节点信息由令牌控制，按照先后顺序以广播的形式定周期发送，因此避免了冲突的产生。它的传输速率为 10 Mb/s，接口为符合 IEEE 802.3 标准的串行链路，传输介质是屏蔽双绞线。该实时以太网具有传输速率高、实时性强、结构简单、造价低廉、易于维护等特点。

（三）网络控制系统的组成与功能

HX$_D$3 机车网络控制系统包含控制监视系统装置（TCMS）、主变流器（CI1～CI6）、辅变流器（APU1、APU2）和显示单元（Display Unit 1、Display Unit 2）。TCMS 既是车辆级控制核心，又是列车级的控制节点，在整个机车控制中占有主导地位。TCMS 与各控制设备的通信接口性能参数如表 5.1 所示。

表 5.1 TCMS 与各控制设备的通信接口性能参数

适用范围	接口	通信制式	传输速率	协议
与显示单元	RS-485 串行链路	4 线/全双工	38.4 kb/s	东芝标准协议
与 CI	RS-485 串行链路	2 线/半双工	100 kb/s	基于 HDLC 协议的东芝标准协议
与 APU	RS-485 串行链路	2 线/半双工	9.6 kb/s	基于 HDLC 协议的东芝标准协议
与它车 TCMS	IEEE 802.3 串行链路	半双工	10 Mb/s	UDP/IP

（四）信息流向

TCMS 通过各种人机接口接收司机控制命令，采集各种反馈信号，进行相关运算，生成相应控制命令，通过 RS-485 接口发送给主变流器、辅变流器完成相应的功能；通过实时以太网发送给他车的 TCMS，并由该 TCMS 发送至他车的主变流器、辅变流器，使其执行相应操作。各车内的主变流器、辅变流器的状态信息以相反的方向传输至 TCMS 进行汇总和处理。TCMS 将计算结果、故障信息、有关参数发送至显示单元，从而完成整车的控制、监视和保护功能。信息流向如图 5.9 所示。

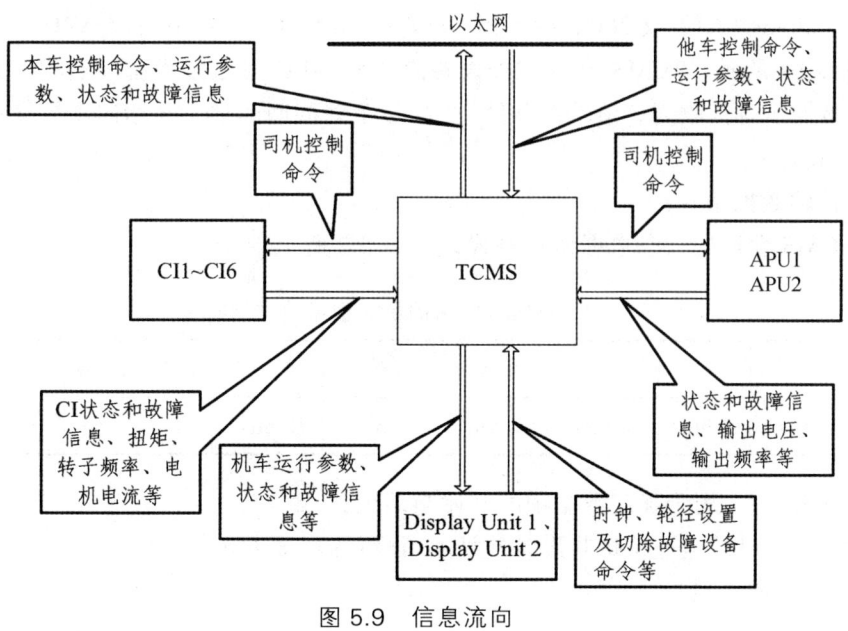

图 5.9 信息流向

（五）TCMS 与 CI、APU 的基本通信协议

该协议是基于 HDLC 协议的东芝标准协议，是东芝公司借鉴欧洲 IEC 61375 标准，并针对日本铁路机车车辆内部设备互连的实际需求而独立研制开发的。它保证了网络控制系统通信的高可靠性和强实时性。其基本协议如下：

（1）信号采用 NRZI（Non-Return to Zero, Inverted；不归零制倒置）的编码方式，数据帧格式为 HDLC。

（2）数据传输波特率为：100 kb/s（CI）；9.6 kb/s（APU）。

（3）采用 16 位循环冗余校验（CRC）的方式。

（4）通信接口：光电隔离的 RS-485。

（5）电缆：三绞屏蔽线，包括一对数据线和信号地线。

（6）传输周期：20 ms（CI）；200 ms（APU）。

（7）传输控制（如图 5.10）：

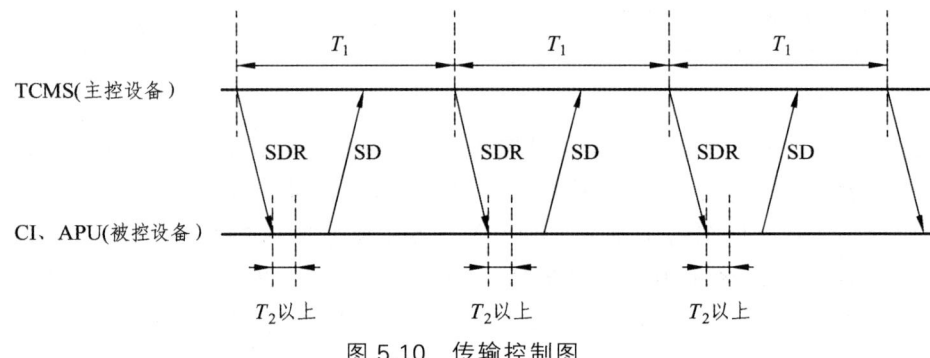

图 5.10 传输控制图

其中，T_1：20 ms（CI）或 200 ms（APU）；T_2：2 ms（CI）或 10 ms（APU）。

如图 5.10 所示，TCMS 作为主控设备向 CI、APU 等被控设备发送状态数据请求（SDR），被控设备接收到该请求帧并经过 T_2 以上时间间隔后，开始向主控设备发送状态数据（SD）。

（8）传输数据格式：

① TCMS 发送的状态数据请求格式，如表 5.2 所示。

表 5.2 TCMS 发送的状态数据请求格式

F	地址	C	地址 1	类别 1	地址 2	类别 2	TEXT 1…N	CRC	F
8 bits	8 bits	8 bits	8 bits	8 bits	8 bits	8 bits	8 bits×N	16 bits	8 bits

其中　F——标志，用于确定数据帧的开始与结束；
　　　地址——目的地址（接收设备地址），设置为广播方式；
　　　C——控制字段；

地址 1——下一个源地址（下一级发送设备地址）；
类别 1——发送数据类别编码，设置为一般信息；
地址 2——源地址（发送设备地址）；
类别 2——发送数据类别编码，设置为一般信息；
TEXT 1…N——TCMS 发送给各个设备的实时数据；
CRC——帧校验序列，采用的生成多项式为 CCITT-1。

② CI、APU 发送的状态数据格式，如表 5.3 所示。

表 5.3 CI、APU 发送的状态数据格式

F	地址	C	地址 1	类别 1	TEXT 1…N	帧检验序列 CRC	标志 F
8 bits	8 bits	8 bits	8 bits	8 bits	8 bits×N	16 bits	8 bits

其中 地址——目的地址（接收设备地址），设置为广播方式；
地址 1——源地址（发送设备地址）；
类别 1——发送数据类别编码，设置为一般信息；
TEXT 1…N——各个设备发送给 TCMS 的实时数据。

第三节 HX$_D$3 型电力机车安全信息监控系统

一、TAX2 型机车安全信息综合监测装置

TAX2 型机车安全信息综合监测装置如图 5.11 所示，是集各种与机车运行有关的信息检测和数据传输设备于一体的综合性信息监测装置，俗称信息工作平台。它将各种检测设备以标准模块、单元插件的形式置于工作平台（TAX2 主机箱）内，其中包括轨道动态检测设备、弓网检测设备、无线列调语音录音设备及 TMIS、DMIS 列车运行信息传输设备等。工作过程中，由该工作单位中的通信记录单元实时获取监控信息采集到的时间、公里标、速度、车号和车次等统一基准的

图 5.11 TAX2 型机车安全信息综合监测装置

重要列车运行信息，并将这些信息传送到各工作单位中的各检测功能单元进行记录。记录的数据可以用监控装置转储设备进行数据的转储，并利用其地面处理软件系统进行地面分析处理和数据管理，以便实现对机车的动态跟踪，提高对机车的周转率和利用率。同时，各检测设备通过 TAX2 监测装置中的通信记录板实现与监控装置通信的隔离，从而保证当各检测设备发生故障时，不至于影响到监控装置的正常使用。

（一）装置的组成及结构

本装置采用符合 GB 3047.2 和 GB 3047.4 机械尺寸要求的 4U 标准机箱及插件单元式结构，机箱面板宽 60R。它以电源单元、通信记录单元作为基本的单元配置，其他已开发的功能单元有：轨道检测单元、弓网检测单元、TMIS 单元、DMIS 单元、无线列调语音录音单元。另外，预留 4 个单元位置用于备用功能单元的扩展。机箱各单元布置如图 5.12 所示。

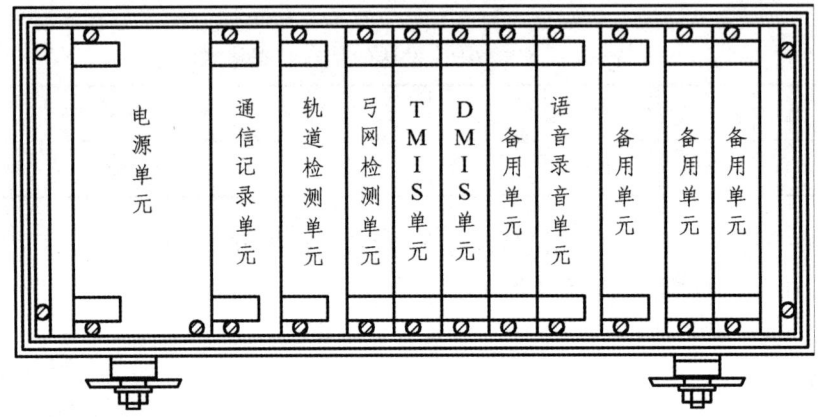

图 5.12　机箱各单元布置

（二）主要技术参数

1. 电　源

输入：直流 77～137.5 V。

输出：① （5±0.05）V，1 A。

② （±12±0.5）V，0.5 A。

③ （15±0.5）V，1.5 A。

④ （24±2）V，0.2 A。

电源保护功能：

输入欠压保护：（75±2）V，可自恢复。

输入过压保护：（140±2）V，可自恢复。

5 V 回路过压保护：（6±0.2）V，不可自恢复。

2. 记录容量

装置内通信记录单元记录容量为 1 MB，允许各检测单元占用的记录信息量不超过 16 KB。

3. 通信波特率

与监控装置通信波特率：9 600 b/s；

与转储器通信波特率：28.8 kb/s；

与各检测单元通信波特率：28.8 kb/s。

(三)各单元功能

本装置系统结构框图如图 5.13 所示。装置内部采取由电源单元集中供电的方式,由电源单元提供 +5 V、±12 V、+15 V、+24 V、+110 V 电源给各单元的电路及其相关外部设备(如传感器、机车标签等)供电。各单元选用任何一种电源均必须采取 DC-DC 变换器等方式与系统电源隔离,以提高系统电源工作的可靠性。通信记录单元为装置的核心,通过它获取监控装置的运行信息,完成对各功能单元反馈信息的记录及对外数据转储功能。装置中除电源单元外,其余各单元均带有单片微机和通信接口。因此,本装置是一个带有多级串行通信的多计算机系统。

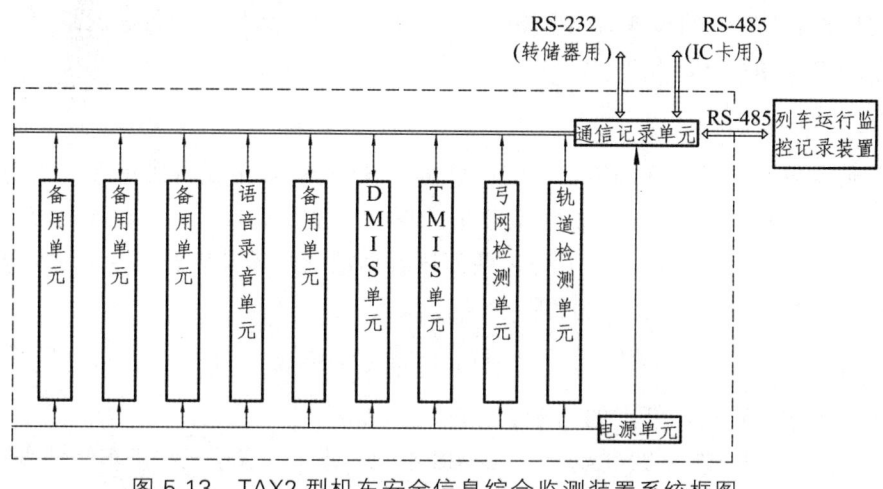

图 5.13 TAX2 型机车安全信息综合监测装置系统框图

TAX2 型机车安全信息综合监测装置以电源单元和通信记录单元作为基本配置,其他单元可根据不同功能进行选配。下面介绍各选配单元功能。

1. 轨道检测单元

本单元用于机车运行时动态检测轨道的技术状况。其基本原理是通过安装在机车上的振动传感器检测机车运行时的横向和垂向加速度值,在对其进行分析处理后得出机车在运行轨道上的晃动等级,从而判定相关地点的轨道状况。本单元还将横向超限和垂向超限的时间、地点、加速度值等数据实时反馈给通信记录单元进行记录,以便地面进一步分析和及时对轨道设备进行维护。

2. 弓网检测单元

本单元用于电力机车运行时动态检测弓网的技术状况。该单元对由拉出值和硬点冲击超限检测传感器检测到的拉出值超限、硬点冲击超限等信号进行处理,能及时检测到电力机车在运行线路上的弓网状态,并将确定的拉出值和硬点冲击超限点的时间、线路公里标、速度等信息实时反馈给通信记录单元进行记录,以便地面进一步分析和及时对弓网设备进行维护。

3. TMIS 单元

本单元是机车标签写入单元,它的主要功能是从监控装置获取车次、车号、本/补、客/货、时间、公里标等列车运行信息,实时传送给车号识别系统中的机车标签设备,再由车号自动识别系统的地面识别设备和管理设备传送给 TMIS 系统,完成 TMIS 系统对机车的动态跟踪管理。

4. DMIS 单元

DMIS 单元(采集处理装置,含 TDCS 数据采集单元)是铁路 GSM-R 通信系统和运输调度指挥管理系统(TDCS)的重要组成部分,其主要功能是配合 GSM-R 机车综合无线通信设备使用,可安装在各类机车上,用于定点发送机车运行状况信息,为调度指挥行车提供准确可靠的数据。

5. 语音录音单元

语音录音单元是无线列调语音录音装置的车载设备。该单元将机车乘务员通过列车无线电调度电话收、发语音信号,按数字形式压缩,并以从监控装置获取的时间、公里标作为基准坐标进行存储记录,再通过地面语音回放器来转储以及还原回放语音信号,以加强对"车机联控"的规范化管理。

6. 备用单元

备用单元预留给尚待开发的功能。

HX_D3 型电力机车选装 TMIS 单元、DMIS 单元、语音录音单元和机车信号通信单元。

三、CIR 机车综合无线通信装置

机车无线通信包括话音、数据等业务,随着通信技术的发展和业务需求量的不断增加,机车无线通信的内容也得到了完善与发展,并形成了机车综合无线通信平台。

CIR 型机车综合无线通信设备是基于 GSM-R 技术的车载设备,与 GSM-R 通信系统地面设备构成完整的铁路专业通信网。根据实际运用需求进行功能模块配置,机车综合无线通信装置可覆盖 450 MHz 调度通信系统(包括话音通信、调度命令、列尾、无线车次号等)、800 MHz 列尾和 800 MHz 列车安全预警及二次防护系统、GSM-R 数字移动通信系统(话音通信、数据通信)、高速数据传输。同时,机车综合无线通信设备还配置了 GPS 全球卫星定位设备,利用卫星对机车位置进行实时定位,依据数据库资料实现工作线路的自动切换,从卫星定位系统获取国际标准时间基准数据。如图 5.14 所示为机车综合无线通信装置实物图。

图 5.14　机车综合无线通信装置

（一）装置构成

CIR 由主机、操作显示终端（以下简称 MMI）、送（受）话器、扬声器、打印终端、连接电缆、天馈单元等构成。CIR 设备构成原理框图如图 5.15 所示。主机中，A1、A2 是连接两个 MMI 的接口；A3 是 450 MHz 电台外置时与外置 450 MHz 电台连接的接口；B1～B5 是通用数据接口；B6 是 TDCS 信息输入接口，连接机车安全信息综合监测装置；B7 是 450 MHz 电台外置时向 450 MHz 电台输出 TDCS 信息的接口；C 是 CAN 接口；P1 是机车直流供电输入接口；R 是用于语音录音的输出接口；M1 是 MMI 与主机连接的接口；M2 是 MMI 与送（受）话器连接的接口；M3 是 MMI 与打印终端连接的接口；M4 是 MMI 与外部扬声器连接的接口。

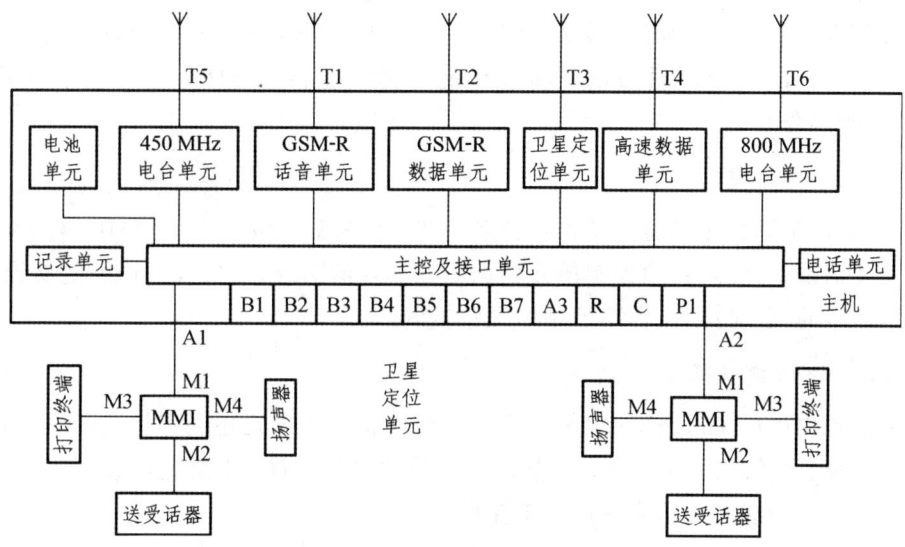

图 5.15 CIR 设备构成原理框图

（二）主要技术参数

（1）工作频率：

GSM-R 与 GSM 系统：876～915 MHz，921～960 MHz；

450 MHz 列调系统：457.500～458.650 MHz，467.450～468.650 MHz。

（2）接收灵敏度：

GSM-R 与 GSM 系统：-104 dBm；

450 MHz 列调系统：优于 0.45 μV。

（3）最大发射功率：

GSM-R 与 GSM 系统：8 W；

GPRS：2 W；

450 MHz 列调系统：10 W。

(4)电源输入电压:DC 88~180 V。

(5)功耗:低于 150 W。

(三)各部件功能

1. 主 机

主机为标准 19 寸机架结构,由 A、B 两个子架组成。A 子架包括:主控单元、GPS 全球卫星定位模块单元、记录单元及供电与电源控制单元。B 子架包括:450 MHz 列调电台、接口转换单元。A 子架各个单元采用标准的插件式结构。

1)主控单元

主控单元采用 ARM 控制芯片,用以完成整机控制任务。控制芯片分别与各个模块单元通信,并根据 MMI 的操作命令向各个单元下达命令采集数据并进行控制。控制芯片与 MMI 进行实时通信,将整机的工作状态传给 MMI 进行显示,并接收 MMI 传来的操作命令。

2)音频控制单元

LCIR 型机车综合无线通信设备具备多路音频信号源,包括两个 MMI、450 MHz 列调电台以及记录单元等。音频控制单元根据主控芯片的命令,完成音频通路的交换连接。各路音频信号的幅度也是在音频控制单元整定的。

3)GPS 全球定位单元

该单元是由进口 GPS 模块组装的全球定位设备。本单元还配有与铁路线路有关的数据库,根据定位信息,可以确定当前列车所处的线路位置,根据此信息主机控制设备自动切换到与当前线路相适应的通信工作模式。

4)记录单元

该单元采用国内铁路定点专业厂家生产的固态数据记录设备,在主控单元的命令下进行语音和数据记录操作。记录媒体采用大容量 CF 卡,记录时间可以满足现场实际需要,使用专配钥匙可以取出 CF 卡进行数据回放、分析,也可以使用专用的读取装置提取记录的语音和数据。

5)供电及电源控制单元

该单元包括开关电源模块、蓄电池及电源控制板。开关电源采用双套进口开关电源模块,将 110 V 转换成 12 V,经隔离汇合电路处理后,供整机使用。当 110 V 电源断电时,蓄电池为免维护铅酸蓄电池,会给相关单元供电。电源控制部分检测电源及蓄电池的工作状态,传送给主控单元,并根据主控单元的命令对电源进行控制。控制部分直接读取 MMI 电源开关键的状态,可以实现关机和复位操作。控制部分配有蓄电池检测电路,用于控制蓄电池供电,避免蓄电池亏电。

6）450 MHz 列调电台

本单元采用最新设计的通用式电台,同时包含了能适应全国铁路线路的所有工作制式。主收发信机采用 TK868G 电台。控制平台为 DSP + MSP 平台,是数字信号处理技术与混合信号处理技术结合的强大功能平台。

7）接口单元

接口单元为主机与各个模块之间的桥梁,与 MMI、450 MHz 单元及各种机车应用设备相连。

2. MMI

MMI 由 ARM 控制板、LCD 显示器、键盘组成。

1）ARM 控制板

MMI 采用 ARM 控制板,安装嵌入式操作系统。应用软件采用面向对象的高级语言程序设计。

2）液晶显示器（LCD）

MMI 配置日本夏普公司高亮度 5.7 英寸（1 英寸 = 2.54 cm）液晶显示屏,分辨率为 320×240。

3）键　盘

MMI 采用微型按键开关,由综合板进行键盘扫描,向工控机送出扫描键盘信息。外键采用喷金属漆按钮,带背光照明。

3. 送受话器

外置送/受话器采用台湾合资公司产品,MIC 与耳机均采用动圈结构。送/受话器附有安装底座,以便于司机室内的安装。送受话器与 MMI 之间用电缆连接。

四、JT-C 系列机车信号车载系统

JT-C 系列机车信号车载系统吸取了通用式机车信号及主体化机车信号十多年来大面积推广的经验,采用先进的 DSP 技术,符合故障-安全原则,而且具有数据记录功能,具备机车信号主体化的条件。

（一）系统构成

系统由以下几部分构成：机车信号主机（含机车信号记录器）、机车信号机、双路接收线圈等。如图 5.16 所示为 JT-C 系列机车信号车载系统设备构成框图。

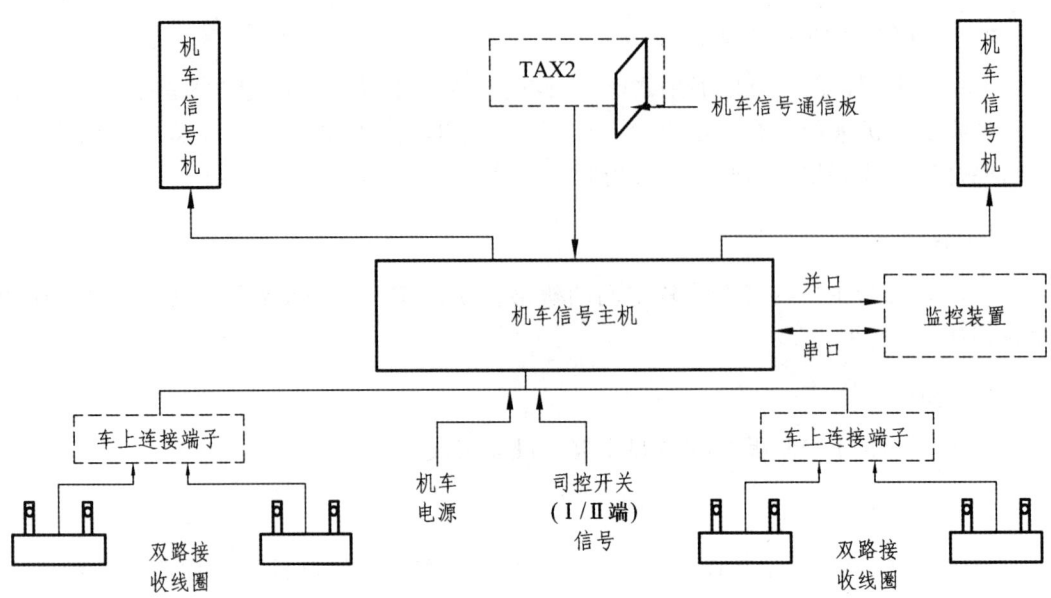

图 5.16 JTI-CZ2000 机车信号车载系统设备构成框图

（二）系统主要技术参数

1）供电电压

额定电压：DC 110 V。

电压波动范围：DC 77~137.5 V。

2）适用轨道电路制式

ZPW-2000 系列（包括 UM71 系列），移频（18 信息、8 信息、4 信息），交流计数和微电子交流计数（25 Hz、50 Hz）。根据客户要求，可适用于 UM2000 等其他轨道电路制式。

3）输入、输出信息

机车信号输入信息和输出信息如表 5.4 所示，其中 SD1、SD2、SD3 为 3 位速度等级编码输出。

表 5.4 机车信号输入信息和输出信息的对应关系

输入信息					输出信息			
TB/T 3060—2002 移频（Hz）	"1.9" 移频（Hz）	交流计数	ZPW-2000（Hz/代码）	广深 UM71（Hz）	信号显示	SD1	SD2	SD3
				22.4	BS 白闪	1	1	0
无码	无码	无码	无码	无码	B 白	0	0	1
			21.3/L5		L 绿	1	1	0

续表

输入信息					输出信息			
TB/T 3060—2002 移频（Hz）	"1.9" 移频（Hz）	交流计数	ZPW-2000（Hz/代码）	广深 UM71（Hz）	信号显示	SD1	SD2	SD3
			23.5/L4		L 绿	1	1	0
9.5	9.5		10.3/L3	11.4	L 绿	1	1	0
8.5	8.5		12.5/L2	12.5	L 绿	1	0	1
				13.6	L 绿	0	1	0
11	11	绿码	11.4/L	16.9	L 绿	0	0	1
	9				LU 绿黄	1	1	0
				14.7	LU 绿黄	1	0	1
	12.5				LU 绿黄	0	0	0
13.5	13.5		13.6/LU	10.3	LU 绿黄	0	0	0
12.5		黄码	15.8/LU2		U 黄	1	0	1
15	15		16.9/U		U 黄	0	1	0
18.5				15.8	U 黄	0	0	1
17.5	17.5		20.2/U2S		U2S 黄 2 闪	1	0	1
16.5	16.5		14.7/U2	18	U2 黄 2	0	0	1
		双黄码		19.1	UU 双黄	1	0	1
	22.5				UU 双黄	0	1	0
21.5	21.5		19.1/UUS		UUS 双黄闪	1	0	1
				20.2	UUS 双黄闪	0	0	0
20	20		18/UU		UU 双黄	0	0	1
24.5			24.6/HB		HUS 红黄闪	1	0	1
	23.5				HU 红黄	1	1	0
				24.6	HU 红黄	1	0	1
	24.5				HU 红黄	0	1	0
26	26	红黄码	26.8HU	26.8	HU 红黄	0	0	1
23.5			29/H	29	H 红	1	0	0
无码	无码	无码	无码	无码	H 红	0	0	1

4）机车信号灵敏度

（1）系统按照如表5.5所示的机车信号灵敏度（钢轨短路电流）的值，应能正确地接收 ZPW-2000 系列信息。

表5.5　ZPW-2000 系列钢轨最小短路电流及机车信号灵敏度

载频/Hz	1 700	2 000	2 300	2 600
钢轨最小短路电流/mA	500	500	500	450
机车信号灵敏度（钢轨短路电流值）/mA	310±31	275±28	255±26	235±24

（2）系统按照如表 5.6 所示的机车信号灵敏度（钢轨短路电流）的值，应能正确地接收移频信息。

表5.6　移频钢轨最小短路电流及机车信号灵敏度

	载频/Hz	550	650	750	850
电化区段	钢轨最小短路电流/mA	150	120	92	66
	机车信号灵敏度（钢轨短路电流值）/mA	113±11	90±9	69±7	50±5
非电化区段	钢轨最小断路电流/mA	50	40	33	27
	机车信号灵敏度（钢轨短路电流值）/mA	40±4	32±4	26±3	22±3

（3）系统按以下机车信号灵敏度（钢轨短路电流）值，应能正确地接收交流计数（含微电子交流计数）信息。

① 非电化区段 50 Hz 交流计数的机车信号灵敏度的钢轨短路电流值为（0.75±0.15）A。

② 电化区段 25 Hz 交流计数的机车信号灵敏度的钢轨短路电流值为（1.05±0.1）A。

5）应变时间

（1）系统接收 ZPW-2000 系列信息时，应变时间应不大于表 5.7 所规定的时间。

表5.7　ZPW-2000 系列应变时间表

低频信息/Hz	10.3	11.4	12.5	13.6	14.7	15.8	16.9	18	19.1
应变时间/s	2.0	2.0	1.9	1.7	1.6	1.5	1.4	1.3	1.2
低频信息/Hz	20.2	21.3	22.4	23.5	24.6	26.8	29	有信息到无信息	
应变时间/s	1.2	1.2	1.0	1.0	1.0	0.9	0.8	4	

（2）系统接收移频信息时，其应变时间为：转换为 L、LU 时的应变时间应不大于 2 s，其他不大于 1.5 s；从有信息到无信息的应变时间应不大于 4 s。

（3）系统设备接收交流计数信息时，应变时间应不大于 7 s，从 L、U、UU 信息到无信息的应变时间应不大于 9 s，从 HU 信息到无信息的应变时间应不大于 7 s。

（4）系统接收信息从其他制式转为移频或 ZPW-2000 系列时，信号显示的应变时间应不大于 2 s。

（三）系统主要部件

1. 机车信号主机

1）主要功能

机车信号主机从接收线圈接收钢轨信号，通过对接收的信号进行处理、解调、译码得到机车信号信息，然后把机车信号信息输出到机车信号机显示给司机，同时把机车信号信息输出到监控装置作为控制列车的基本条件。机车信号主机采用双套主机热备，工作机故障时自动切换到备用机，切换时间不大于 0.5 s。主机具有内部自检及接收线圈断线检查功能，自检正常给出工作正常的表示。当主机双套故障或双路接收线圈故障时，控制机车信号机灭灯，表示车载系统设备失效。机车信号记录器可对机车信号运行状态及地面信息进行记录。

2）供电及功耗

机车信号车载系统从机车配电盘取得电源，功耗为 40 W，标准供电电压为 DC 110 V。

2. 机车信号机

1）主要功能

机车信号机与载频切换（上下行）开关及 UM71 模式选择开关为一体化设计，采用 LED 显示方式。信号机显示机车信号主机译码后的点灯输出及制式输出。信号机下端设有载频切换（上下行）开关和载频组指示灯，指示灯可显示机车信号主机正在接收的载频组（上下行）状态；同时设有 UM71 模式选择开关和对应模式指示灯。

当有需要时，可选择安装独立开关盒。开关盒带有载频切换（上下行）开关和载频组指示灯，指示灯可显示机车信号主机正在接收的载频组（上下行）状态；同时设有 UM71 模式选择开关和对应模式指示灯（UM71 低频信息定义统一后取消）。开关盒直接使用连接到机车信号机的电缆为其供电。

2）供电及功耗

从机车信号主机箱上取得电源，额定电压为 48 V，功耗为 6 W。

3. 机车信号双路接收线圈

1）主要功能

机车信号双路接收线圈安装在机车转向架前端，通过与钢轨的电磁耦合接收钢轨上的信号，然后传送给机车信号主机。它具有冗余线圈，测试设备可通过冗余线圈对车载信号设备进行闭环测试，能确保在任何一路接收线圈断线或因中间连接故障使主机无法接受到地面信号时，另外一路接收线圈仍能保证机车信号主机正常译码输出，给出准确的信号显示。

2) 接收线圈的频率响应

在如表 5.8 所示的钢轨短路电流和频率下，串联后每路接收线圈应达到规定的电压。

表 5.8 钢轨的短路电流和频率、接收线圈的电压

频率/Hz	25	550	650	750	850	1 700	2 000	2 300	2 600
钢轨短路电流/mA	1 050	113	90	69	50	310	275	255	235
接收电压/mV	9.3×(1±7.5%)	15.9×(1±7.5%)	14.6×(1±7.5%)	12.4×(1±7.5%)	10.0×(1±7.5%)	100×(1±7.5%)	100×(1±7.5%)	100×(1±7.5%)	100×(1±7.5%)

五、机车车次、车号自动识别系统

机车车次、车号自动识别系统可实时、准确地采集机车、车辆在在运行状态时的数据，如机车车次、车号、状态、位置、去向和到发时间等信息，实时追踪机车车辆，能为机务折返段内部的运输调度管理和部门的管理自动提供连贯性的基础数据信息。

（一）系统组成

机车车次、车号自动识别系统采用了微波射频技术、计算机技术和网络技术，能够将采集到的车号数据进行处理后通过计算机网络传送到运输管理信息中心。它主要由电子标签、读出装置（AEI 主机）、车载编程器、车站控制与车号处理系统（CPS，机务应用为机务复示系统）和列检复示系统五部分组成。本节主要介绍该系统的车载设备（电子标签、车载编程器）。车载设备连接框图如图 5.17 所示。

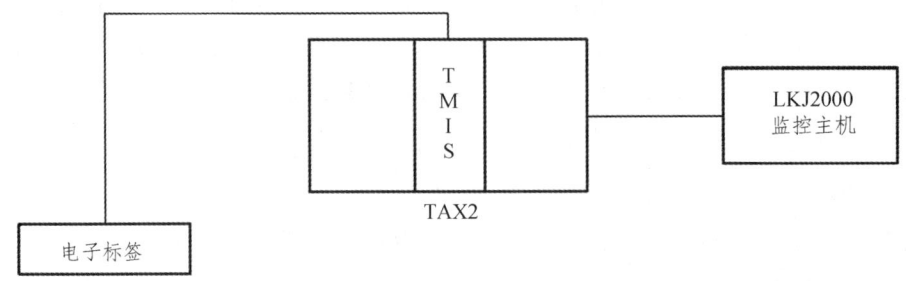

图 5.17 机车车次、车号自动识别系统车载设备连接框图

（二）主要设备

1. 电子标签

电子标签外形如图 5.18 所示，电子标签有单向和双向两种，本车采用单向电子标签。机车电子标签安装在机车底部，用于向地面的接收设备传送机车信息。

图 5.18 电子标签外形

2. 车载编程器（TMIS 板）

TMIS 板安装在机车 TAX2 箱中，用于接收机车监控装置发送来的机车运行动态数据信息，如车次、客/货、本/补、端码（主/辅机）等，还可以把这些信息实时地写入机车标签并对机车标签进行校验。车载编程器外形如图 5.19 所示。

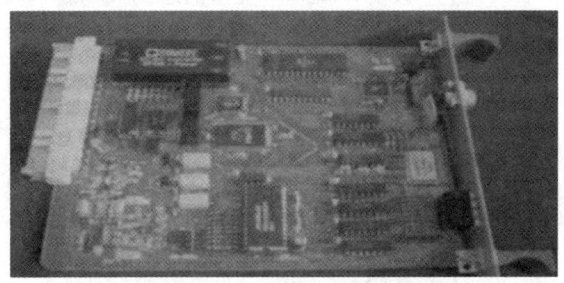

图 5.19　车载编程器外形图

（三）系统工作原理

1. AAR 编码

机车电子标签的信息采用 AAR 编码。AAR 编码的形式如图 5.20 所示。

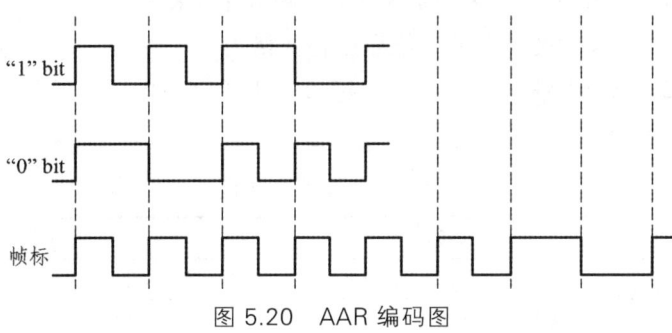

图 5.20　AAR 编码图

其编码特征如下：

（1）每个逻辑位"1"或"0"占用 8 个 80 kHz 的物理信号位。

（2）逻辑"1"的物理编码为"10101100"；逻辑"0"的物理编码为"11001010"。

（3）信息速率为 10 kb/s。

（4）每个标签的内容及信息头总共占用 128 个信息位，因此传输一帧标签的内容至少需要 12.8 ms 的时间。

2. 数据的传输

当运行中的机车或车辆压过 AEI 地面读出设备的开机磁钢时，AEI 打开射频装置，输出载波信号，其输出信号经过上传数据微波加载器送往天线进行传输。运动中的机车或货车电子标签通过 AEI 天线的 RF 覆盖区时，电子标签反射天线发出的载波信号，同时将标签内存储的信息调制到 AEI 的工作载频上。天线接收到反射回来的已调信号，由射频装置将信号进行放大、解调。解调后的信息送往读出卡，由读出卡完成信息的解码，恢复出标签数据信息，并对数据信息进行校验，把正确信息发送给 AEI 的主机板。

3. 机车标签的数据格式

机车标签存储器中存有车号信息及有关机车的技术参数信息，存储容量为 128 bit（20 位 6 bit 的信息码，4 bit 校验位，4 bit 帧标志）。有用信息为 20 位（1 位为 6 bit），格式如下：

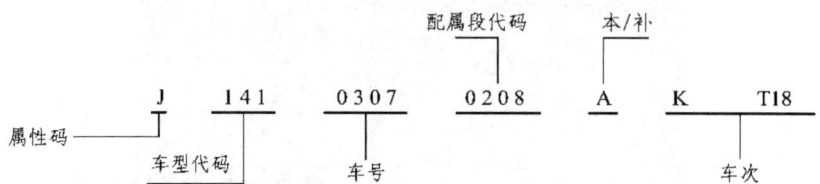

（1）属性码：机车的属性用固定的字母"J"表示。
（2）机车车型：用 3 位数字表示。
（3）配属段：用 4 位数字表示。
（4）机车状态码：采用 1 位字母表示，分本务（A）和其他（B）两种情况。机车处于本务状态有车次信息，处于其他状态仅有机车型号信息。
（5）车次码：采用 6 位数字或字母缩写。
① 车次代码第 1 位用字母区分货车（H）和客车（K）。
② 第 2~6 位表示车次（不足 5 位高位补空格）。
例如：J10523540101AK-0018，J20504090311BH-66660
具体含义如表 5.9 所示。

表 5.9 数据格式实例

标签信息格式	例 1		例 2	
属性码	J	机车	J	机车
机车型号	105	DF$_4$（客）	205	SS$_1$
	2354	车号	0409	车号
配属段	0101	哈尔滨	0311	丰润
机车状态码	A	本务机	B	补机
车次	K	客车	H	货车
	0018	T18 次	66660	66660 次
预留	—	空	—	空

第四节 HX$_D$3 型电力机车 TCMS 1/2 系统和 LCDM 显示屏故障

一、显示屏信息查询

机车的 I、II 端司机室操纵台上分别设置了两台显示屏：微机显示屏（TCMS）和制动显示屏（LCDM），如图 5.21 所示。

（一）微机显示屏信息查询

微机显示屏为触摸显示屏，其信息来自集中式微机控制系统 TCMS。TCMS 微机控制柜将来自机车主变流器、辅助变流器、控制电气柜、司机室控制开关、接触器及转换开关等设备的信息进行汇总。

触摸 TCMS 显示屏内的软开关（如机器状态、检修状态、故障履历等）能够查询机车各种设备的工作状态、各种指令的开断信息，对相关设备进行隔离或恢复操作，达到迅速查找和处理机车故障的目的。

TCMS 显示屏的信息查询流程如图 5.22 所示。

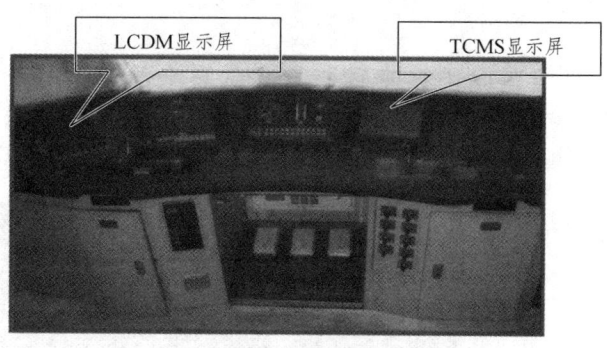

图 5.21　显示屏

机车网络检修故障排查

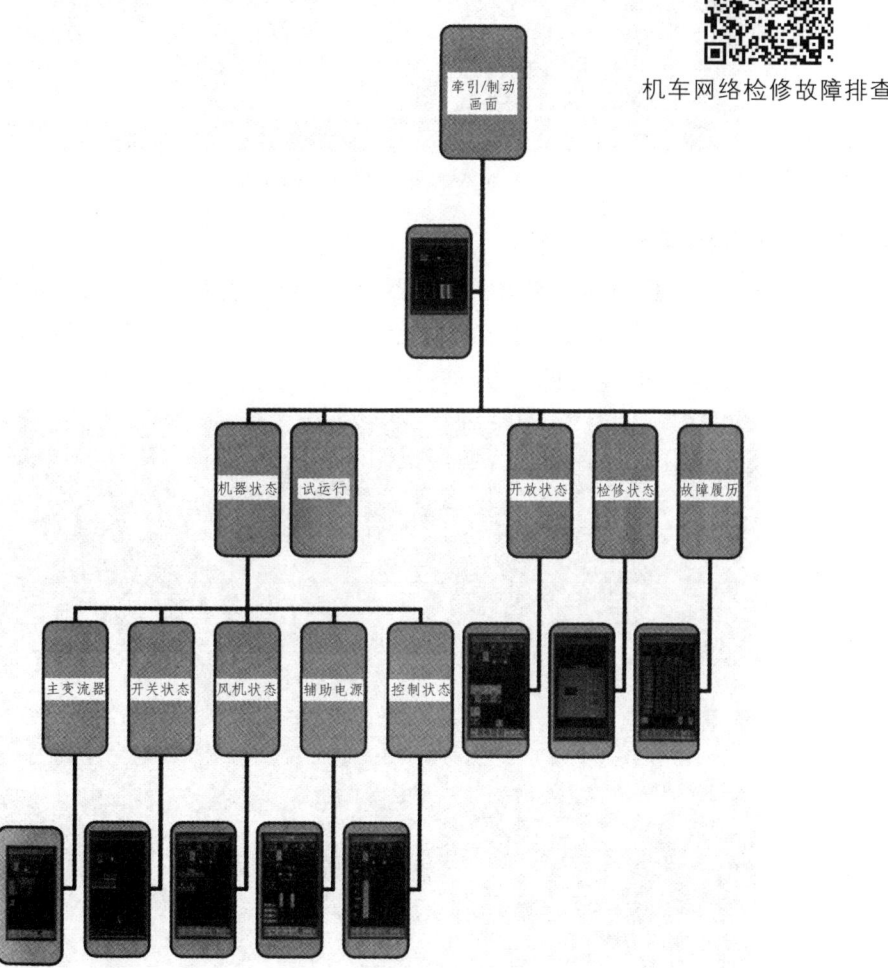

图 5.22　信息查询流程图

1. 牵引/制动主画面

牵引/制动画面如图 5.23 所示，主要显示机车的运行工况：电钥匙位置、受电弓状态、主断路器状态、机车运行方向、牵引/制动工况、机车速度、司机控制器级位、是否定速、是否重联、接触网电压、主变压器原边电流、蓄电池电压及 6 台牵引电动机牵引/制动力。

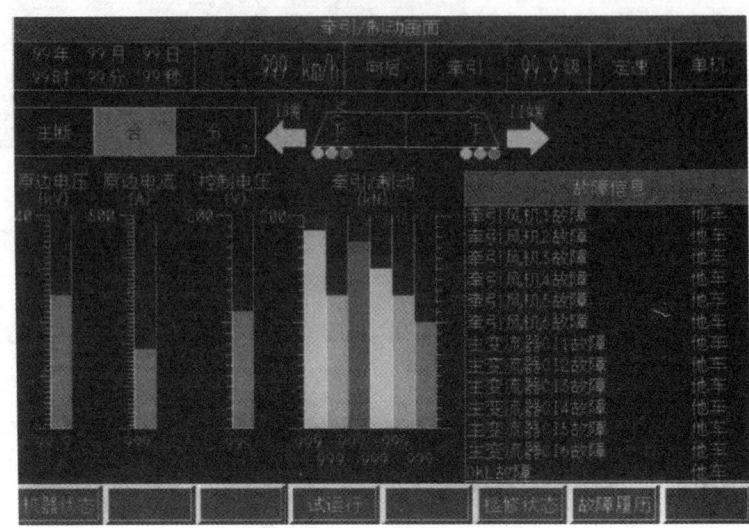

图 5.23 牵引/制动主画面

2. 主变流器/牵引电机画面

触摸"牵引/制动"画面中软开关"机器状态"键，进入"主变流器/牵引电机"画面，如图 5.24 所示。该画面主要显示了 6 组主变流器单元 CI1～CI6 的充电接触器 AK 和工作接触器 K 的闭合状态、中间电压、对应的牵引电动机的电流、转子频率、电机牵引/制动力。

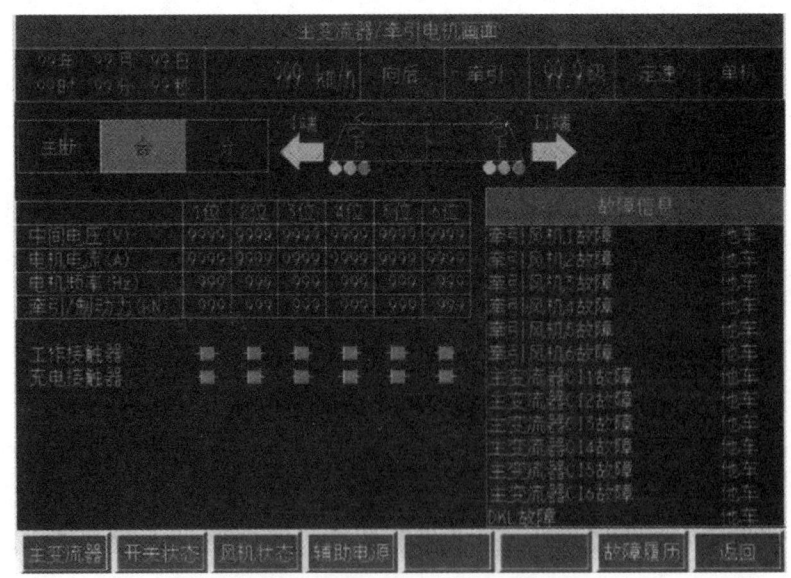

图 5.24 主变流器/牵引电机画面

3. 辅助电源画面

触摸"牵引/制动"画面中软开关"机器状态"→"辅助电源",进入"辅助电源"画面,如图 5.25 所示。该画面主要显示辅助变流器的工作情况,两套辅助变流器的输出电压、电流及频率。

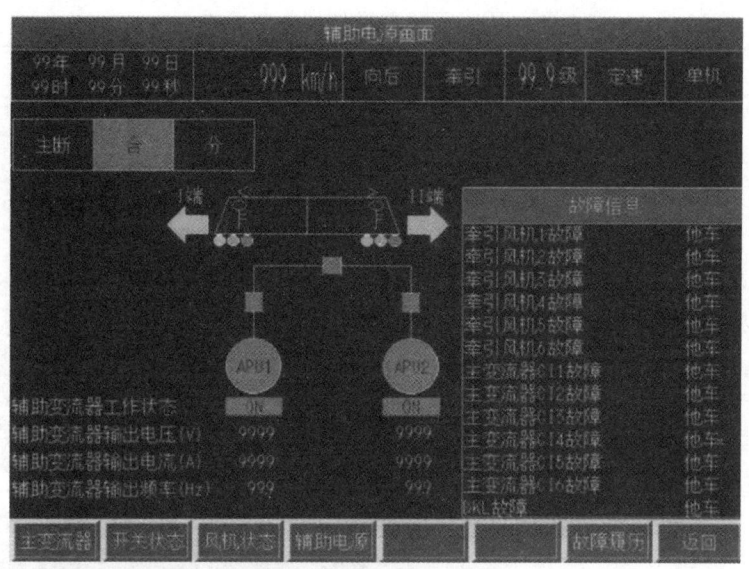

图 5.25 辅助电源画面

4. 故障履历画面

触摸"牵引/制动"画面中软开关"故障履历",进入"故障履历"画面,如图 5.26 所示。该画面用于查看机车近期发生的 100 条故障信息,主要包含故障编号、故障名称、故障发生时间、故障恢复时间、发生故障时机车的状态以及故障处理说明。

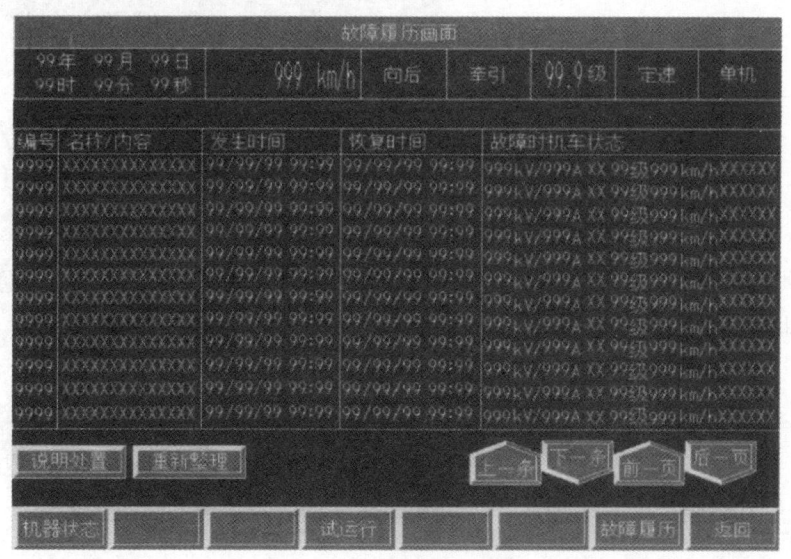

图 5.26 故障履历画面

该画面有一个"说明处理"触摸键,触摸该键后,机车微机控制系统会给出针对该故障的几种处理建议。

二、应急故障处理流程(见表 5.10)

表 5.10　应急故障处理基本流程

步骤	操　作	图　示
1	故障发生,蜂鸣器报警,TCMS显示屏显示具体的故障名称	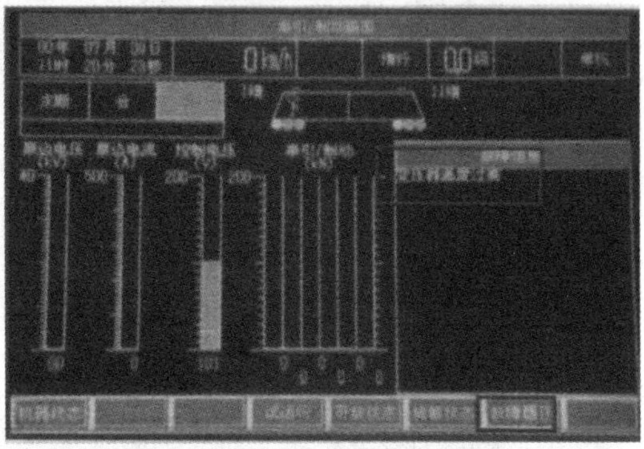
2	触摸软开关"故障履历",进入"故障履历"画面,在"故障履历"画面上,确认故障的具体信息	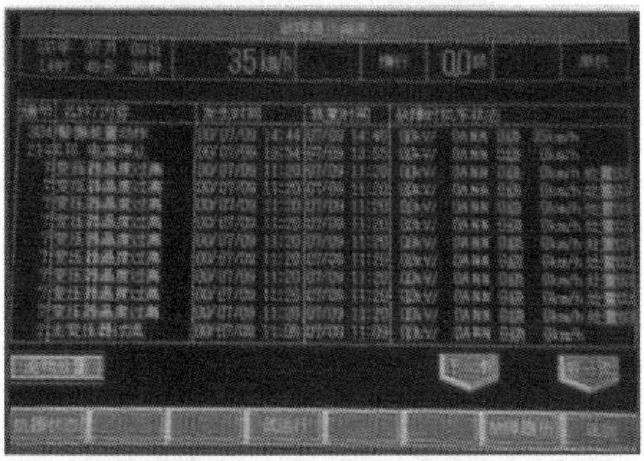
3	触摸软开关"说明处理",确认故障的处理方法,在"故障履历"画面上,按照显示的处理编号进行操作	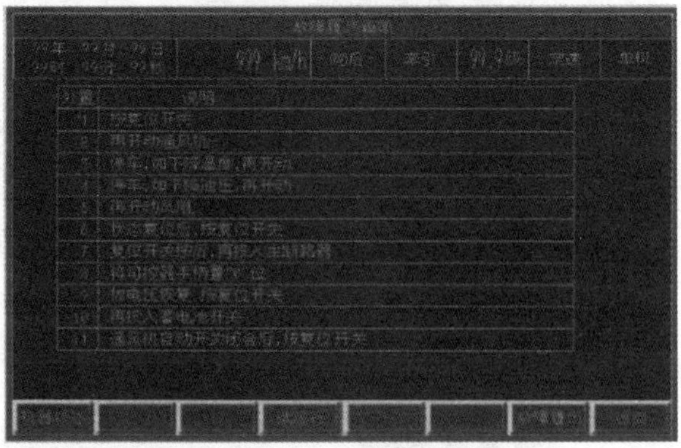

注：如故障清除,继续运行。若故障不能清除,将处理的操作步骤重复 2 次。

三、TCMS 1/2 系统故障处理

名称：TCMS 1/2 系统故障。

故障现象：TCMS 显示屏会显示"TCMS 1 系统故障"或"TCMS 2 系故障"信息，非操纵端 TCMS 显示屏不工作。

注意事项：注意解锁无人警惕装置，以免造成惩罚制动。

处理位置：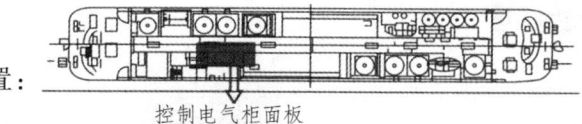
控制电气柜面板

处理步骤：如表 5.11 所示。

表 5.11　TCMS 1/2 系统故障处理步骤

步骤	处理过程	
1	维持运行至前方站	
2	进站停车后，将自动开关 QA41 或 QA42 断开，1 min 后闭合，故障消除后，正常运行	微机控制 1 (QA41) 微机控制 2 (QA42)

注：TCMS 1/2 系统故障，非操纵端 TCMS 显示屏不工作，即黑屏。

四、LCDM 显示屏故障处理

名称：LCDM 显示屏故障。

故障现象：黑屏、画面卡滞等。

注意事项：加强机械压力表的检查确认。

处理位置： 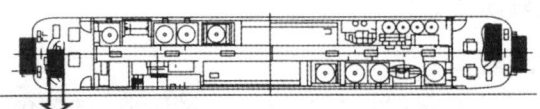 操纵台及机车前、后段

处理步骤：如表 5.12 所示。

表 5.12　LCDM 显示屏故障处理步骤

步　骤	处　理　过　程
1	维持运行，途中加强检查确认操纵台右侧机械压力表的显示，并将监控器的工况画面调出。如制动缸有非正常压力产生时，及时停车，开放平均管塞门
2	有条件停车时，打开操纵台左边柜门，检查 LCDM 显示屏后通信插头的插接状态，如 LCDM 显示屏无法恢复，则维持运行
3	停车后采取"蓄电池复位"法处理

思考题

（1）HX_D3 型电力机车 TCMS 系统的构成和功能是什么？

（2）HX_D3 型电力机车微机显示屏有哪几类？简述每种显示屏的功能。

（3）HX_D3 型电力机车网络控制系统的特点是什么？

（4）简述 HX_D3 型电力机车综合无线通信装置各部件的功能。

第六章　HX_D1 型电力机车微机网络监控与故障诊断系统

第一节　概　述

HX_D1 型电力机车采用 SIBAS 32 控制系统和 TCN 通信网络，分为中央控制系统 CCU 和牵引控制系统 TCU 两大系统。每台机车由两节组成，两节车在机械方面和电气方面都基本相同。每节车内部由 MVB 总线连接全部 SIBAS 部件，两节车之间通过 WTB 总线连接。机车上还装备了分布式动力控制系统 LOCOTROL 和制动系统 CCBⅡ。它的网络拓扑结构如图 6.1 所示。

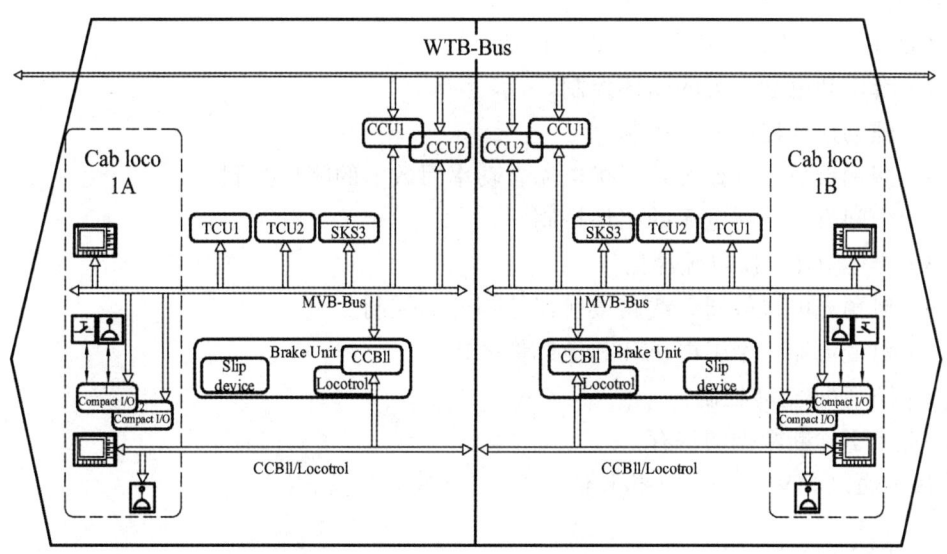

图 6.1　HX_D1 型电力机车网络拓扑图

一、控制系统的主要部件及其功能

（一）CCU

HX_D1 型机车采用 3 型 CCU，每节车有 2 个 CCU 机箱，分别工作在主控模式和从控模式下，互为热备份。

CCU 负责列车级控制和机车级控制，它具有下列主要功能：

（1）设备监视（自诊断功能）。

（2）机车重联控制。

（3）WTB、MVB总线管理。

（4）机车控制逻辑的实现。

（5）机车牵引/制动特性控制。

（6）轴重转移补偿控制。

（7）自动过分相控制。

（8）空电联合制动控制。

（9）通风机转速自动控制。

（10）无人警惕控制。

（11）自动轮径校正。

（二）TCU

每节车有 2 个 TCU，分别控制一个转向架的牵引和制动。通常 TCU1 为主 TCU，当其出现故障时，TCU2 会变为主 TCU。CCU 只发送指令（牵引/制动等）给主 TCU，但 2 个 TCU 都反馈信号给 CCU。

TCU 主要负责传动级控制功能，包括：

（1）牵引和电制动力的闭环控制。

（2）辅助逆变器的闭环控制。

（3）网侧参数（例如等效干扰电流、功率因数）的闭环控制。

（4）中间直流回路电压的闭环控制。

（5）产生 IGBT 模块脉冲信号。

（6）对预充电接触器、线路接触器等部件的控制。

（7）对变流器、牵引电机和其他部件的监控。

（8）防滑/防空转控制。

（9）牵引诊断数据的保存。

（10）通过 MVB 与 CCU 和其他 TCU 进行数据交换。

（三）SIBAS KLIP

HX_D1 型机车安装了 SIBAS KLIP 输入/输出设备，相关电路（接触器、开关等）的信号读入到 SIBAS KLIP I/O 模块。SIBAS KLIP 分为 Compact I/O 和 KLIP STATION 两类。

1. Compact I/O

司机室副台下安装了两个 Compact I/O，用于读取司机指令（升弓、合主断、无人警惕装置信号等），也读取主司控器的格雷码信号（牵引/制动给定，速度给定）。Compact I/O 结构如图 6.2 所示。

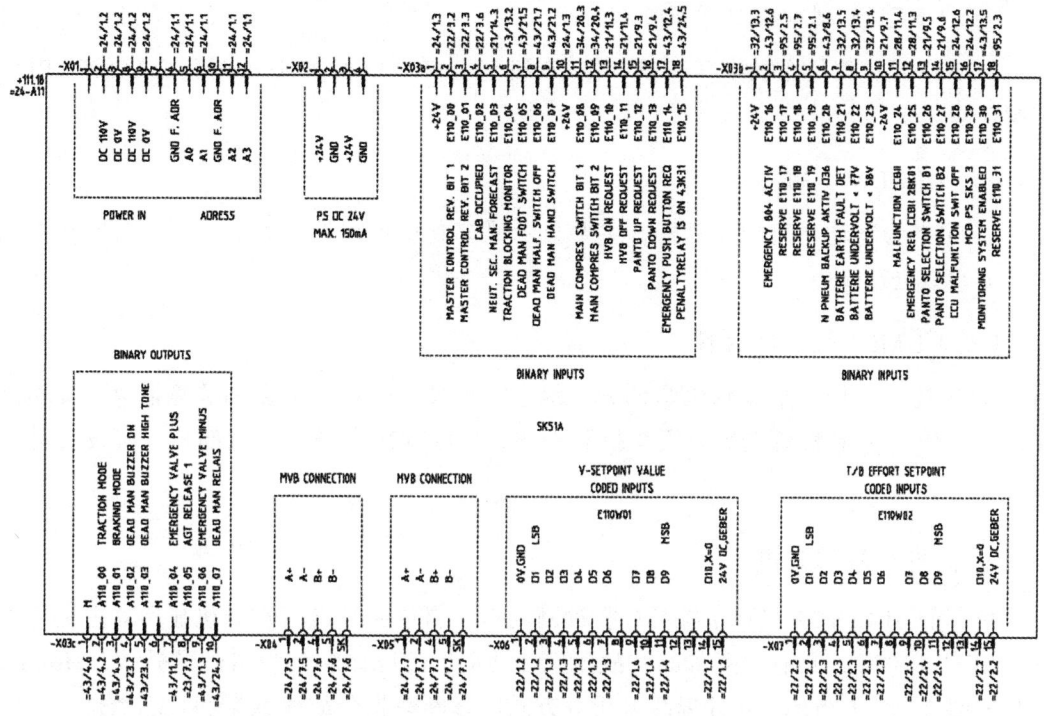

图 6.2 Compact I/O 结构图

2. KLIP STATION

KLIP STATION 在电路图上的代号为 SKS3,它被安装在机械室低压柜内,SKS3 安装的模块如表 6.1 所示。通过 SKS3 可以迅速地将综合信息和控制指令由 AS318 模块发送到 MVB 总线,从而大量简化机车布线。

表 6.1 HX$_D$1 型机车 SKS3 安装模块

模 块	类 型	功 能
AS318	MVB board	MVB 总线接口
开关量输入	110 V	读入信号(如反馈信号)
开关量输出	110 V	输出信号(如控制主断、接触器等动作)
模拟量输出	±20 mA	控制司机台的力矩表
电 源	MVB 32	DC/DC 转换

(四)MVB 服务接口

在司机室副台侧窗下方有个 MVB 服务接口,它附带 AC 220 V 插座。通过这个接口,可以使用 SIBAS Expert2 软件或者 Monitor 软件读取机车的诊断数据及日志数据。

（五）BCU（制动控制单元）

BCU 主要负责机车的空气制动控制，在机车上安装 LOCOTROL 时集成 LOCOTROL 控制功能。

（六）LCDM（制动显示器）

LCDM 为制动系统的显示器，主要显示机车制动系统的相关信息，可对制动系统的部分参数进行设定。

（七）HMI（微机显示器）

HMI 的主要功能是显示机车的列车级、机车级运行状态数据和故障信息，实现机车部分参数的设定和集成部分机车控制按钮，并可以在维护界面对部分机车设备进行检查。

二、机车故障诊断

机车的 SIBAS 32 控制系统具有自诊断功能，自诊断信息可在微机显示器上进行显示。CCU 和 TCU 具有故障诊断和故障储存功能。故障诊断分为司机屏提示、Monitor 软件实时诊断、Expert2 软件离线分析等方式。诊断数据分故障数据和日志数据，其中诊断数据附带机车运行的环境参数。诊断数据包含代码、发生时间、消失时间、事件简单说明等信息。

第二节　HX$_D$1 型电力机车列车通信网络 TCN

一、列车通信网络 TCN

列车通信网络 TCN 由列车总线 WTB 和车辆总线 MVB 组成，按照 IEC 标准进行设计。为了制订一个开放的通信系统，从而使得各种铁道机车车辆能够相互连挂，车上的可编程电子设备能够互换，在 1992 年 6 月，TC9WG22 以委员会草案 CD（Committee Draft）的形式向各国发出列车通信网 TCN 的征求意见稿。该稿第 1 部分介绍了列车通信网 TCN 的总体结构，第 2 部分介绍了其实时协议，第 3 部分为多功能车辆总线 MVB，第 4 部分为绞线式列车总线 WTB，第 5 部分为列车网络管理，附录 A（资料）为 TCN 结构导引，附录 B（资料）为一致性测试导则。

总体结构部分规定列车通信网由多功能车辆总线 MVB 和列车总线 WTB 组成，如图 6.3 所示。MVB 的传输介质可以是双绞线，也可以是光纤，最多可连接 256 个智能总线站。其数据划分为过程数据、消息数据和监视数据，并对过程数据的传输作了优化。

WTB 的传输介质为双绞线，最多可连接 32 个节点，总线跨距为 860 m。WTB 具有列车初运行和接触处防氧化的功能。

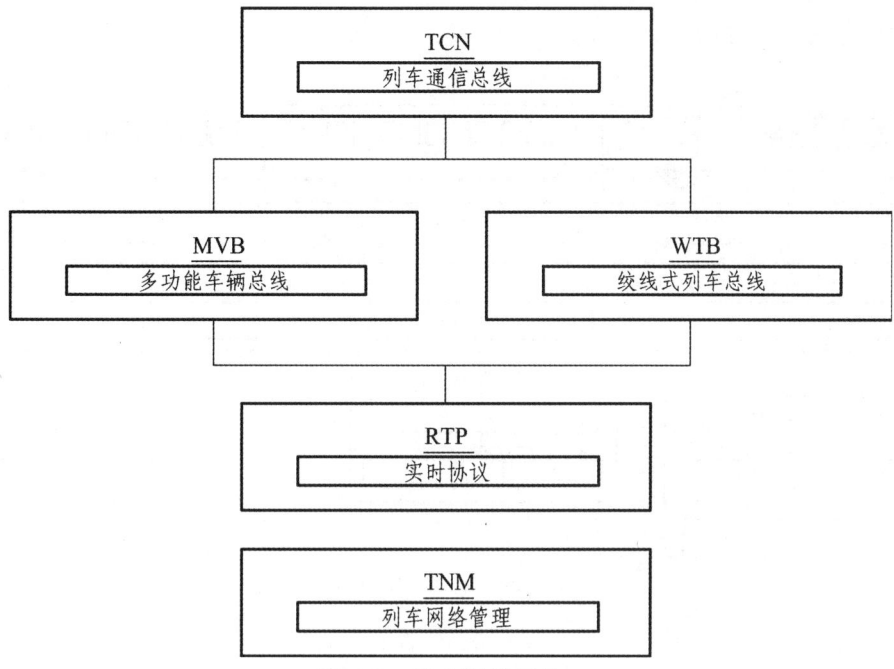

图 6.3 列车通信网络

TCN 网络与 ISO 通信模型结构类似，由 6 个部分组成，如图 6.4 所示。
① 标准设备的结构；
② 实时协议；
③ 多功能车辆总线 MVB；
④ 列车总线 WTB；
⑤ 网络管理；
⑥ TCN 一致性测试。

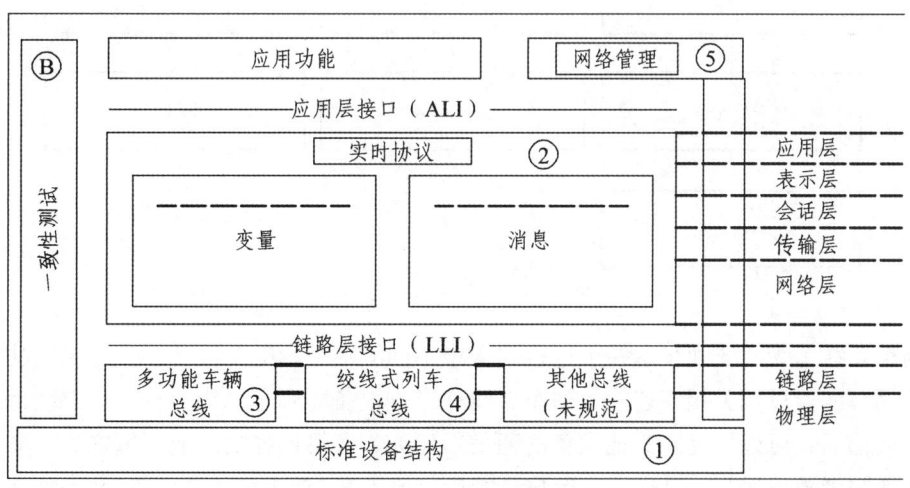

图 6.4 TCN 模型

TCN 总线系统如图 6.5 所示。

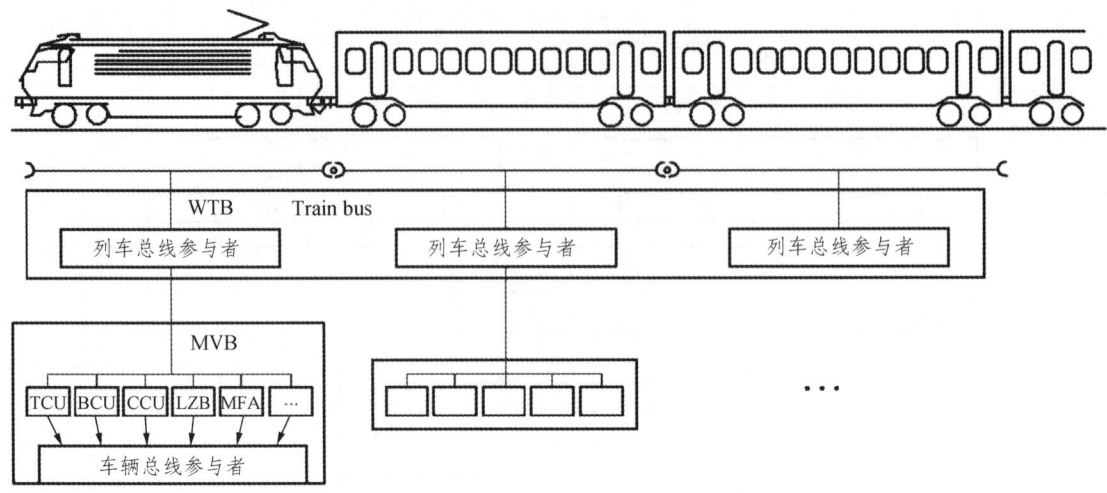

图 6.5　TCN 总线系统

二、WTB

WTB 总线简图如图 6.6 所示。如果运行中发生故障，系统可以由一条总线无中断地转换到另一条总线上。如果一个网关故障，系统允许短时故障运行（持续时间为一个转换过程）。

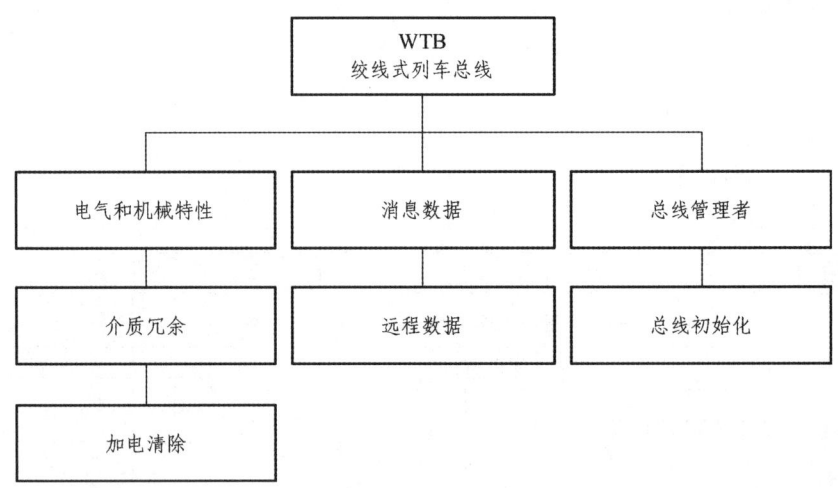

图 6.6　WTB 总线简图

列车总线（绞线式列车总线）连接列车中不同车辆上的电子设备。为满足此功能，不同的车辆总线通过网关相互连接。列车总线在个别设备（列车总线节点）与总线停止通信或开始通信后，可以恢复同其他设备的通信。例如，车辆连挂之后或解编之后，总线以变化后的参与者数目运行。总线参与者数目的最小值为 2，最大值为 32。TCN 地址在列车初始化过程中（开机）动态配置到参与者中。列车初始化发生在每次总线配置发生变化后，如每次编组之后。在此过程中，总线的正常数据交换完全停止。当新的总线配置确定之后，数据交换重新开始。系统初始化期间各个参与者的 TCN 地址配置完成。主控器通过申请而明确设定（如通过钥匙开关的操作）。

总线系统物理层由铜质双绞线组成，数据传输速率为 1 Mb/s，总线长度可长达 860 m。为提高总线系统工作的可靠性，总线系统采用全系统冗余设计技术。每个列车总线节点有四个接口。每单个总线节点有一个普通接口和一个冗余接口。每个接口连接上一节点以及下一节点。每根总线电缆从一个节点铺设至另一节点并在每个总线节点处形成闭环。在总线终端节点，通过网关上的继电器与匹配的终端电阻（120 Ω）相连。

（一）HX$_D$1 型机车的 WTB 实现

UIC 标准第 556 单册把牵引车和拖车的应用技术、功能和 IEC 61375 标准规定的 WTB 数据传输标准联系在一起。UIC 标准第 556 单册的主要目的是定义国际运营列车的列车总线必须交换的数据，以确保所有依据该标准设计的车辆通过列车总线能使用同样的语言，即传送的每个字节或每个位的含义是相同的。

如图 6.7 所示，HX$_D$1 型机车的报文数据分为四种不同类型：

（1）R1 报文：由主控车辆传输至所有从控车辆（控制数据）。
（2）R2 报文：由所有从控车辆传输至主控车辆（状态数据）。
（3）P1 报文：来自重联机车本车的控制数据。
（4）P2 报文：来自重联机车补车的状态数据。

网关能够实现车辆信号向列车总线的转换。系统采用"忙"位来监控数据是否被正确传输。

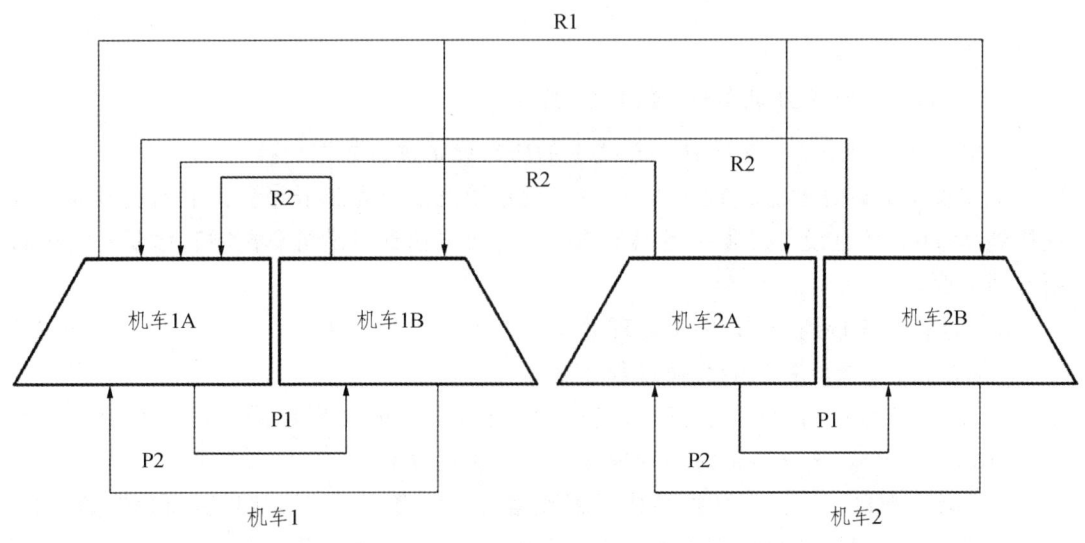

图 6.7 HX$_D$1 型机车 WTB 通信示意图

(二) WTB 遥控选择

HX$_D$1 型机车没有 UCI 连线，WTB 仅通过车辆间的连接器与从控机车相连，并通过使用两套独立的电缆来实现冗余，如图 6.8 所示。此外，机车没有遥控连接功能。

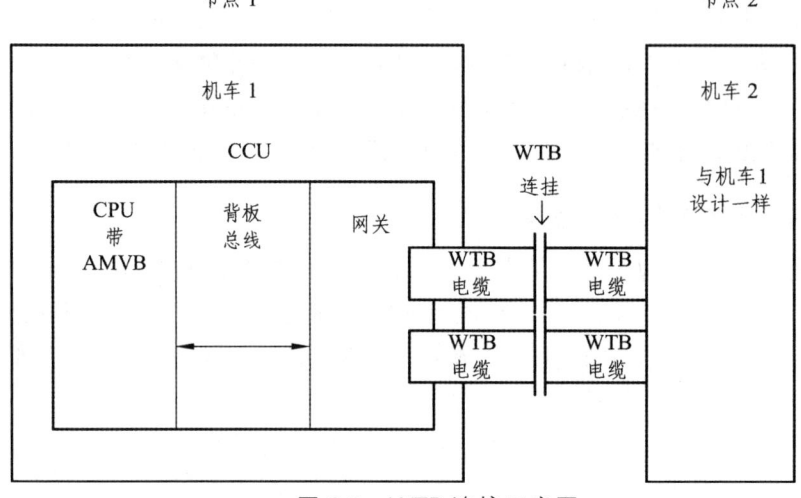

图 6.8　WTB 连接示意图

HX$_D$1 型机车单元至少由两节机车组成而且始终以多机牵引模式运行。在这种模式下，主控机车和从控车是有级别区分的。操作钥匙开关处于"1"位的机车总被认为是主控机车，所有其他机车被认为是从控机车。在所有有电气连接的机车组中，其处于"1"位的操作钥匙开关多于 1 个，则机车组不能运行。此时，状态显示为主控冲突。

三、MVB

(一) HX$_D$1 型电力机车的 MVB 实现

车辆总线支持单节机车中挂在总线上的所有设备进行数据交换。

根据设备的运算性能，TCN 标准将车辆总线设备分为四个等级，下列设备都可以连接到 MVB，而且设备必须满足以下 MVB 分级以达到满足机车控制和诊断所关注的所有通信要求。

0 级设备：连接到 MVB 但不处理数据的设备（例如中继）。

1 级设备：1 级设备只能交换过程数据。

1.0 级：1.0 级设备可以发送和接受最大 8 个 words 的过程数据或发送 16 个 words（1 word = 16 bit）。不支持宿时间管理（替代：触发位）。

1.1 级：来自固定预设数据结构过程数据的扩展交换，扩展端口都可以配置。1.1 级设备之间可以进行过程数据交换。支持宿时间管理（256 个端口）。

1.2 级：1.1 级设备的扩展功能，通过处理系统可以处理单独信号，而且可以寻址（256 个端口）。

1.3 级：1.2 级设备的扩展功能，可以进行运行配置数据 NSDB 评估（256 个端口）。

2 级设备：这些设备可以交换过程数据和消息数据。该设备拥有多达 256 个传输端口。最新过程数据可以支持宿时间管理。

3 级设备：3 级设备与 2 级设备结构相同，可使用的端口数目有 4 096 个。

4 级设备：4 级设备与 2 级设备、3 级设备结构相同，可承担总线管理功能。

通过项目配置工具 TCN-PT，可以实现车辆总线 MVB 上所有的控制设备进行数据交换。

（二）MVB 设备的 TCN 地址

中央控制单元 CCU1 和 CCU2 以及牵引控制单元（TCU1 和 TCU2）组成控制系统的核心，这些设备相互连接。为便于交换数据，它们通过车辆总线 MVB 与其他子系统连接，如图 6.9 所示。

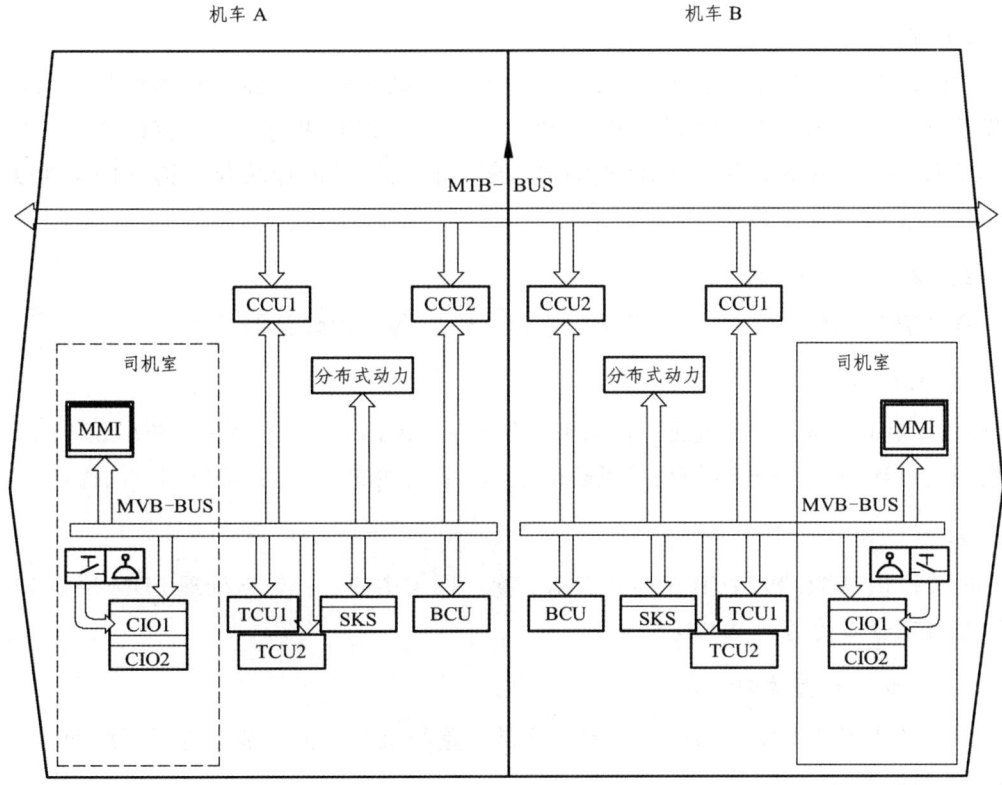

图 6.9　MVB 总线连接的设备

主控 CCU 作为车辆总线 MVB 的总线主。所有重要子系统均要连接到 MVB 总线上，成为总线成员。SIBAS 接收并管理这些数据。在西门子 TCN-PT 工具的帮助下，基于这些数据，可产生所有 MVB 转换所需要的 NSDB 清单。同时由于端口明细含所有设备所关注的传输和响应数据，所以这些数据对所有的 MVB 转换都有用。

(三）网络电子部件

1. 中央控制单元（CCU）

CCU 为 32 位 SIBAS 32 西门子列车自动化系统微机控制设备，承担着机车车辆控制管理的功能，直接完成或协作完成车辆的控制、监控功能。CCU3 型有如下设备：网关、带 AMVB 模块的中央处理器、电源。

2. 制动控制单元（BCU）

BCU 承担除电制动以外的制动设备的控制和管理的任务。

3. 牵引控制单元（TCU）

TCU 承担电气牵引设备的控制和管理任务；TCU 也负责对辅助变流器（SITRAC）的控制。电制动由 TCU 控制。

4. 外部设备连接

1）智能输入输出终端 SIBAS-KLIP

SIBAS-KLIP 分布式输入/输出系统减少了车辆布线，提高了车辆控制和诊断的可靠性。通过 SIBAS-KLIP 输入/输出终端，系统可以对未与 MVB 直接连接部件设备的信号进行采集和控制。SIBAS-KLIP 输入/输出终端的模块化结构帮助系统实现了对特定设备的优化控制。

2）紧凑型 I/O

紧凑型 I/O 是司机室内的专门为数字信号输入/输出而设计的设备。

3）人机界面 MMI

MMI 由显示屏和 PC 组成。显示单元是由 SIBAS 控制、仪表显示和车载诊断系统组成的人机界面。显示屏为司机提供故障显示、限制性的功能，并提供相应的操作提示。

5. 网　关

网关提供 WTB 和 MVB 之间的数据交换。网关中的过程数据处理 PDM 决定 MVB 的哪组数据会被传送到 WTB。

6. 分布式动力控制系统

本部件为可选择安装部件。它的任务是与重联机车的另一节车进行无线通信。其 MVB 端口必须有定义。

四、列车网络组成

（一）重联/取消重联

两节车的控制（如合主断、变压器等）和设备通过 WTB 和控制线组成一台车。HX$_D$1

型机车最多可以 4 节车重联。

（二）列车初始化

1. WTB 初始化（TCN 初始化）

列车总线支持可变数量的列车组合。设计上支持多节机车。当列车总线的配置由于另外增加车辆而改变，一旦一端的司机室的钥匙开关进行确认，整列重联车就会立即进行自动初始化。

初始化过程中，确定的 TCN 地址就会分配给每节车。TCN 地址标记每节车在重联车中的位置。TCN 初始化结束时，总线主控将分配网络拓扑给列车总线的各个节点。

列车总线拓扑允许列车总线的各个节点确认 TCN 地址的起始和终止节点，其自身节点的 TCN 地址，其对总线的参考方向，列车总线其他各个节点的 TCN 地址和类型。

2. 逻辑初始化（UIC 初始化）

每一次新的 WTB 初始化都要进行逻辑初始化。与 TCN 初始化相比较，逻辑初始化和配置的任务是编辑通信系统的应用程序（列车控制）。

它要执行下列任务：

（1）确定列车和机车序列，发布 UIC 地址。

（2）编辑、发布对配置的描述，其允许应用程序在逻辑层处理。

（3）TCN 和一个新的被执行的 UIC 初始化之后，当 WTB 检测到多于一节的牵引车时，所有的 WTB 参与者将改变牵引车的状态。这种状态下，不能进行 WTB 通信。这种状态可以通过摘除一节牵引车（钥匙开关）而取消。

（三）冗　余

1. WTB 列车总线冗余

每节机车有两路总线和两个网关，组成 WTB 总线冗余。如果一路 WTB 总线故障，数据交换可以不中断地在另外一路总线上继续进行。如果两路总线故障，数据传输中断，重联机车的 WTB 会重新初始化。这种情况下，重联机车的新部件不能接入网络拓扑中。

2. MVB 列车总线冗余

MVB 硬件及控制采用冗余技术。如果一路总线故障，数据交换将在第二路总线上继续进行。司机显示屏会告知司机总线出现了故障。

3. CCU 冗余

每节机车有两套 CCU，分别为主控 CCU 和从控 CCU，互为热备份。主控 CCU 能够完成本节机车的所有控制功能。两套 CCU 的结构完全相同。CCU 故障情况下，只要有一套 CCU 处于运行准备状态，系统就可以无任何限制地支持车辆运行。一套 CCU 承担主控功能并且积极控制本节机车，另外一套 CCU 处于备用状态。一节机车的主从 CCU

进行周期性转换，以确保该节机车的可靠性。备用CCU故障对机车运行无任何影响，仅仅是向司机发送故障信息。主控CCU故障会引起全部管理级别的临时丢失。司机必须使用切换开关，选择需要的CCU，剩下的CCU成为主控CCU。

重联机车或多机重联机车运行时，每节机车都有一套主控CCU和一套从控CCU（备用级）。主控机车的主控CCU亦是整个重联机车组的主控CCU，从控机车的主控CCU是重联机车的从控CCU。重联机车的主控CCU通过WTB传输控制命令以及控制值到重联机车的从控CCU，重联机车的从控CCU通过MVB传输控制命令以及控制值到其子系统。这样，即使每节机车仅有一套CCU正常工作，整列车也可以正常运行。如果整列车仅有一套CCU正常运行，则仍有一节机车正常运行。

4. 网关冗余

每节机车配置两套网关，其中一套网关参与 WTB 通信，每个网关对应分配到一个CCU。配置给从控 CCU 的网关不参与重联机车的初始化，也不参加任何的数据交换。该网关不为其他 WTB 参与者所识别。主控CCU/GW 失去主控功能后，主从转换自动启动。

5. 输入/输出单元（CIO）冗余

对司机室操作有关联作用的输入/输出存在两套CIO，这些数据对主控CCU有效。如果出现冗余数据相互矛盾的情况，系统必须对数据的合理性作出选择。

第三节　SIBAS 32 控制系统

一、SIBAS 32 控制系统简介

SIBAS 32 系统用于轨道交通逻辑控制，该系统在车辆牵引的变流设备方面起控制、监控及保护作用。它也在控制级执行信息处理，使整个车辆类似于一个控制单元。除此之外，系统集成了车辆诊断、调试、维护功能。

系统采用模块化设计，划分为不同的功能模块，如中央处理单元、通信接口、接口模块等。因为它性能稳定，车载模块化装置可以用于各种类型的车辆控制。各种模块安装在标准的 19 英寸（1 英寸 = 2.54 cm）机箱内，构成控制单元。

系统具有以下基本特点：

（1）划分为中央控制单元和牵引控制单元。

（2）采用模块化设计，功能模块电路板尺寸采用单倍和双倍欧洲格式。

（3）采用 Siemens ES902 装配系统，电磁屏蔽及机械增强设计符合国际标准。

（4）集成的诊断系统对调试、维护、故障检修提供支持。在故障条件下，保存牵引及车辆状态信息。

（5）通过商用 PC 机的诊断接口，使用相关应用软件读取和存储信息。

（6）采用高集成度电路，例如高性能微处理器、各种可编程集成电路。

如图 6.10 所示为重要模块及其与 PC 机的连接情况,列车与车辆通过总线或信号线连接。

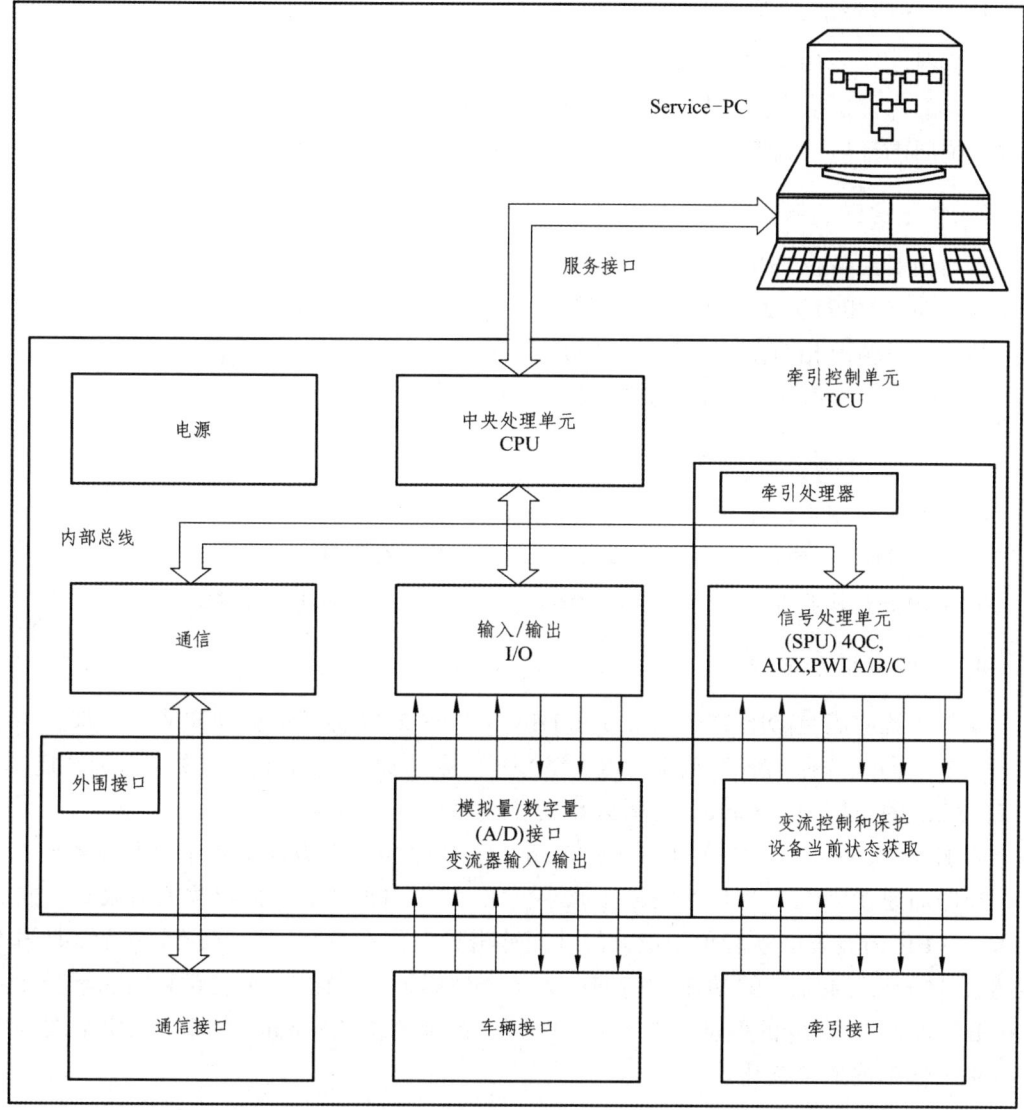

图 6.10 TCU 控制单元结构图

二、SIBAS 32 控制单元

（一）应用标准

SIBAS 32 系统是为了轨道运输和长距离铁路运输而开发的,满足欧洲标准 EN 50155 的要求,在产品开发和型式试验中的相关应用场合也参照了下列标准：

BN 411 002(LES-DB)/1996　　　　IEC 60571/1998
EN 50155/1995　　　　　　　　　EN 50121 Part 3-2/2000
EN 50153/1996　　　　　　　　　EN 50261/1999

(二)通用技术规范及使用条件

1. 允许的温度范围

环境温度：-40~70 ℃。

所有部件都适应铁路运用环境，满足 EN 50155 标准中模块周围环境、空气温度和控制系统周围环境、温度等级要求。

2. 允许的湿度限值

年均相对湿度：75%。

连续 30 天相对湿度：95%。

其他偶发情况相对湿度：95%~100%。

偶发轻微的冷凝现象不得引起系统故障或失效。

3. 允许的电源电压范围

持续电压：额定电压允差 -30%~+25%。

1 s 内允许电压值：-25%~+40%额定电压不得有损坏。

0.1 s 内允许电压值：-40%~+40%额定电压下，设备功能正常。

4. 允许的机车负荷

控制系统应满足 DIN IEC 68-2-6 和 DIN IEC 68-2-27 标准的振动和冲击要求。

三个方向上的振动频率范围为 8~150 Hz，振动加速度为 2g（g 为重力加速度），在 5~8 Hz 的振幅为 7.5 mm，之后频率变化按每分钟 8 倍频上升。

施加 18 次冲击，分别持续 11 ms 和 30 ms，每个坐标轴方向上每个时间段各施加 3 次，冲击加速度为 5g（梯形半波或正弦半波），如果出现共振（振幅放大倍数为 5 或更大），在 1 h 内装置必须能承受最大的共振冲击，但是在每个共振点的最大持续时间不能超过 15 min。此后，在剩下的时间内（每个坐标轴 1~1.75 h）装置必须能承受 8~150 Hz、加速度为 2g 的振动，在 5~8 Hz 频率范围偏差 7.5 mm。在整个频率范围内以每分钟 1 倍频的速度变化。

5. 防护等级

防护等级遵循 IEC 60529 标准：IP20。

6. 油　漆

模块喷有油漆进行防护（表面防护）。

7. 安　装

控制单元在安装时必须保证其风扇产生的风竖直向上（使冷却气流与自然对流的方向一致）。

8. 预防电击伤害的保护措施

（1）通过外壳保护，防止直接接触带电部分。

（2）设备接地以预防间接接触带电部分的保护（接地连接保护）。

（3）只有当前面板上所有连接器都正确连接好后才能对控制单元进行操作。

（4）未与控制单元连接的连接器的触点不能带电。

（5）控制单元前面板上未使用的插座必须用盲插头盖上。

保护接地的连接（保护接线端子）是通过控制单元的紧固螺丝来实现的，也可以采用其他方式，只要确保该方式能有与保护接线端子相同的导电性能。如有更高要求，则需要采用保护导线连接。此外，保护导线的截面积至少与回路导线的截面面积相同。

（三）安全措施——ESD

1. ESD 的含义

电子元件的集成度不断提高，导致其对静电敏感。为了确保控制单元功能正常，必须考虑装置对静电的敏感性。因此在部件的制造、加工、运输或储存等环节都必须采取适当的保护措施。对这些部件以及部件上安装的模块采取防静电设计，简称为 ESD。

2. ESD 措施

有效的安全措施可以防止静电产生。这些措施是：

（1）划分电子保护区。

（2）工作台 ESD 接地。

（3）采用防静电的包装材料和运输容器。

此外，必须遵守以下一般规则：

（1）不要触摸装置的接地端子，那里不是绝对的基准电位点（例如，在可传导的地表面行走时电位是不均衡的）。

（2）禁止触摸印刷电路板的模块插脚、底板插头的插脚或印刷电路导体。

相当多的电磁放电出现在去除标签或撕掉胶条的时候，因此在靠近 ESD 的地方应该避免这些行为的发生。在不得已这样做的时候，缓慢地拆卸可以减少危险。使用橡胶手套添加或取下这些东西时可以取得同样的效果。

（3）ESD 不接触到可积累电荷的物体（例如大多数的塑胶材料）。

（4）对静电敏感的部件不能靠近数据终端或电视机，它与屏幕的最小间距不能小于 10 cm。

3. 维护时应采取的措施

（1）装有静电敏感部件的模块，只允许技术维护人员接触，并且须确认采取了戴防静电手腕、铺防静电地毯、鞋子接地等措施。此外，可传导的工作台外表及模块外壳必须接地。

（2）在测试适配器及测试插座的时候，不能带电插拔。

(3)只使用被认可的试验设备或工具(例如专用烙铁)。

(四)电磁兼容性(EMC)

车辆上安装的电子设备需要承受各种干扰。为了使设备免受干扰的影响,则需要虑采用宽波段的 EMC 措施,根据 EMC 原理进行设计。

干扰的类型及其对应措施如下:

1. 电磁干扰的种类

为了实现车辆的电磁兼容,必须考虑各种干扰源及干扰宿的耦合路径。

电磁干扰的种类如表 6.2 所示。

表 6.2　电磁干扰的种类

干扰类型	措　　施
电流型	滤波、接地、等电位点
电容型	屏蔽、选择电缆布线路径
电感型	选择电缆布线路径
电磁辐射	屏蔽、接地、等电位点

2. EMC 措施

控制装置及信号通路的主要 EMC 措施,包括电源、外部串行总线接口、开关信号、模拟信号、脉宽调制信号的 EMC 措施,如图 6.11 所示。

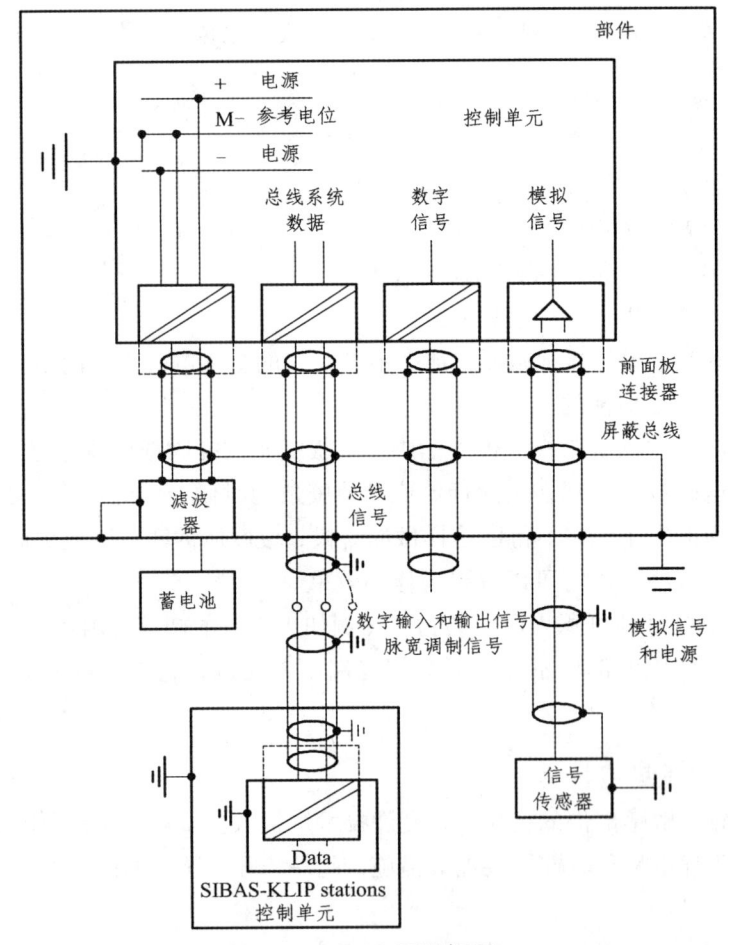

图 6.11　EMC 原理框图

（五）控制装置的机箱

中央控制系统 CCU 和牵引控制系统 TCU 都采用单独机箱安装，机械连接采用特殊设计，电气接触优良，抗电磁干扰性能高。如图 6.12 所示为 CCU 和 TCU 的机箱外形。

机箱内部有散热风扇，有掉电保护的存储模块及实时时钟。各插件都有防插错的机械编码装置。插件之间通过装置底板进行电气连接。

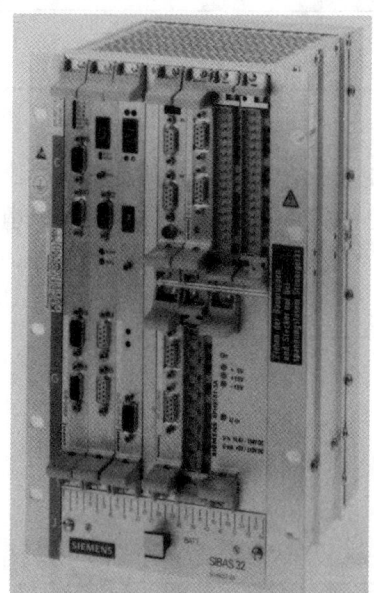

图 6.12　CCU 和 TCU 机箱外形

（六）CCU 控制单元模块

CCU 的各个模块通过机箱底板连接。模块的布置如图 6.13 所示。

=22-A01⁺	C003	C019	C031	C039	C047	C055
			预留	预留	预留	预留
			G031	G039	G047	
	网关	中央处理单元	预留	电源适配器插件	电源 14.4~154 V	
	FAN RACK					

图 6.13　CCU 控制单元模块布置图

模块的型号如表 6.3 所示。

表 6.3 CCU 各模块的型号

型　号	模块名称	名称缩写
6FH6037-3A	风扇模块	FAN
6FH9151-3A	开关电源	PCS 5 V±15 V
6FH9415-3J	网　关	TCN GW
6FH9433-3A	变换器	APCS 15
6FH9533-3B	中央处理单元	CPU

1. 风扇模块（FAN）

风扇模块安装在 CCU 机箱的底部，用于对 CCU 控制单元进行强迫通风。风扇模块内部有后备电池，对机箱模块的数据提供防掉电保护。电池容量可通过软件检测。风扇的额定工作电压为 $\pm15^{+2}_{-4}$ V。风扇状态由 CCU 软件监控。

风扇模块的面板及电气原理分别如图 6.14 和图 6.15 所示。

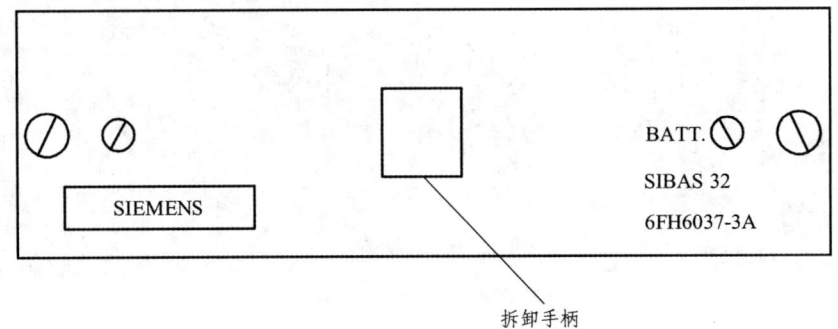

图 6.14 风扇模块的面板示意图

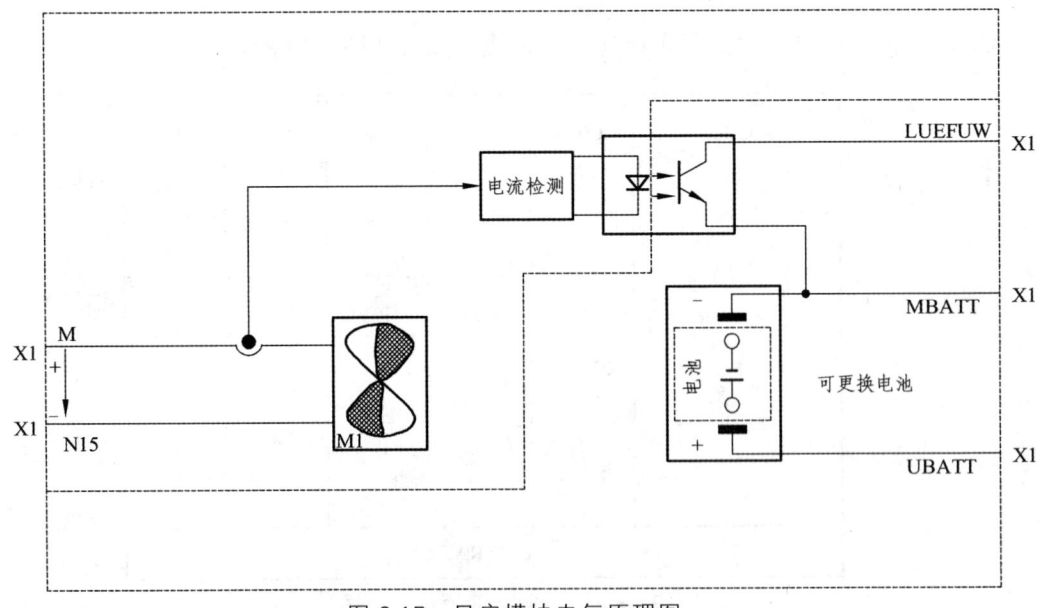

图 6.15 风扇模块电气原理图

2. 开关电源（PCS +5 V/±15 V）

PCS + 5 V/±15 V 单元（6FH9151-3A）为 SIBAS 机箱提供电源，其主要特性如下：

① 额定输入电压 U_{IN} = 14.4 ~ 154 V。
② 输出电压 U_{OUT} = + 5 V/±15 V（50 W）。
③ 电气隔离。
④ 输入极性反接保护。
⑤ 可拆卸，背部有插头。

电源模块的面板及电气原理分别如图 6.16 和图 6.17 所示。

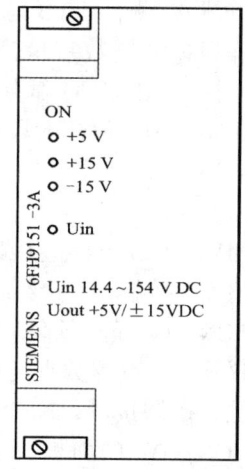

图 6.16 电源模块的面板示意图

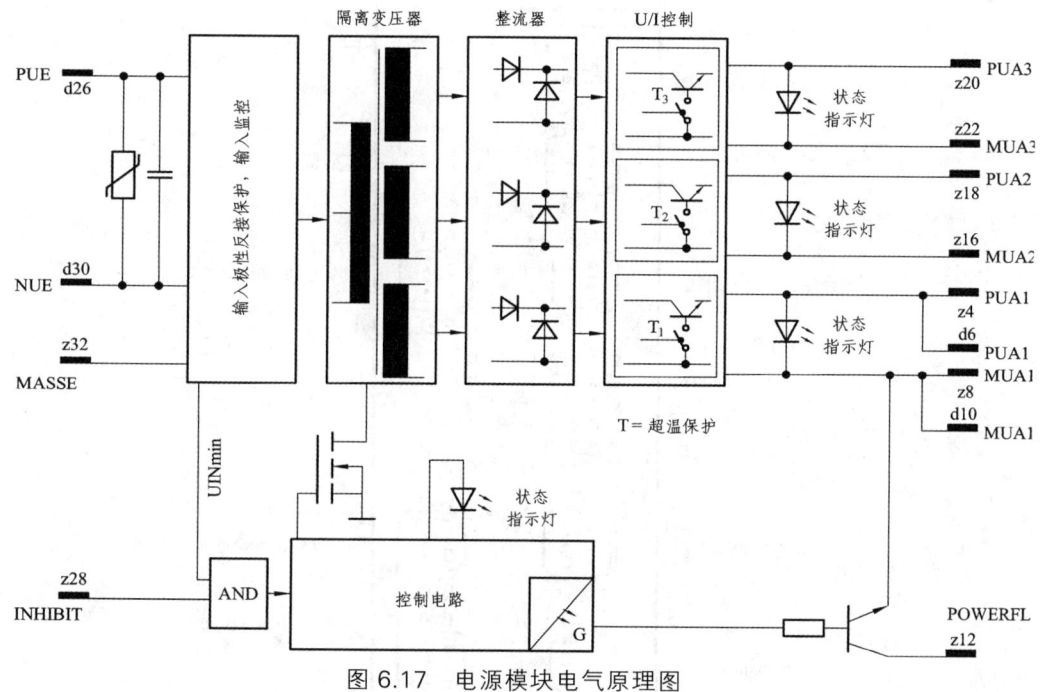

图 6.17 电源模块电气原理图

3. 网关（TCN GW）

TCN GW 模块（6FH9415-3J）是用于 TCN 通信协议的微型计算机，它为 WTB 和 MVB 之间提供网关功能。其结构为两个槽宽（8 TE）、双倍欧标尺寸，由网关板 Gateway 和 MVB PC/104 板这两个电路板组成。

网关板 Gateway 作为 MVB PC/104 板的母板，通过 64 芯母板连接器与 SIBAS 系统母板总线相连。从正面看，它位于左侧，由下列功能元件组成：WTB 发送/接收器，

WTB 短路检测，WTB 总线信号的编码器/解码器 SDSP，LED 数码显示，FPGA 可编程门阵列，14 路数字量输入和 9 位数字量输入（FPGA 处理），继电器驱动电路，15 V 电源监控，SAF C167 微处理器，ESCC SAF 82532 串行通信控制器，RAM，闪存（Flash）EEPROM，FRAM，七段数码显示，RS-232 接口，看门狗电路和复位电路，9 路数字量输入和 9 位数字量输入（软件处理），引导程序启动开关、板复位按钮和监控模式按钮。

MVB PC/104 板用螺钉固定在网关板 Gateway 上。MVB 板的接口，从前面看位于底部右侧。它包含以下基本部件：MVBCS1 控制器、线路接口、RAM。

TCN 网关模块软件固化在闪存 EEPROM 内，它集成了下列功能：MVB 和 WTB 通信协议软件，过程数据的名称分解器，过程数据的编组，消息数据的路由，列车组映射及配置，控制接口，NSDB 管理，监控软件，待机功能，网络管理连接。

TCN GW 的面板及电气原理分别如图 6.18 和图 6.19 所示。其技术参数如表 6.4 所示。

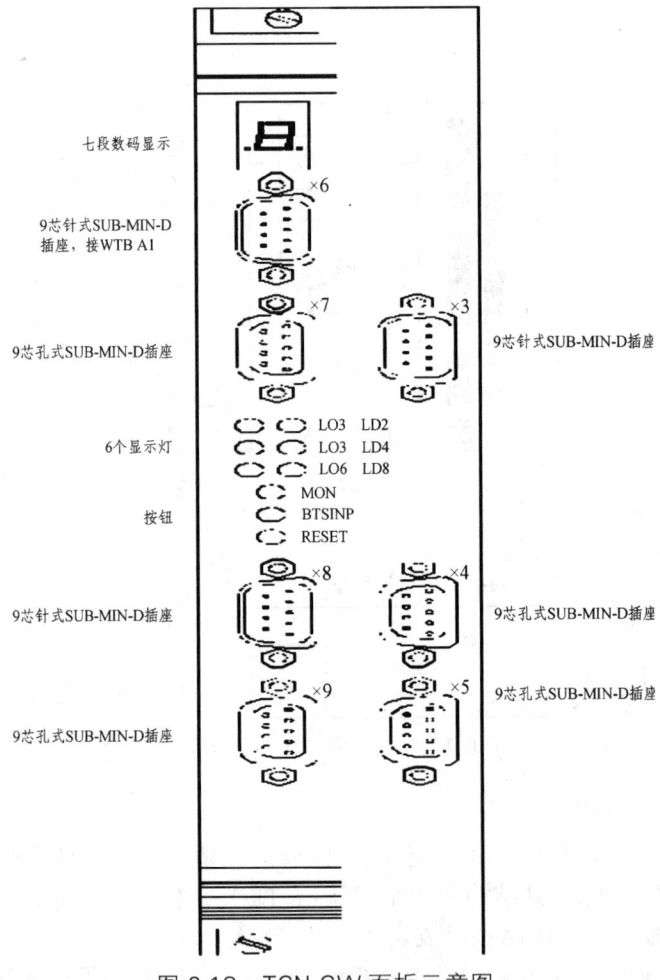

图 6.18　TCN GW 面板示意图

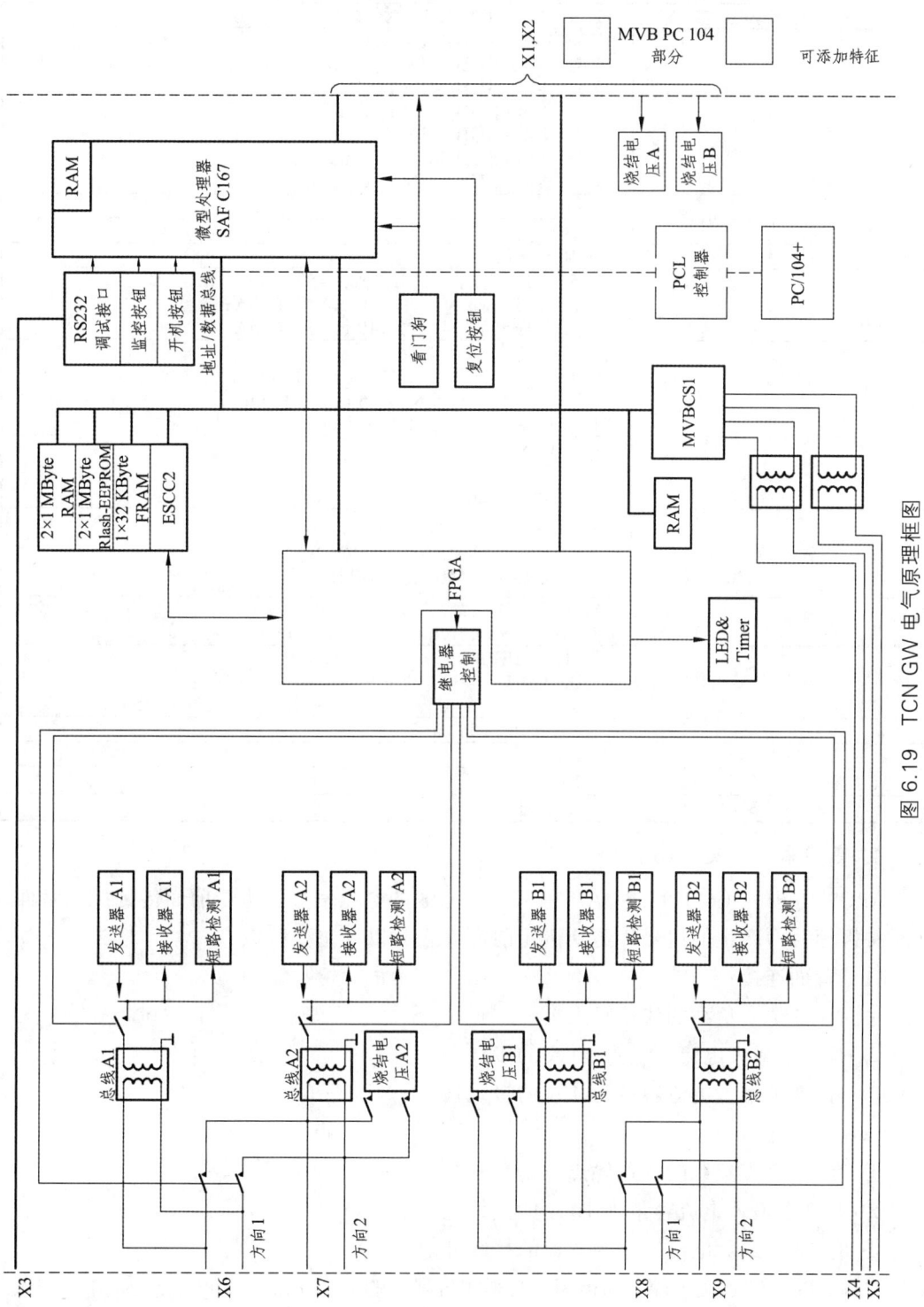

图 6.19 TCN GW 电气原理框图

表 6.4 技术参数

订货号	6FH9415-3J
背板插座编号	X1，X2：DIN 41612 标准的 64 芯插座
面板插座编号	X3：9-pin SUB-MIN-D（male）; X4：9-pin SUB-MIN-D（female）; X5：9-pin SUB-MIN-D（female）; X6：9-pin SUB-MIN-D（male）; X7：9-pin SUB-MIN-D（female）; X8：9-pin SUB-MIN-D（male）; X9：9-pin SUB-MIN-D（female）
槽 宽	8 TE
质 量	约 800 g
环境温度	−40 ~ +85 ℃
电 源	+5（1±5%）V，约 1.2 A，450 mA； +15（1±5%）V，约 260 mA，86 mA； −15（1±5%）V，约 240 mA，76 mA
结 构	螺栓固定印制电路板； Gateway-Card 板（233.4 mm×160 mm）; MVB PC/104 card 板（96 mm×91 mm）; 都双面浸漆，符合 BN 411 002 标准，铁路应用
执行标准	EN 50155； LES-DB； 绝缘依据 VDE 0110 和 VDE 0160 标准
波特率	X3：300 ~ 115 200 baud（服务接口）; X4，X5：1.5 Mbaud（MVB）; X6…X9：1.0 Mbaud（WTB）
处理器	SAF C167； 32 MHz clock frequency（32 MHz 时钟频率）
存储器	Flash EEPROM（2×1 Mbyte）; FRAM（1×32 kbyte）; RAM 处理器（内置 16×1 kbit，外置 2×1 Mbyte）
其他模块	MVB PC/104 card
数字量输入口 X1，X2	23
数字量输出口 X1，X2	18
电气隔离	变压器隔离

4．变换器（APCS 15）

APCS 15 模块（6FH9433-3A）将来自蓄电池的电压信号从机箱前面传到机箱背面，同时将机箱背面产生的信号传送到机箱前面。它有以下主要特点：

（1）背面连接：

① 有 15 个大负载的快速触点。

② 有 2 个最大电流容量为 10 A 的接线柱。

③ 有 13 个最大电流容量为 4 A 的接线柱。

（2）正面连接：

① 有 15 个大负载的快速触点。

② 有 2 个最大电流容量为 10 A 的接线柱。

③ 有 13 个最大电流容量为 4 A 的接线柱。

并且 APCS 15 的输入端（面板侧）必须用带屏蔽的接头连接，每个回路必须单独屏蔽。

APCS 15 的面板如图 6.20 所示。其技术参数如表 6.5 所示。

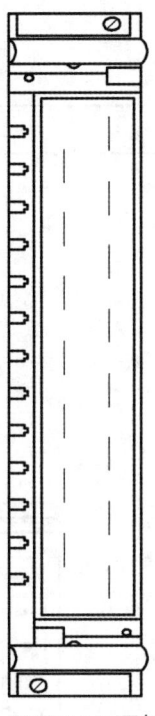

图 6.20　APCS 15 面板示意图

表 6.5　APCS 15 的技术参数

订货号	6FH9433-3A
背板插座编号	X1，DIN 41612 标准 15 芯插座
面板插座编号	X2，DIN 41612 标准 15 芯插座
槽　宽	4 TE
质　量	约 150 g
环境温度	−40 ~ +85 ℃
结　构	欧式印刷电路板； 100 mm × 160 mm； 双面浸漆； 2 层板，35 μm 工艺设计，可机械编码； 依据 BN 411 002 标准，适合铁路运用
执行标准（如果有）	EN 50155； LES-DB； 绝缘依据 VDE 0110 和 VDE 0160
X1 插座的输入信号数	15
X1 插座的输入直流电压	$U_{IN} \leqslant 110 (1 + 30\%)$ V
X1 插座的输入电流	$I_{IN}[01 ~ 13] \leqslant 4$ A $I_{IN}[14 ~ 15] \leqslant 10$
X2 插座的输出信号数	15
X2 插座的输出电压	$U_{OUT} \leqslant 110 (1 + 30\%)$ V
X2 插座的输出电流	$I_{OUT}[01 ~ 13] \leqslant 4$ A 每个重载接头； $I_{OUT}[14 ~ 15] \leqslant 10$ A 每个重载接头（Faston）
电气隔离	无

APCS 15 的接线图如图 6.21 所示。

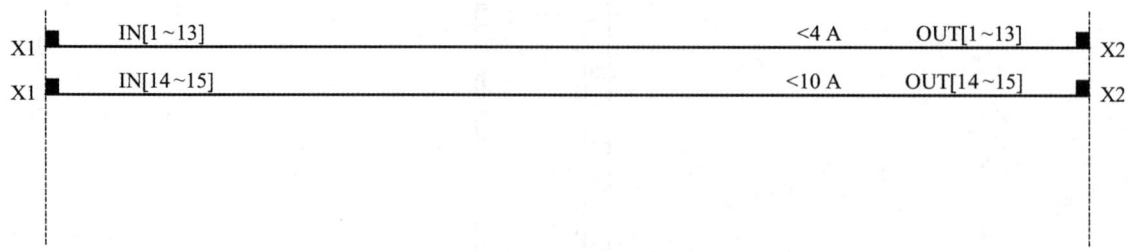

图 6.21 APCS 15 接线图
■—重载接头

5. 中央处理单元（CPU）

CPU 模块（6FH9533-3B）是 SIBAS 32 控制系统的处理器模块。微处理器采用一块 Am486DX-2。除了逻辑运算和变量存储外，CPU 模块还内置了外围设备。CPU 单元提供了一个插入式模块接口，主要供通信用。

模块通过背板上的两个连接器与系统相连，X1 用于连接 SIBAS 总线（16 位数宽，2 Mb 地址空间）。CPU 是 SIBAS 系统唯一的总线管理者，外围信号通过 X2 连接。

CPU 设有一个 16 Mb FEPROM，1 Mb 高速 SRAM 和 2 Mb BRAM。若想提高其容量（以使 RAM 无等待时间），还可以在闪存 EPROM 区集成 768 kb RAM。

实时时钟和电池后备 RAM 作为电池欠压故障时的缓冲，通过一个超级电容，可支撑至少 30 min。外装电池最迟必须在得到 CPU 的相应电路监测信息后更换。外部电池充电状态信息由 CPU 软件判断。

综合开发工具可用于 CPU 编程。CPU 模块的面板及电气原理分别如图 6.22 和图 6.23 所示。

面板上有下列部件：

① 用于显示程序状态的 7 段数码管。
② BCD 开关，可由 CCU 软件读入。
③ 黄色 LED 灯，用于显示 CCU 不在复位状态。

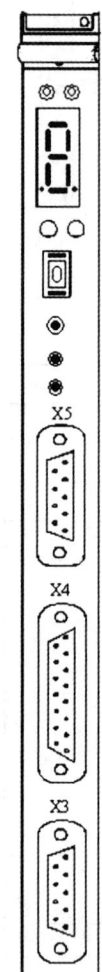

图 6.22 CPU 模块面板示意图

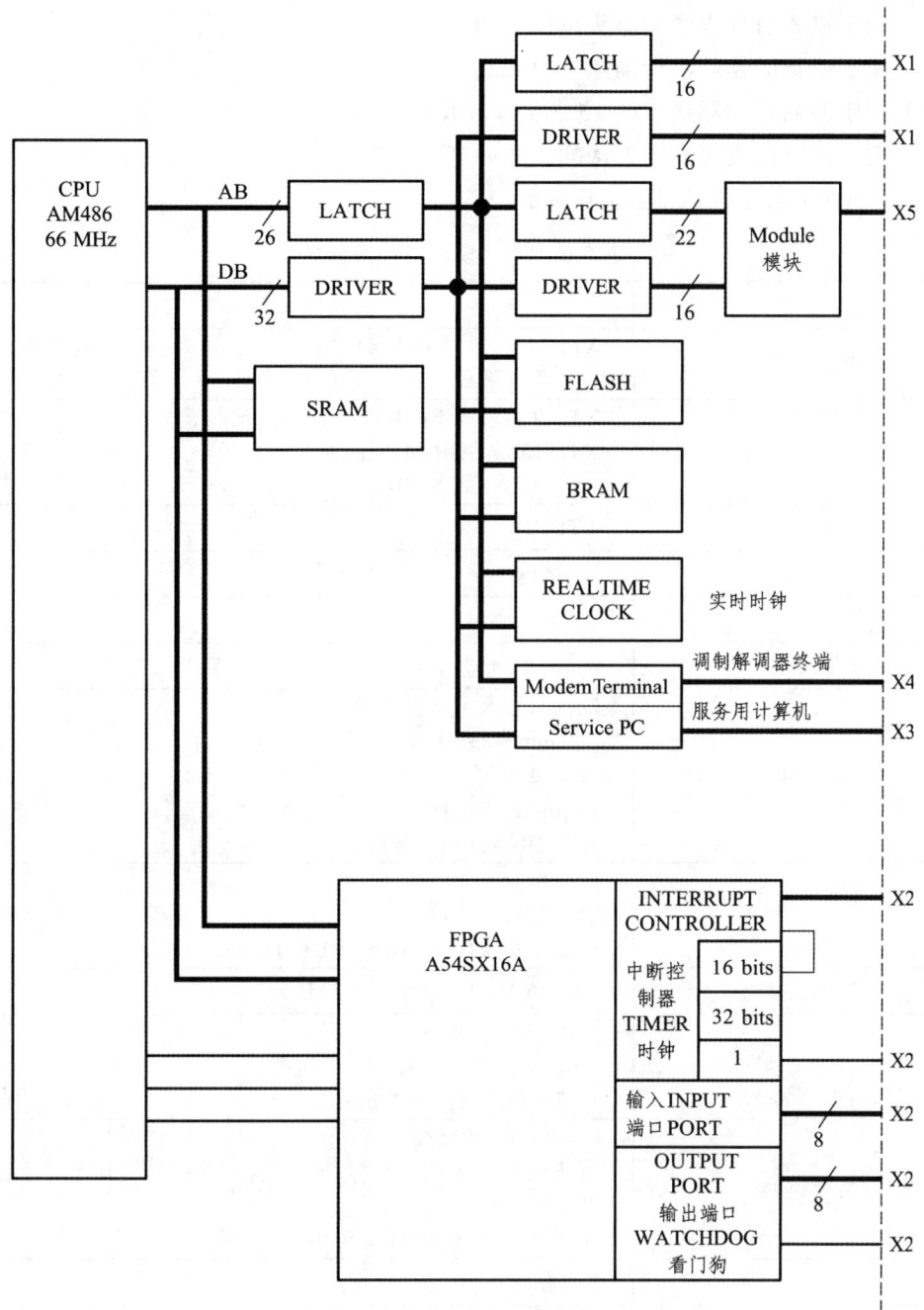

图 6.23 CPU 模块电气原理框图

④ 红色 LED 灯，用于显示看门狗电路是否启动。
⑤ 用于控制闪存 EPROM 写入程序的跳线（必须短接才能写程序）。
⑥ 红头按钮（凹），用于 CCU 复位。
⑦ 黑头按钮，用于 Monitor 软件复位。

⑧ 用于进入引导程序的黑头按钮（凹）。
⑨ 用于维护的 9 芯串行插座（RS-232）。
⑩ 用于调制解调器接口的 15 芯插座（RS-232）。
⑪ 用于插件板直接电缆连接的 9 芯插座。

CPU 模块的技术参数如表 6.6 所示。

表 6.6　CPU 模块的技术参数

订货号	6FH9533-3B
背板插座	X1，X2，遵循 DIN 41612 标准的 64 芯插接式连接器，用于 SIBAS 总线系统
面板插座	X3，9 芯针式 SUB-MIN-D 插针连接器 X4，15 芯 SUB-MIN-D 插孔连接器 X5，9 芯针式 SUB-MIN-D 插针连接器
槽　宽	4 TE
质　量	约 550 g + 插入式模块质量
环境温度	−40 ~ +85 ℃
电　源	+5×(1±5%) V，约 1 000 mA + 插入式模块消耗
结　构	欧式双倍尺寸印刷电路板； 160 mm×233.4 mm； 双面浸漆； 18 μm 工艺设计的 6 层板，可机械编码； 依据 BN 411 002 标准，适合铁路运用
执行标准	EN 50155； LES-DB； 绝缘依据 VDE 0110 和 VDE 0160
CPU 相关数据	Am486DX-2，频率为 66 MHz
存储模块	主 RAM：1 Mb； 电池 RAM：2 Mb； 闪存 EPROM：16 Mb
其他模块	实时时钟 DP8570； 带集成总线接口，具有中断控制、看门狗、其他时钟功能和外围功能的 FPGA； 两通道串行接口 ID 模块 MVB 接口
输入	8 位输入端口
输出	8 位输出端口
面板上的显示元件和操作控制	2 个 2 mm 衬套； 1 个 7 段显示； 2 个 LED 灯显：红—看门狗电路动作；黄—复位； 1 个 BCD 开关； 1 个按钮（黑），用于 Monitor 软件； 2 个凹陷式按钮：红—复位；黑—引导程序

第四节　HX$_D$1型电力机车远程控制系统

为配合中国经济地高速增长，大秦线采用了远程控制系统（即分布式机车控制系统 LOCOTROL）延伸列车长度，开行了2万吨组合列车。LOCOTROL-DP集成机车控制系统是一个全面集成的分布式动力控制系统的整套解决方案。该系统可以对分布在一列组合列车中的最多三个从控机车组进行完全的控制。

一、系统组成

LOCOTROL系统主要由MVB集成处理器模块（MIPM）、继电器接口模块（RIM）、电源分布模块（PDM）、通信处理模块（CPM）、GSM-R车载通信单元（OCU）、800 MHz无线数据传输设备（RDTE）和机车司机室显示模块（LCDM）等组成。其中MIPM模块、PDM模块和LCDM模块为LOCOTROL和CCB Ⅱ共用。LOCOTROL系统结构如图6.24所示。

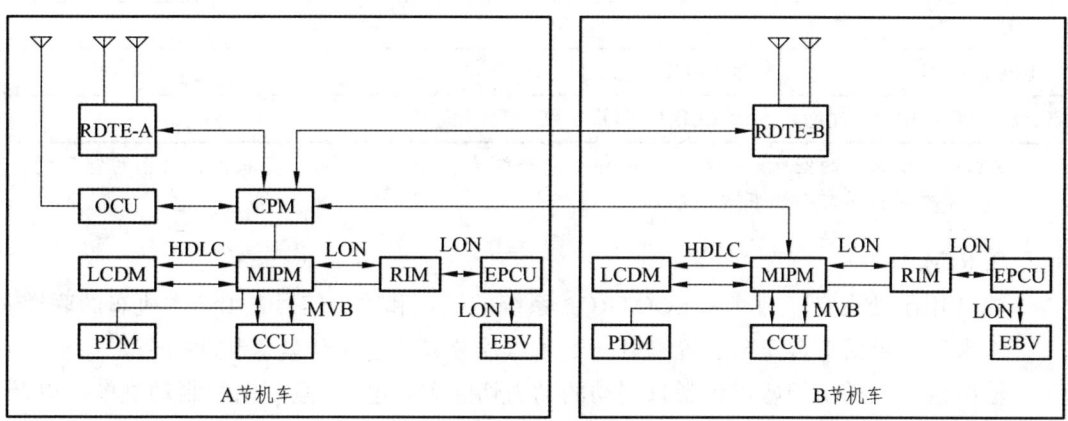

图6.24　LOCOTROL系统结构

1. MIPM

MIPM是LOCOTROL系统的核心。它带有一个运行DP和CCB Ⅱ应用软件以及这两个应用软件与LOCOTROL显示设备（LCDM）通信的主系统处理器。

MIPM也通过继电器接口模块（RIM）管理与机车控制和安全装置电路连接的空气制动系统接口。

MIPM还带有连接CPM的RS-422接口，用于控制A端和B端的RDTE和GSM-R电台，向列车上的其他DP设备发送或接收其他DP设备的射频信号。

MIPM还负责通过与机车中心控制计算机（CCU）连接的MVB总线接口监控HX$_D$1机车控制功能。MIPM还包括LON电路与EPCU通信，用于控制和监测空气制动功能。

MIPM模块前面板有13个LED指示灯，反映系统运行的状态，具体如表6.7所示。

表 6.7　MIPM 模块的指示灯定义

指示灯	定　义
POWER	绿色，表示 MIPM 上电
CPU OK	绿色，表示 MIPM CPU 工作正常，自检通过
DP LEAD	绿色，表示机车处于 DP 主控模式
DP REMOTE	绿色，表示机车处于 DP 从控模式
DP TX A	黄色，表示机车正在通过 A 节电台传送 DP 信息
DP TX B	黄色，表示机车正在通过 B 节电台传送 DP 信息
DP RX	绿色，表示机车正在接收 DP 电台信息
DP COMM INT	红色，表示当前机车 DP 电台通信中断
DATALINK FA	未使用
NETWORK FA	红色，表指示 LEB 或 CCBⅡ 系统在 MIPM、EPCU 和 EBV 之间 LON 上出现内部通信故障
EBV FAIL	红色，表示 EBV 故障
EPCU FAIL	红色，表示 EPCU 故障
EAB BACKUP	黄色，表示 LEB/CCBⅡ 系统备用模式有效

注意：对于正常的空气制动操作，顶部的两个绿色指示灯必须在点亮状态，红色的空气制动故障指示灯必须在灭灯状态。

2. RIM

RIM 用于处理空气制动和 LOOTROL 系统的输入和输出信号，用于本机车的联锁。输入信号包括来自安全装置和电气信号监控装置的惩罚和紧急制动指令。

输出信号包括用于惩罚和紧急制动的动力切除和继电器、电制动的制动缸解除以及紧急制动时撒砂，同时也有 LOCOTROL 后备紧急阀的输出信号。RIM 连接一个 LON 接口，向 MIPM、空气制动 EPCU 和 EBV 发送/接收命令或状态。

RIM 模块内的继电器用于输出控制电路的信号。

RIM 模块中还有一个电源联锁继电器作为 DP 系统后备功能，使一定条件下机车牵引失效，并且 DP 会控制机车的级位降为空载。

3. PDM

PDM 内部包含一个变压器，它可将机车的 DC 110 V 电源转换成 MIPM 模块需要的 DC 66 V 电源。PDM 同时为主控机车的两个操作控制端与分布式动力控制单元之间提供接口。

4. CPM

在 LOCOTROL 工作过程中，CPM 应支持 GSM-R 网络通信与 800 MHz 无线电通信之间的自动切换。CPM 应为操作员提供选择 GSM-R 通信系统电话会议或使用任何一个可用的 800 MHz 无线电台的能力。

CPM 模块只安装在机车的 A 节，与双端的 MIPM、RDTE 和 OCU 连接。CPM 接收从 MIPM 得到的无线消息，然后将消息发送到当前有效的通信路径 OCU 或者 RDTE，同时接收来自 OCU 或者 RDTE 的无线消息并传送给 MIPM。

CPM 模块的指示灯定义如表 6.8 所示。

表 6.8 CPM 模块的指示灯定义

指示灯名称	颜色	定 义
上 电	绿色	常亮，电源指示灯
CPM 自检通过	绿色	在上电或重启时，以及操作过程中每 15 s 执行一次自检，CPM 自检通过，该指示灯常亮绿灯
RDTE A 发送激活	红色	当 CPM 正向 RDTE A 发送数据时，红灯闪烁
RDTE A 接收激活	红色	当 CPM 正向 RDTE A 接收数据时，红灯闪烁
RDTE B 发送激活	红色	当 CPM 正向 RDTE B 发送数据时，红灯闪烁
RDTE B 接收激活	红色	当 CPM 正向 RDTE B 接收数据时，红灯闪烁
GSM-R 数据会议激活	红色	表示 GSM-R 数据会议已经建立，GSM-R 通信路径可用
GSM-R 发送激活	红色	当 CPM 正向 OCU 发送数据时，红灯闪烁
GSM-R 接收激活	红色	当 CPM 正向 OCU 接收数据时，红灯闪烁
A 端/B 端控制激活	红色	当使用 B 端控制时，红灯常亮

5. OCU

OCU 是 GSM-R 网络的车载通信终端，而 GSM-R 网络提供主控机车和从控机车 LOCOTROL 系统之间的主要通信通道。OCU 为 LOCOTROL 系统提供各机车之间传递消息的透明无线传输通道。OCU 主要包括 GSM-R 无线模块、控制模块、接口模块和电源模块。OCU 负责建立和维护与用节点（AN）的电路连接，向 CPM 报告电路连接状态，以及在 CPM 和用节点之间传递数据。

在主控机车上，CPM 和 GSM-R 电台从 MIPM 向从控机车发送消息，并把从从控机车接收的响应发送给 MIPM。在从控机车上，CPM 和 GSM-R 电台向 MIPM 提供主控机车的消息，并发送 MIPM 的响应消息。

6. RDTE

RDTE 是 LOCOTROL 列车上各个机车之间的另一条无线传输通道。RDTE 工作载 800 MHz 频段，每个 RDTE 设备有 2 个收发信机。当使用 RDTE 通信路径时，在主控机车上，无线电装置发送指令到从控机车，并把对指令的响应状态解码显示给操作人员；在从控机车上，无线电装置接收来自主控机车的指令，并将从控机车的状态信息返回。

7. LCDM

LCDM 采用单屏，带 8 个功能键，按键为软键，用于菜单和功能选择。LCDM 安装在机车司机控制台上,是CCB-Ⅱ的基本操作设备。

对于CCBⅡ系统,LCDM用于选择空气制动模式、列车管投入/切除、ER压力设置、列车管压力补风/不补风、空气制动诊断和记录、系统状态和报警显示;对于分布式动力控制系统,LCDM用于选择设置功能、主控和从控机车的连接、发现测试、对从控机车命令、从控机车状态、DP系统报警监视和事件记录。

二、基本功能

LOCOTROL分布式动力系统向主控机车的操作人员提供了从控机车控制和空气制动的能力,同时主控机车也可以接收从控机车的状态。

由LOCOTROL控制的从控机车的功能包括:受电弓、主断路器、方向、牵引、电制、撒砂、停放制动、紧急和紧急复位、全局牵引封锁以及牵引封锁复位等。

由LOCOTROL控制的空气制动功能包括:列车(自动)制动、机车(单独)制动、紧急制动、惩罚制动和缓解以及列车充风。

LOCOTROL分布式动力系统也可以使操作人员对整个列车的各个机车实现同步控制,这样主控机车和从控机车的牵引和电制动级位将保持同步。这些特点,与分布式的制动和充风能力一起,使得操作人员能更好地控制机车,从而获得更好的机车操纵手段、更短的充风时间、更短的制动距离以及更小的列车间作用力。

LOCOTROL系统应通过MVB总线与HX_D1机车接口,应通过MVB总线监测主控机车的受电弓、高压断路器、方向、牵引和电制控制器的位置等情况,并将这些信息传给主控机车的LOCOTROL系统。然后将这些信息编码发送给从控机车。从控机车的LOCOTROL系统对这些信号进行解码,并通过MVB总线把控制数据转发给机车计算机。从控机车的控制功能也将通过MVB总线被不断地监测并将监测数据传回从控机车的LOCOTROL系统。从控机车的LOCOTROL系统对状态数据进行编码,并发送给主控机车的LOCOTROL系统。然后,主控机车的LOCOTROL系统把信息传送给LCDM,使操作员始终掌握从控机车的工作状态。

三、试验调试

此试验在1台主控机车和1台从控机车上进行,每台机车作为主控机车和从控机车分别进行试验。如果DP例行试验在没有GSM-R覆盖的地方进行,需要建立GSM-R模拟器。

四、使用维护

1. 进入DP系统

当进入DP系统时,DP键就会出现在LCDM主菜单上。如果按下DP键,DP主菜单出现,用于设置从控机车与主控机车。如图6.25所示为DP主菜单-常规界面,它表示DP系统还未开始工作。

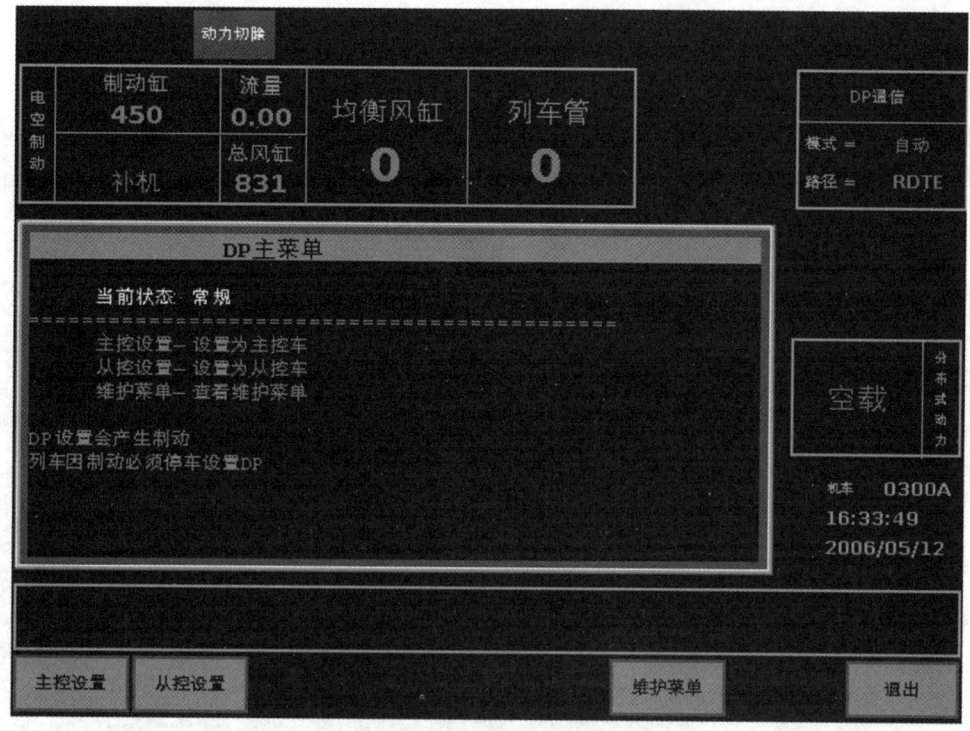

图 6.25 DP 主菜单–常规

DP 主菜单-常规界面的选项如表 6.9 所示。

表 6.9 DP 主菜单–常规选项定义

按 键	功 能
主控设置	·当 DP 系统处于没有连接的状态时，列车停车并且制动缸压力在 173 kPa 及以上时激活； ·进入分布式动力控制系统 DP-主控设置菜单屏幕
从控设置	·当列车停车并且制动缸压力在 173 kPa 及以上时激活； ·进入分布式动力控制系统 DP-从控设置菜单屏幕
维护菜单	·当列车停车并且制动缸压力在 173 kPa 及以上时激活； ·切换到 DP-维护菜单
退 出	·始终激活； ·关闭 DP 主菜单

注意：必须首先设置从控机车。DP 主控机车的设置只能在所有从控机车设置完成之后才能进行。除此之外，必须在此之前排除所有的制动系统的故障。

2. DP 通信模式的选择

DP 系统有三种通信模式：电台模式、GSM-R 模式和 AUTO 模式。

DP 系统有两种通信路径：电台 RDTE 和 GSM-R 网络。

1）DP 通信模式屏幕及选项

DP 通信模式屏幕如图 6.26 所示，其选项如表 6.10 所示。

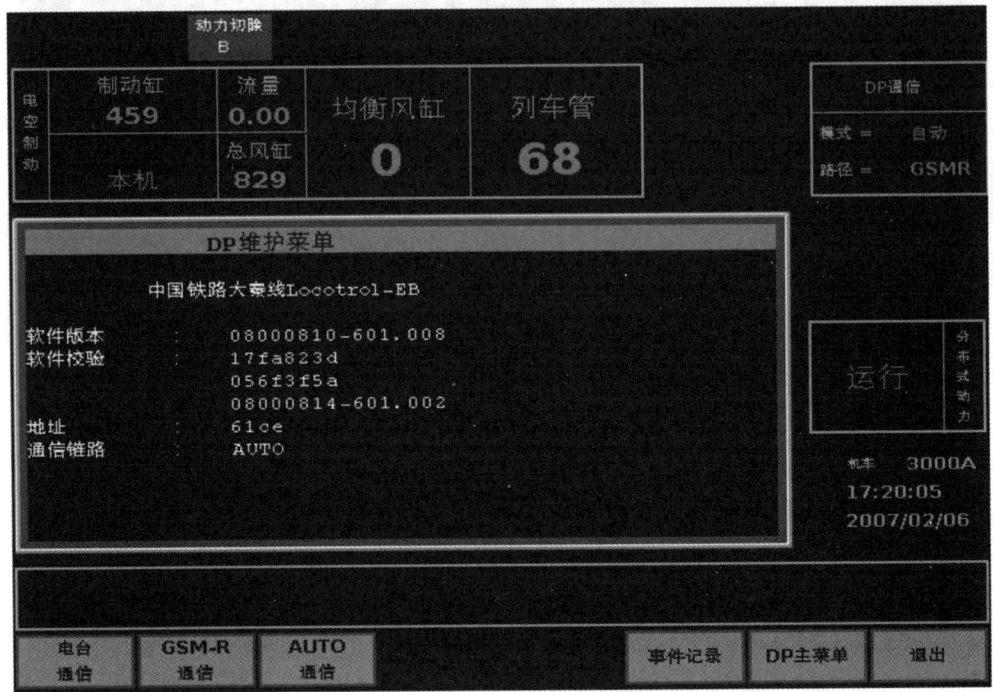

图 6.26　DP 菜单-通信模式

表 6.10　DP-通信设置菜单键功能

按　　键	功　　能
电台通信	当选择该通信模式时，MIPM 将一直使用 RDTE 作为 DP 通信路径； 这是比默认的自动通信模式的优先级更高的操作指令，对所有 DP 通信仅使用 RDTE，也包括连接期间
GSMR 通信	当选择该通信模式时，MIPM 将一直使用 GSM-R 作为 DP 通信路径； 这是比默认的自动通信模式的优先级更高的操作指令，对所有 DP 通信仅使用 GSM-R 网络，也包括连接期间
AUTO 通信	这是默认的通信模式，当选择该模式时，系统将使用有效的最佳方式保证最优的 DP 通信，优先选择 GSM-R 网络； 当选择自动模式时，主控 MIPM 将使用 RDTE 完成链接，但是一旦按下完成键（表明链接完成），如果 GSM-R 通信有效，系统将切换到使用 GSM-R 路径，自动模式下使用 RDTE 完成链接是为了确保 RDTE 设备可以正常工作； 当在自动模式下进行链接时，即使是使用 RDTE 通信，各机车也应在已经注册到 GSM-R 网络状态。一旦链接完毕，如果 GSM-R 网络有效，系统将切换到使用 GSM-R

2）DP 通信模式设置流程

DP 通信模式设置流程如图 6.27 所示。

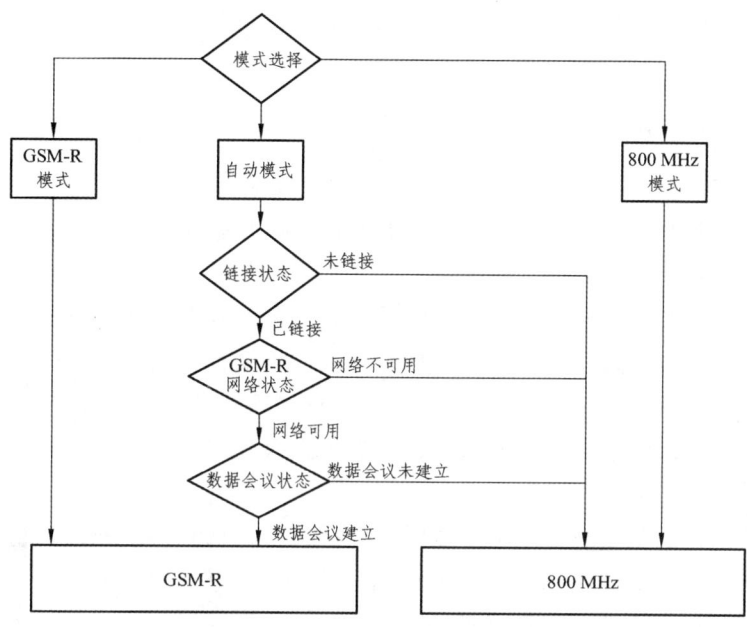

图 6.27　DP 通信模式设置流程

3）DP 通信模式选择

（1）主控机车：

① 在 DP 主菜单下按维护菜单键，三个通信模式按键（粉红色）会出现在 DP 维护菜单下面。

② 按某个按键，主控机车即选择相应模式。

③ DP 链接前和 DP 链接后，主控操作员可以随时手动选择通信模式。DP 链接后操作员手动改变通信模式，可能产生暂时性的通信丢失。

④ 上电后及断开链接后，系统默认选择自动通信模式。

（2）从控机车：

① 从控机车不必选择通信模式。

② 建立 DP 链接后，从控机车强制使用自动通信模式，自动跟随主控机车的通信路径。

3. 选择控制端

操作员可以选择机车的 A 端或 B 端为控制端进行从控设置或者主控设置。

1）A 端为控制端的设置

（1）设置 B 端为补机 Trail，将其自动制动手柄置于重联位，单独制动手柄置于运转位。

（2）设置 A 端为本务 Lead Cut-in，进行从控设置或主控设置。

2）B 端为控制端的设置

（1）设置 A 端为补机 Trail。将其自动制动手柄置于重联位，单独制动手柄置于运转位。

（2）设置 B 端为本务 Lead Cut-in，进行从控设置或主控设置。

注意：在设置开关断路器时，验证机车 A 端和 B 端制动柜内的 EMVB 阀（S30）在投入位置。否则，在安全回路断开时不能产生紧急制动。

4. 从控设置

1）从控设置步骤

（1）在 LCDM 主菜单中选择 DP 键，进入 DP 主菜单-常规窗口。

（2）在该菜单上选择从控设置，进入 DP-从控设置窗口。

（3）输入要连接的主控机车的编号。

（4）初始方向设置为未知，需将方向设定为与运行方向相同或者相反。

（5）列车配置初始为未知，必须选择重车或空车设置，缺省按键为重车。

（6）设置完成后，选择确定，DP 从控将验证主断断开报警不存在，命令电空制动系统实施惩罚制动，处于从控使能状态，并处于投入模式。

（7）置单独制动手柄于运转位。

（8）如果此时自动控制手柄不在重联位的话，将自动制动手柄移到重联位。

（9）系统等待一条链接到主控的电台信息。一旦链接，从控状态将是从控使能-链接的状态，电空制动模式为切除模式。

（10）按下 DP 键，进入 DP 主菜单-从控机车页面。

2）DP-从控设置屏幕及菜单选项

DP-从控设置屏幕如图 6.28 所示。

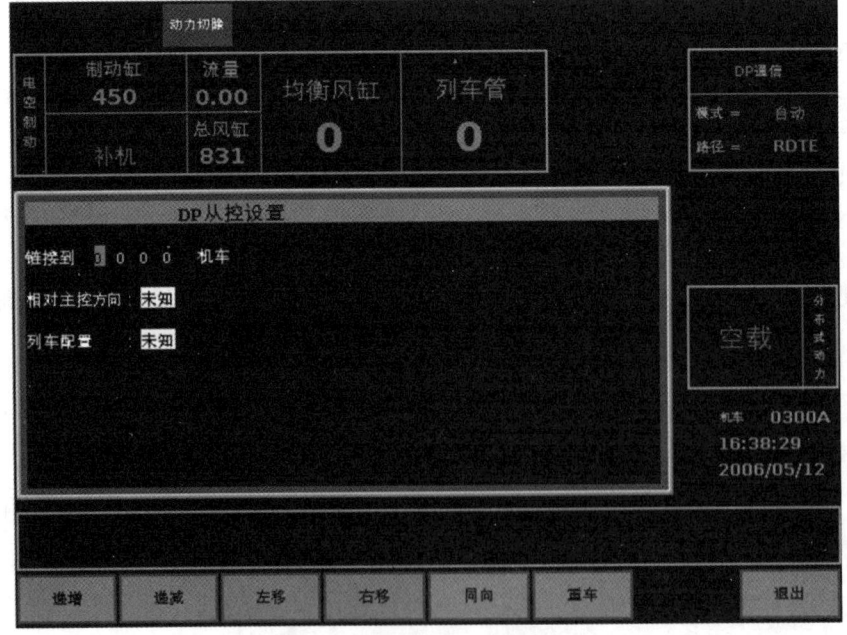

图 6.28　DP 从控设置屏幕

DP-从控设置菜单选项定义如表 6.11 所示。

表 6.11　DP-从控设置菜单选项

按　键	功　　能
递增	将选中的数字进行递增操作
递减	将选中的数字进行递减操作
左移	左移光标
右移	右移光标
反向	·当选择了同向时激活； ·设置本从控单元的方向与主控机车的控制端方向相反
同向	·当选择了反向时激活； ·设置本从控单元的方向与主控机车的控制端方向相同
空车	·当选择了重车模式时激活； ·设置当前电台频道组为空车操作频道
重车	·当选择了空车模式时激活； ·设置当前电台频道组为重车操作频道
确定	·当输入了有效的机车车号、方向、列车配置并且主断路器 HVB 闭会时激活； ·确认链接单元号和方向的设置，通过电台与主控机车进行链接，同时关闭本窗口
退出	·关闭显示窗口； ·如果使用该功能键关闭从控机车设置界面，则不保留所做的改动

注意：链接时，主控单元发送重载/空载设置到从控机车。无论从控选择了何种设置，从控都要跟随主控的设置。当使用 GSM-R 链接时，这将防止如果随后选择电台通信，从控使用与主控不同的频率操作 DP 列车。按下确定或者退出键将进入 LCDM 主菜单-从控使能屏幕。

在进行从控设置过程中，不要试图从从控端来清除动力切除指示，只能从主控 DP 控制端清除。

5. 主控设置

1）主控设置步骤

（1）在 LCDM 主菜单中选择 DP 键，进入 DP 主菜单-常规窗口。

（2）如需设置 DP 通信模式，可以在 DP 主菜单中，选择维护菜单，进入 DP-维护菜单窗口。

（3）选择需要的通信模式。如果不选择默认则使用自动通信模式。

（4）在 DP 主菜单中选择主控设置，进入 DP-主控设置窗口。

（5）输入将由主控控制的第一台从控机车号。

（6）列车配置初始为未知，必须选择列车是重车或空车，缺省按键为重车。

（7）按下链接键。

（8）如果链接成功，对所有其他从控重复链接过程。

（9）当所有的从控输入并链接完成任务后，按完成键。

完成主控设置和链接后，检查 DP 系统日志故障情况，清除故障和报警。

2）DP-主控设置屏幕及菜单选项

DP-主控设置屏幕如图 6.29 所示，其菜单选项如表 6.12 所示。

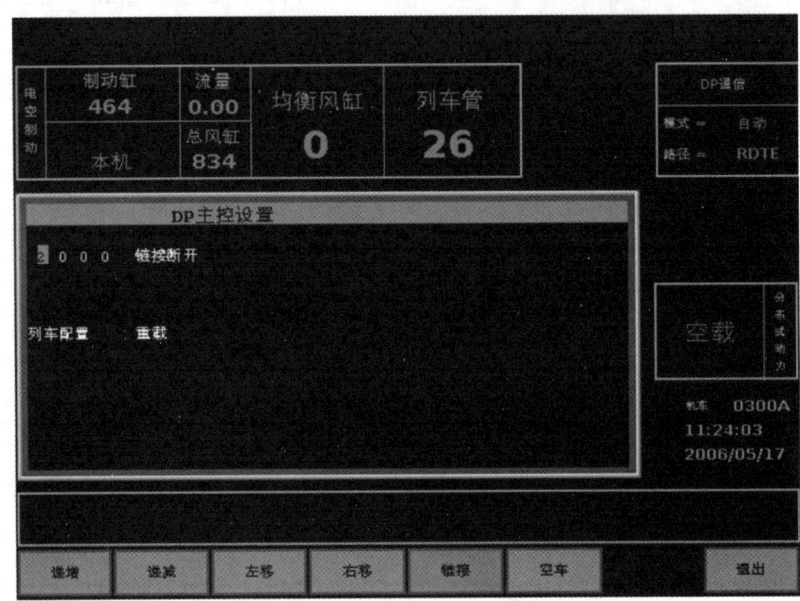

图 6.29　DP-主控设置屏幕

表 6.12　DP-主控设置菜单选项

按键	功　能
递增	将选中的数字进行递增操作
递减	将选中的数字进行递减操作
左移	左移光标
右移	右移光标
链接	·在当前位置输入有效的机车号，并且选择了空车/重车设置后，该功能键激活； ·如果输入的是重复的机车号，该功能键禁止； ·开始与要链接的从控机车进行电台通信
空车	·断开链接或没有机车被链接时该键激活； ·选择重车模式时该键激活； ·设置用于空车操作的电台频道组； ·当第一台从控机车链接成功后该键禁止

续表

按键	功 能
重车	·断开链接或没有机车被链接时该键激活； ·选择空车模式或显示列车设置未知时该键激活； ·设置用于重车操作的电台频道组； ·当第一台从控机车链接成功后该键禁止
完成	·当第一台从控链接后该键激活； ·确认系统已链接，显示窗口切换到 DP-系统日志屏幕
退出	·关闭显示窗口； ·如果使用该功能键关闭 DP-主控机车设置窗口，DP 状态不会改变

第五节 HX$_D$1 型电力机车显示屏的基本操作及网络应急故障处理

一、HX$_D$1 型电力机车显示屏基本操作

（一）概　述

HX$_D$1 型电力机车显示屏位于操纵台上，作为机车的人机接口设备，包括微机显示屏（HMI）和制动显示屏（LCDM），如图 6.30 所示。

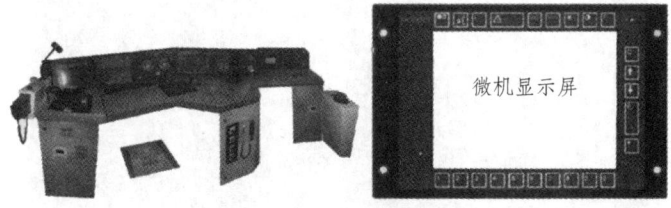

图 6.30　机车显示屏

微机显示屏（HMI）的主要功能是显示机车的列车级、机车级运行状态的数据和故障信息，实现机车部分参数的设定和集成部分机车控制按钮的显示；在维护界面可以对部分机车设备进行检查。

制动显示屏（LCDM）的主要功能是显示机车制动系统的相关信息，可对制动系统的部分参数进行设定。

（二）信息查询

微机显示屏信息界面层次如图 6.31 所示。

需要说明的是：

（1）当按下"维护"键后，"维护"键的颜色变为黄色，此时需要输入密码才能进入。

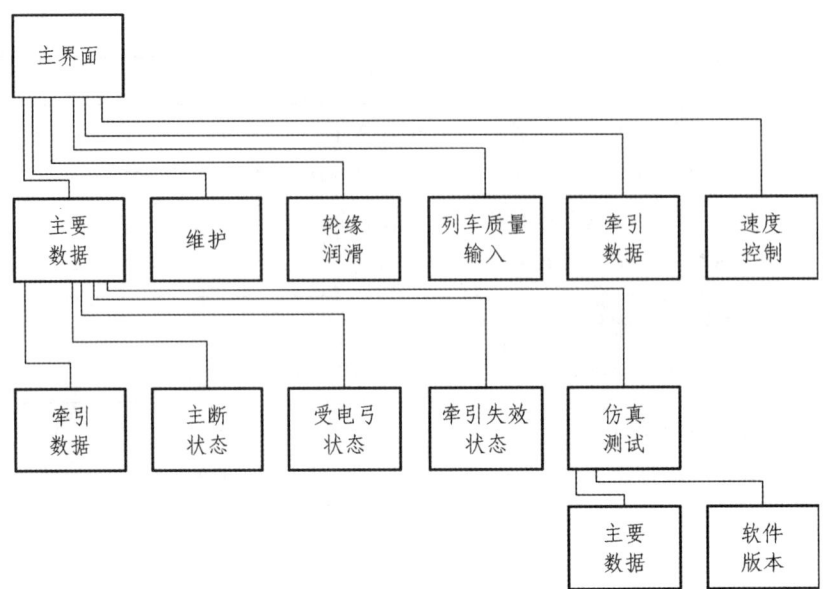

图 6.31 微机显示屏信息界面层次

（2）当按下"速度控制"键后，"速度控制"键的颜色变为灰色，此时机车进入速度控制模式。

1. 主屏幕界面

主屏幕界面如图 6.32 所示。

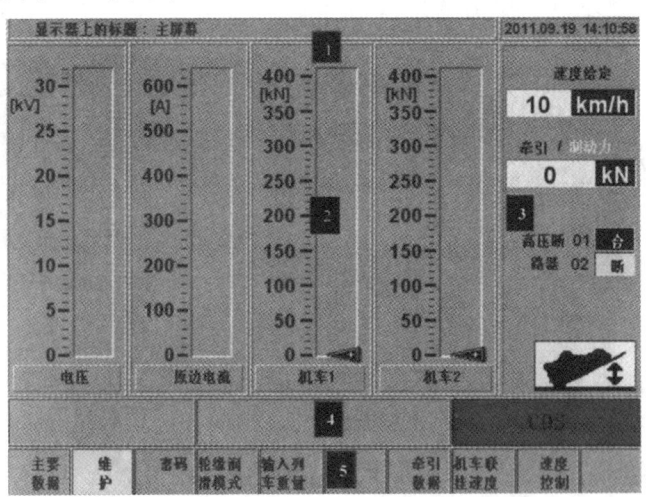

图 6.32 主屏幕界面

主屏幕界面中上部的区域 1 主要显示当前界面的标题、日期和时间。中部偏左的区域 2 主要显示机车运行的主要状态信息，包括网压、原边电流、机车 1、机车 2 的牵引/制动力的设定值和实际值（kN）。中部偏右的区域 3 主要用图标的方式显示机车运行的状态信息，包括机车定速控制时的设定速度值、当前实际的牵引/制动力值，机车的主断路器状态等。下部偏中的区域 4 主要有三个信息提示栏，其中左边显示和制动有关的信息，中间显示机车运行状态的信息，右边显示简略的故障信息（故障提示闪烁）。最下部的区域 5 主要是子界面的标题提示，对应于显示器上的数字按键"0~1"。

2. 主要数据界面

主要数据界面如图 6.33 所示，显示 A 节机车和 B 节机车主要设备的状态，包括受电弓、车顶高压隔离开关、主断路器、变流器的状态，牵引电机的状态，辅助变流器的状态。按"主屏幕"键可返回到主屏幕界面。

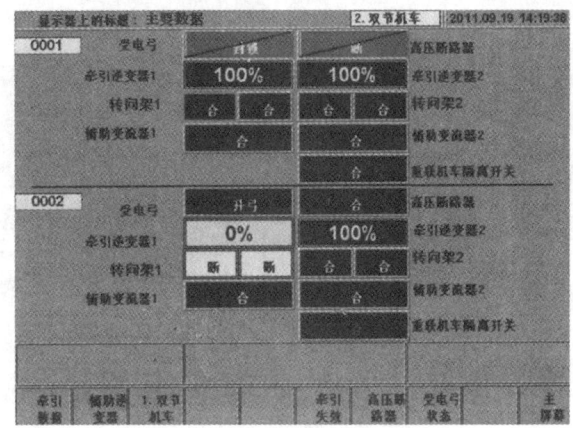

图 6.33 主要数据界面

3. 牵引数据界面

牵引数据界面如图 6.34 所示，主要显示出了单个转向架牵引力的发挥情况。按下"主要数据"按键回到主要数据界面。此界面也可以通过按下主屏幕界面上的"牵引数据"按键进入。

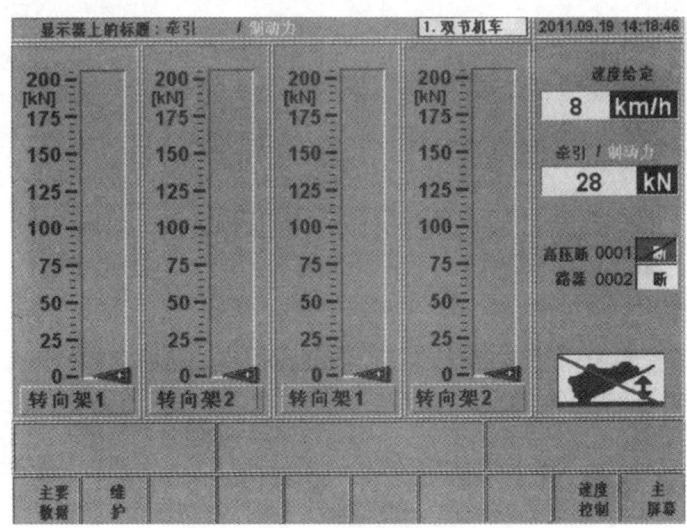

图 6.34 牵引数据界面

4. 辅助逆变器状态界面

辅助逆变器状态界面如图 6.35 所示，主要显示辅助逆变器的状态、三相 AC 440 V 辅助电路的状态，例如辅助逆变器的输出电压、输出电流、输出频率，辅助电路线路接触器的状态。

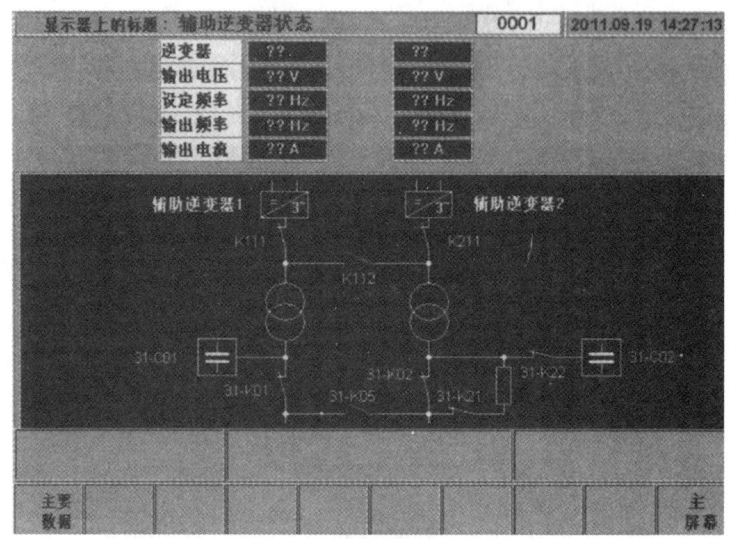

图 6.35　辅助逆变器状态界面

5. 受电弓状态界面

受电弓状态界面如图 6.36 所示，显示了升起受电弓所需的所有条件。如果条件满足，该条件显示变黑；如果条件不满足，该条件显示为白底黑字。司机可以通过显示器右侧的"↑"和"↓"键进行翻页操作。只有当所有的条件都满足时，才允许升起受电弓。

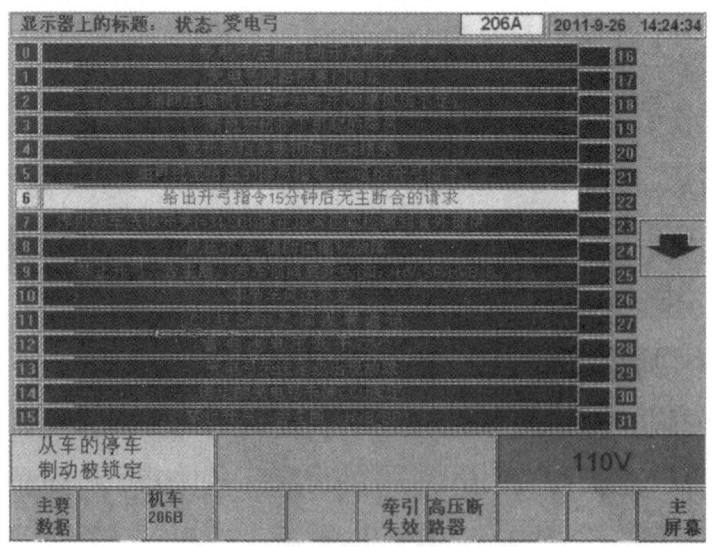

图 6.36　受电弓状态界面

6. 主断路器状态界面

主断路器状态界面如图 6.37 所示，显示了闭合主断路器所需的所有条件。如果条件满足，该条件显示变黑；如果条件不满足，该条件显示为白底黑字。司机可以通过显示器右侧的"↑"和"↓"键进行翻页操作。只有当所有的条件都满足时，才允许闭合主断路器，此时主屏幕界面上主断路器图标的背景将变绿。

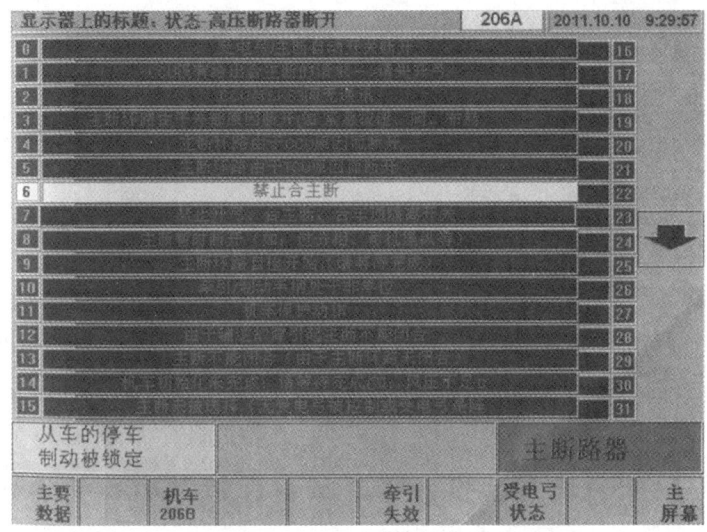

图 6.37　主断路器状态界面

7. 牵引失效界面

牵引失效界面如图 6.38 所示，显示了所有导致牵引失效的条件。如果条件满足，该条件显示变黑；如果条件不满足，该条件显示为白底黑字。司机可以通过显示器右侧的"↑"和"↓"键进行翻页操作。只有当所有的条件都满足时，机车才可牵引。

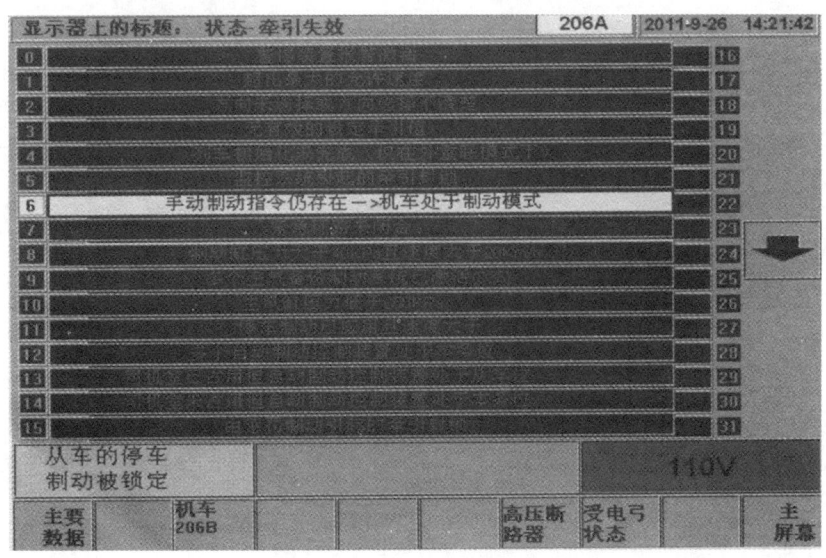

图 6.38　牵引失效界面

二、机车故障复位

1. TCU 复位

TCU 复位是通过断、合机车主变流器牵引控制单元 TCU 的电源开关,使 TCU 进行重新启动、自检。该操作可以消除因 TCU 内部程序运行错误、采集输入输出通道信号错误等原因导致的机车故障。

2. CCU 复位

CCU 复位是通过断、合机车中央控制单元 CCU 的电源,使 CCU1 和 CCU2 进行重新启动并实现主从转换。该操作可以消除因 CCU 内部程序运行错误、存储故障信息等原因导致的机车故障。

3. 蓄电池复位

蓄电池复位是通过断、合机车蓄电池自动开关,使所有电气部件进行重新启动。该操作可以消除因部分电气部件信号错误、程序运行错误等原因导致的机车故障。

三、应急故障处理方法

(一) 应急故障处理基本流程

应急故障处理基本流程如表 6.13 所示。

表 6.13 应急故障处理基本流程

步骤	操　作
1	当机车发生故障后,确认微机显示屏主屏幕界面右下角状态栏显示的当前故障(红色显示并闪烁)
2	查询并处理故障; 按压微机显示屏的"▲"键,从"主屏幕"切换到"事件总览"界面。按压"所有故障"键,可查询"当前故障""已消除故障"及"所有故障"
3	确认故障等级: A——重要故障,机车不能再在线路上运行; B——故障,机车能在线路上运行,但有限制条件; C——轻微故障,没有限制条件; D——状态信息,没有限制条件
4	按压微机显示屏上的"▲"和"▼"键选择故障。机车运行状态时按压"$V>0$"键,机车停车状态时按"$V=0$"键,进入故障处理提示界面,根据故障处理的提示信息进行相关操作。按压"I"键,"处理建议信息"屏幕出现,为司机提供必要的、详细的处理信息

（二）重联通道 WTB 通信故障处理

故障名称：重联通道 WTB 通信故障。

故障现象：微机显示屏状态栏显示"重联通道 WTB 通信故障，找不到其他机车"。

注意事项：断开电源钥匙 CCU 自动开关时，必须在停车状态。

处理位置：① 操纵台；② 低压电器柜；③ 制动柜。如图 6.39 所示。

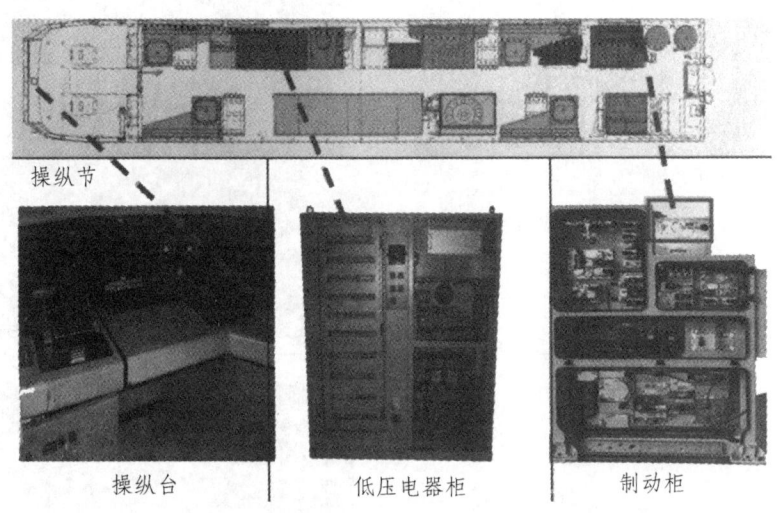

图 6.39 故障处理位置

处理步骤：如表 6.14 所示。

表 6.14 重联通道 WTB 通信故障处理步骤

步骤	处理过程	
1	断开电钥匙后重新闭合	

续表

步骤	处理过程	
2	到司机侧后墙柜确认主、从CCU（显示"A"的为主CCU，显示"S"的为从CCU），到低压电器柜断开操纵节主CCU电源自动开关	
3	若处理无效，切除非操纵节机车以维持运行	

思考题

（1）HX_D1 型控制系统的主要部件有哪些？

（2）TCU 主要的控制功能包括哪些？

（3）机车故障诊断包含哪些内容？

（4）微机显示器的主要功能有哪些？

（5）TCN 网络的组成部分有哪些？

（6）什么是列车总线？

（7）HX_D1 机车报文数据有哪几种类型？

（8）什么是车辆总线？

（9）过程数据编辑包括哪些内容？

（10）消息数据怎样进行交换？

（11）SIBAS 32 控制单元由什么组成？

（12）ESD 的含义是什么？

（13）电磁干扰的种类有哪些？

（14）APCS 15 变换器的特点有哪些？

（15）SIBAS 32 控制单元的使用条件有哪些？

（16）简述 AMVB 模块的组成。

（17）压力传感器的工作原理是什么？

（18）机车标签由哪几部分组成？

（19）MVB 集成处理器模块的组成部分有哪些？

（20）DP 通信模式怎样选择？

（21）继电器接口模块的组成部分有哪些？

（22）DP 系统的通信模式有哪几种？

（23）简述 DP 系统的通信途径。

参考文献

[1] 路向阳. 我国列车通信网络的发展与应用[J]. 机车电传动，2001（6）：1-5.
[2] 张元林. 列车控制网络技术的现状与发展趋势[J]. 电力机车与城轨车辆，2006（4）：1-4.
[3] Tanenbaum A S. 计算机网络[M]. 4版. 潘爱民，译. 北京：清华大学出版社，2004.
[4] 吴迎年，张建华，侯国莲. 网络控制系统研究综述（Ⅰ）[J]. 现代电力，2003（10）：74-81.
[5] 杨守君，刘会岩. HX_D3 型交流传动电力机车[J]. 电力机车与城轨车辆，2007（4）：9-13.
[6] 罗军舟. TCP/IP 协议及网络编程技术[M]. 北京：清华大学出版社，2005.
[7] 武奇生. 计算机网络与通信[M]. 北京：清华大学出版社，2009.
[8] 倪文波，王雪梅. 高速列车网络与控制技术[M]. 成都：西南交通大学出版社，2008.
[9] 何成才，黄秀川. 动车组网络技术[M]. 成都：西南交通大学出版社，2009.
[10] 刘庆，曾鸣. 用 VB 实现局域网通信[J]. 计算机与现代化，2006（7）：32-35.
[11] 张曙光. HX_D3 型电力机车[M]. 北京：中国铁道出版社，2009.
[12] 张曙光. HX_D1 型电力机车[M]. 北京：中国铁道出版社，2009.
[13] 钱清泉. 电气化铁道微机监控技术[M]. 北京：中国铁道出版社，2011.
[14] 雷霖. 现场总线网络控制技术[M]. 北京：电子工业出版社，2004.
[15] 李正军. 现场总线及其应用技术[M]. 北京：机械工业出版社，2005.
[16] 阳宪惠. 现场总线技术及应用[M]. 北京：清华大学出版社，2001.
[17] 阳宪惠. 工业数据通信与控制网络[M]. 北京：清华大学出版社，2003.
[18] 郭俊强，李成. 移动通信[M]. 北京：北京大学出版社，2008.